本项研究受国家社会科学基金资助

海南人口与生态问题历史研究

张朔人 詹兴文 ◎ 著

HISTORICAL STUDY ON POPULATION AND
ECOLOGICAL PROBLEMS IN HAINAN

中国社会科学出版社

图书在版编目(CIP)数据

海南人口与生态问题历史研究／张朔人，詹兴文著．—北京：中国社会科学出版社，2018.12

ISBN 978-7-5203-2453-3

Ⅰ.①海… Ⅱ.①张…②詹… Ⅲ.①人口-关系-生态环境-研究-海南 Ⅳ.①C924.246.6②X321.266

中国版本图书馆CIP数据核字(2018)第091042号

出 版 人	赵剑英
责任编辑	任 明
责任校对	石春梅
责任印制	李寡寡

出 版	中国社会科学出版社
社 址	北京鼓楼西大街甲158号
邮 编	100720
网 址	http://www.csspw.cn
发 行 部	010-84083685
门 市 部	010-84029450
经 销	新华书店及其他书店
印刷装订	北京君升印刷有限公司
版 次	2018年12月第1版
印 次	2018年12月第1次印刷
开 本	710×1000 1/16
印 张	19.25
插 页	2
字 数	307千字
定 价	80.00元

凡购买中国社会科学出版社图书，如有质量问题请与本社营销中心联系调换
电话：010-84083683
版权所有 侵权必究

序：重现海南社会生活的历史画卷

《海南人口与生态问题历史研究》，是一部系统研究海南人口与生态环境发展演变过程的著作。作者为完成国家社科基金课题付出了艰苦的努力，从特定的角度重现了海南这个孤悬海外的地理单元在数万年的历史长河中，人与自然相互作用和演变的历史画卷。本项成果致力于文献考证与现实场景的推演，把历史学方法与社会学实证研究相结合，其研究结论的准确性和可信度达到了同类研究的新高度。这部著作不仅填补了运用考据学方法系统研究海南历史人口的空白，也为海岛类型的人口生态学研究开辟了新空间。

在地球表面的持续运动中，海南岛逐渐与大陆分离，演变成一个与大陆海天相隔的孤岛，这种发展变迁直接影响到岛上的人类及自然环境。海岛的环境让人类的发展变化呈现出与大陆不同的规律，这些规律必然影响到人类的数量、质量、结构和发展繁衍的方式，这个过程也就是我们通常所说的人口发展史。另一方面，人口会反作用于环境，引起生态系统的变迁与演化。揭示这些规律的任务是学者的责任和旨趣所在。本书的作者正致力于此。

海南作为一个远离中央政权的孤岛，文献缺乏是其天生的缺陷。这也是每一位海南研究者面临的重大挑战。如何从仅存的历史典籍中发现研究对象的蛛丝马迹，既对作者治学态度提出了苛严的要求，也是对研究者学术功底的考验。作者在这项研究中征引文献共400余种，时间跨度上至"三亚人"，下迄当今，是迄今同类研究跨度最大者。然而，对于研究者来说，困难不仅在于如何想法找到这些文献，更在于能够根据这些文献成书的背景，流传的路径，甄别其真伪，判断其数据资料的可靠性。如果对历史文献中的人口资料不加甄别和分析，盲目地采信和使用，往往带有极大的风险。其一,因为古代的人口居住相对分散,甚至处在游牧状态,在统计技术和社会组织能力相对低下时期,希望获得准确的人口数据是不现实的。尤其在科学技术不发达的远古时期、自然条件相对恶劣的边远地区和社会经济欠发达的蛮荒之地,获得准确的人口数据就显得格外困难;其二,人口统计往往与统治者实施某种管治目的有关(比如征收赋税或分摊兵役、劳役),居民为了逃避管治而规避统计、瞒报数据是情理之中的事。在另一种情况下,人口统计与资源分配有关,则可能出现虚报人口的情况。总之,对历史人口数据的科学分析和合理使用决定一部学术著作的实际价值。本书的可贵之处正在这里。人类是社会生活的主体,也是生态环境的享受者、适应者和改造者。人口状况与生态环境的相互制约与影响,构成了研究对象所在地区一部完整的经济史、社会史与生态史。

本项研究在方法上的独到之处,正是重文(献)更重实,师古不泥古。厘清二者的关系和发展规律不仅是总结经验,指导未来的需要,也是丰富人文学术,为人类积累知识财富的需要。《海南人口与生态演变研究》一书的学术价值将随着时间的推移益发显现。

学术研究虽然无法完整准确地还原历史,但追求接近历史的真实是学者的旨趣所在。进入21世纪的海南不再是一个老少边穷的蛮荒之岛,而是成为世界瞩目的国际旅游岛和自由贸易区。但是,历史是连续的。今天在这里所发生的一切都可以在昨天找到依据,也可以从今天看到明天和后天的影子。研究海南人口与生态环境变迁史,是为今天的发展方案寻求借鉴,也是为明天的规划蓝图找到依据。我们只有珍惜这一块绿色和蓝色的国土,在开发建设中尊重自然的规律和社会的规律,才能找到一条真正适合海南的健康与和谐发展之路。也许,这正是这部著作在学术之外的价值所在!

由文及人,不能不顺便谈及我与两位作者的交往。实际上,我和他们相识已久。目睹他们从当年的青年才俊成长为海南的学术中坚,本人亦深受其鼓舞。兴文同志长期在省社科联工作,除行政工作之外,潜心科研,在行政与学术上齐头并进,今已成为海南社科界的领军人物。上个世纪90年代,我们一起参加曹锡仁教授领导的诸多课题,深入田野,走村串巷。兴文发挥其本地人的优势,常充当行路的向导和方言民俗的解释者。他的学术研究聚焦于海南生态环境,有多种著作出版。兴文热心助人。挂职白沙期间,帮助协调"重走史图博之路"的田野考察,协助搜集展品,助力海南大学博物馆建设，此类事情不可枚举。

2005年，朔人同志来海南之后即成为我的同事。他以海南大学图书馆的工作为起点，完成了从一个青年学者成长为海南文化史"大伽"的全过程。朔人生于皖中庐江，名人汇萃之地。也许正缘于此，朔人习史治史，沉醉其中，成果渐丰。2012年，朔人在南开大学获得历史学博士学位，深得明史大家南炳文先生真传，治学务求严谨，下笔无一虚文，《海南明代文化研究》成为他本人和海南学术的一块丰碑。朔人治学，以勤为径，以苦作舟。在海南大学图书馆副楼二楼的西南转角处，有一处始终亮着灯光的窗口，从大年初一到大年除夕的夜晚，那就是张朔人同志用功修炼的灯光。

著作出版在即，仅以此向作者祝贺！期待更多佳作问世！

詹长智
（原海南大学图书馆馆长，海口市社科联主席）
二〇一八年十一月十八日

目　　录

绪论 …………………………………………………………………（1）
　第一节　本课题研究状况回顾 ………………………………（1）
　　一　相关理论探索 …………………………………………（2）
　　二　海南人口与生态相关研究成果 ………………………（3）
　第二节　研究方法、路径与框架结构 ………………………（9）
　　一　研究方法和路径 ………………………………………（9）
　　二　全书框架 ………………………………………………（10）
　　三　主要创新点、不足之处 ………………………………（11）
第一章　海南岛史前人类与生态环境 …………………………（13）
　第一节　地质时期的海南岛 …………………………………（13）
　　一　琼州海峡的形成 ………………………………………（14）
　　二　古生态环境 ……………………………………………（16）
　第二节　史前人类活动遗址分布 ……………………………（18）
　　一　洞穴遗址 ………………………………………………（19）
　　二　贝丘与沙丘遗址 ………………………………………（21）
　　三　台地与坡地遗址 ………………………………………（24）
　第三节　早期人类与环境之间的关系 ………………………（26）
　　一　早期人类 ………………………………………………（26）
　　二　生产活动 ………………………………………………（32）
　　三　对环境的影响 …………………………………………（37）
第二章　民族迁徙与聚集 ………………………………………（42）
　第一节　黎族族群及其聚集地 ………………………………（42）

一　称谓演变 …………………………………………………（42）
　　二　族群内部划分 ……………………………………………（44）
　　三　黎族聚集地形成过程 ……………………………………（47）
　第二节　临高人及其汉化 ………………………………………（50）
　　一　临高人族属与源流 ………………………………………（50）
　　二　临高人在海南的活动 ……………………………………（54）
　　三　冯冼家族对海南的经营 …………………………………（57）
　　四　俚人的汉化 ………………………………………………（58）
　第三节　疍民及其分布 …………………………………………（59）
　　一　海南疍民族源 ……………………………………………（59）
　　二　明代疍民情况 ……………………………………………（60）
　　三　清代之后的疍民 …………………………………………（61）
　　四　当前疍民分布 ……………………………………………（63）
　第四节　回族迁琼及回民社区形成 ……………………………（63）
　　一　早期回族活动情况 ………………………………………（64）
　　二　回民社区形成 ……………………………………………（66）
　　三　清代以来三亚回族 ………………………………………（67）
　第五节　海南苗族 ………………………………………………（68）
　　一　源流 ………………………………………………………（69）
　　二　落籍情况与族称转换 ……………………………………（70）
　　三　主要生产生活 ……………………………………………（72）
第三章　汉族聚集与人口的国际流动 ……………………………（74）
　第一节　政府移民及其分布 ……………………………………（74）
　　一　军事移民 …………………………………………………（74）
　　二　贬谪移民 …………………………………………………（81）
　　三　安辑流民 …………………………………………………（84）
　　四　新中国成立后政府移民 …………………………………（86）
　第二节　民间自发移民 …………………………………………（88）
　　一　古代移民情况 ……………………………………………（88）
　　二　解放海南后移民情况 ……………………………………（107）
　第三节　海外移民 ………………………………………………（108）
　　一　古代海外移民情况 ………………………………………（108）

二　近代以来的规模性海外移民 ………………………………(112)
　　三　新中国成立后的海外移民 ……………………………(116)
　第四节　特殊的国际移民 ……………………………………(117)
　　一　接受中南半岛难民 ………………………………………(117)
　　二　日本军事占领与移民 ……………………………………(119)
　　三　安置难侨、归侨 …………………………………………(121)
第四章　人口发展及其相关问题 …………………………………(124)
　第一节　历代人口数量统计与估算 …………………………(124)
　　一　汉代至隋以前的户与口 …………………………………(125)
　　二　隋朝的人口 ………………………………………………(129)
　　三　唐代编户数量变化 ………………………………………(130)
　　四　两宋时期的编户 …………………………………………(134)
　　五　元朝户籍统计 ……………………………………………(137)
　　六　明朝编户 …………………………………………………(140)
　　七　清代的人口 ………………………………………………(142)
　　八　民国时期的户与口 ………………………………………(145)
　第二节　民族人口估算 ………………………………………(147)
　　一　两汉非"王化"族群人口估算 …………………………(148)
　　二　"生黎"聚集地逐步清晰 ………………………………(149)
　第三节　新中国成立以来的海南人口 ………………………(154)
　　一　新中国成立以来的人口变化 ……………………………(155)
　　二　人口分布 …………………………………………………(158)
第五章　自然力与生态环境演变 …………………………………(161)
　第一节　生态环境基本情况 …………………………………(161)
　　一　气候环境 …………………………………………………(161)
　　二　地形地貌与河流分布 ……………………………………(162)
　　三　土壤类型及其分布 ………………………………………(164)
　第二节　气候的历史变迁 ……………………………………(165)
　　一　明清小冰期对海南影响 …………………………………(166)
　　二　冷空气南下路径及小冰期时期冷事件成因 ……………(172)
　　三　1950年以来的冷害与天气变化趋势 ……………………(174)
　第三节　地形地貌的变迁 ……………………………………(178)

一　南渡江三角洲——海口地貌变迁 …………………………（179）
　　二　土地荒漠化与沙化 ………………………………………（184）
　　三　地震对地形地貌的改变 …………………………………（192）

第六章　社会因素对环境影响 …………………………………（196）
第一节　国家治理政策与环境变化 ……………………………（196）
　　一　历史时期治理政策对生态影响 …………………………（196）
　　二　民国恶化的生态环境 ……………………………………（209）
　　三　新中国成立后生态问题与生态立省 ……………………（215）
第二节　生产方式与中西部地区环境变化 ……………………（223）
　　一　山地文化圈生产生活与环境变化 ………………………（223）
　　二　土地利用与环境变化 ……………………………………（226）
第三节　海南岛周边水域生态变化 ……………………………（231）
　　一　近海资源变化 ……………………………………………（231）
　　二　近海生态变迁 ……………………………………………（234）

第七章　人口与生态协调发展 …………………………………（237）
第一节　海南人口容量 …………………………………………（237）
　　一　土地资源及其潜力 ………………………………………（238）
　　二　淡水资源及其承载率 ……………………………………（241）
第二节　人口发展趋势及问题 …………………………………（242）
　　一　海南人口发展趋势 ………………………………………（243）
　　二　发展中的人口问题 ………………………………………（246）
第三节　发展模式与生态立省 …………………………………（250）
　　一　发展模式探索 ……………………………………………（250）
　　二　生态省建设战略 …………………………………………（256）
　　三　未来发展 …………………………………………………（261）

参考文献 …………………………………………………………（263）

后记 ………………………………………………………………（285）

Contents

Introduction ··· (1)

  Section 1   Review of the Research State of This Project ·················· (1)

    1. The Explore of Relevant Theories ·································· (2)

    2. The Relevant Research Achievements of Population and Ecology
       in Hainan ·· (3)

  Section 2   Research Methodology and Approach and Framework ······ (9)

    1. Research Methodology and Approach ····························· (9)

    2. The Framework of the Book ·· (10)

    3. The Main Innovators and Deficiencies ···························· (11)

**Chapter 1   Prehistoric Humans and Ecological Environment of
Hainan Island** ·· (13)

  Section 1   Hainan Island in Geologic Time ···························· (13)

    1. The Formation of Qiongzhou Strait ······························· (14)

    2. The Ancient Ecological Environment ····························· (16)

  Section 2   The Sites Distribution of Prehistoric Human Activities ······ (18)

    1. The Cave Sites ·· (19)

    2. The Sites of Sell Mounds and Sand Mounds ····················· (21)

    3. The Sites of Highland and Sloping Fields ························ (24)

  Section 3   The Relation between the Early Humans and the
               Environment ·· (26)

    1. The Early Humans ··· (26)

    2. Production Activities ··· (32)

3. The Influence on Environment ……………………………… (37)

Chapter 2　The Migration and Aggregation of the Nations ……… (42)

Section 1　The Li Ethnic Groups and Their Gathering Places ……… (42)

  1. The Evolution of the Appellation ……………………………… (42)

  2. The Inner Division of the Ethnic Groups ……………………… (44)

  3. The Formation Process of the Li Gathering Places ……………… (47)

Section 2　The Natives of Lingao and Their Sinicization ……………… (50)

  1. The Ethnicity and Origin of Lingao Natives ……………………… (50)

  2. The Activities Involved by Lingao Natives in Hainan …………… (54)

  3. The Feng and Xian Families Behaved in Hainan ………………… (57)

  4. The Sinicization of Li Nationality ………………………………… (58)

Section 3　The Tanka Natives and Their Distribution ………………… (59)

  1. The Origin of Tanka Natives in Hainan ………………………… (59)

  2. The Situations of Tanka during Ming Dynasty ………………… (60)

  3. The Tanka Natives after Ming Dynasty ………………………… (61)

  4. The Situations of Tanka Natives at Present …………………… (63)

Section 4　The Hui Nationality Migrated to Hainan and the
         Formation of the Community ……………………………… (63)

  1. The Situations of the Early Hui Activities ……………………… (64)

  2. The Formation of the Hui Community ………………………… (66)

  3. The Hui Nationality in Sanya since Qing Dynasty ……………… (67)

Section 5　The Miao Nationality in Hainan …………………………… (68)

  1. The Origin and Development …………………………………… (69)

  2. The Situations of the Settlements and the Transformation
    of the Group Names ……………………………………………… (70)

  3. The Situations of Production and Life ………………………… (72)

**Chapter 3　The Aggregation of Han Nationality and the
          Immigration Foreigners** ……………………………… (74)

Section 1　Government Immigration and the Distribution …………… (74)

  1. Military Immigration ……………………………………………… (74)

  2. Debased Immigration ……………………………………………… (81)

  3. Registered Vagrants ……………………………………………… (84)

  4. Government Immigration since the Founding of P. R. of

    China ··· (86)

 Section 2 Civil Spontaneous Immigration ······································· (88)

  1. Immigration in Ancient Time ··· (88)

  2. Immigration since the Liberation of Hainan ······················· (107)

 Section 3 Foreign Immigration ··· (108)

  1. Foreign Immigration in Ancient Time ································· (108)

  2. Scaled Foreign Immigration since Modern Time ···················· (112)

  3. Foreign Immigration since the Founding of P. R. of China ······ (116)

 Section 4 Special International Immigration ································· (117)

  1. Accepting the Refugees from Indo-China Peninsula ··············· (117)

  2. The Japanese Occupation and Immigration ·························· (119)

  3. The Placement of Refugee and Returned Overseas Chinese ······ (121)

Chapter 4 Population Development and the Relevant

    Problems ·· (124)

 Section 1 The Population Statistic and Estimation of Different

    Generations ··· (124)

  1. The Families and Population from Han Dynasty to the Period

   before Sui Dynasty ·· (125)

  2. The Population of Sui Dynasty ·· (129)

  3. The Change of Registered Households during Tang Dynasty ······ (130)

  4. The Registered Households during Two Song Dynasties ·········· (134)

  5. The Census during Yuan Dynasty ·· (137)

  6. The Registered Households during Ming Dynasty ···················· (140)

  7. The Population of Qing Dynasty ·· (142)

  8. The Families and Population of the Republican Period ·········· (145)

 Section 2 The Population Estimation of the Nation ······················ (147)

  1. The Population Estimation of the Ungoverned Ethnic Groups

   during the Two Han Dynasties ·· (148)

  2. The Gathering Places of the Ungoverned Li Becoming Clear ··· (149)

 Section 3 Hainan Population since the Founding of the People's

    Republic of China ··· (154)

  1. The Population Change since the Founding of the People's Republic of China ……………………………………… (155)

  2. Population Distribution ………………………………… (158)

Chapter 5 The Evolution of Natural Force and Ecological Environment ……………………………………… (161)

 Section 1 The Basic Situations of the Ecological Environment …… (161)

  1. Climate Environment …………………………………… (161)

  2. Landscape and River Distribution ……………………… (162)

  3. Soil Types and the Distribution ………………………… (164)

 Section 2 The Historic Change of the Climate ………………… (165)

  1. The Affect of the Little Ice Age to Hainan during Ming and Qing Dynasties …………………………………… (166)

  2. The Routes of the Cold Air Southward and the Reason of the Cold Events during the Little Ice Age ……………… (172)

  3. The Chilling Injury and the Tendency of Climate Change since 1950 ……………………………………………… (174)

 Section 3 The Change of the Landscape ……………………… (178)

  1. The Delta of Nandu River, the Change of Haikou Landscape ………………………………………………… (179)

  2. Land Abandonment and Desertification ………………… (184)

  3. The Change of Landscape Caused by Earthquake ……… (192)

Chapter 6 The Environment Influence Caused by Social Elements ……………………………………………… (196)

 Section 1 The Governing Policies and the Environment Change … (196)

  1. The Ecological Influence Caused by Different Governing Policies …………………………………………………… (196)

  2. The Worsening Ecological Environment during the Publican Period ……………………………………………………… (209)

  3. The Ecological Problem after the Founding of New China and Building an Ecological Province ………………………… (215)

 Section 2 The Mode of Production and the Environment Change in the Mid-west Areas ………………………………… (223)

1. The Production and Life Styles in the Mountainous Areas
     and the Environment Change ……………………………………… (223)
  2. Land Utilization and the Environment Change ……………… (226)
  Section 3 The Water Ecological Change around Hainan Island …… (231)
  1. The Change of Offshore Natural Resources ………………… (231)
  2. The Change of the Offshore Ecology ………………………… (234)
**Chapter 7 The Harmonious Development between Population and
           Ecology** ……………………………………………………… (237)
  Section 1 The Population Capacity in Hainan ………………… (237)
  1. Land Resource and Its Potential …………………………… (238)
  2. Fresh Water Resource and Its Loading-Rate ……………… (241)
  Section 2 The Tendency of Population Development and the
           Problems ……………………………………………… (242)
  1. The Tendency of Population Development in Hainan ………… (243)
  2. The Population Problems Caused by the Development ……… (246)
  Section 3 Development Mode and Building an Ecological
           Province ……………………………………………… (250)
  1. The Exploration of the Development Mode ………………… (250)
  2. The Strategy of Building an Ecological Province …………… (256)
  3. The Future Development ……………………………………… (261)
References …………………………………………………………… (263)
Postscript …………………………………………………………… (285)

表格目录

表 1　黎人人口总数（1933 年） ……………………………（7）
表 1-1　海南岛史前时期坡地台地遗址一览表 ………………（29）
表 2-1　明代各州县疍民乡都图分布 …………………………（61）
表 2-2　海南疍民目前分布情况一览表 ………………………（63）
表 3-1　海南卫所建设及兵源 …………………………………（78）
表 3-2　清代中前期琼州府驻军情况一览 ……………………（79）
表 3-3　海南接纳贬谪人员及其信息 …………………………（82）
表 3-4　1973 年海南上山下乡知识青年人数 ………………（87）
表 3-5　迁琼六十五姓氏谱系图 ………………………………（91）
表 3-6　迁琼六十五姓氏谱系图（续表之一） ………………（92）
表 3-7　迁琼六十五姓氏谱系图（续表之二） ………………（94）
表 3-8　迁琼六十五姓氏谱系图（续表之三） ………………（95）
表 3-9　迁琼六十五姓氏谱系图（续表之四） ………………（96）
表 3-10　迁琼六十五姓氏谱系图（续表之五） ……………（99）
表 3-11　迁琼六十五姓氏谱系图（续表之六） ……………（102）
表 3-12　迁琼六十五姓氏谱系图（续表之七） ……………（104）
表 3-13　1960—1985 年无户口人数一览 …………………（107）
表 3-14　晚明岛内被掳掠人口一览 …………………………（109）
表 3-15　清代中前期岛内被掳掠人口一览 …………………（110）
表 3-16　琼海关统计的出洋数（1902—1911） ……………（113）
表 3-17　民国海口出口船客人数一览 ………………………（114）
表 3-18　1963 年海南归侨情况 ………………………………（122）

表3-19	海南华侨农场建立情况一览	(122)
表4-1	汉代岭南新置七郡户口统计	(126)
表4-2	《通典》中海南户口统计	(127)
表4-3	唐代海南户口统计	(130)
表4-4	《通典》中的海南州县	(133)
表4-5	宋代文献中的海南户籍数据	(135)
表4-6	《元史》中的户籍数据	(138)
表4-7	明代琼州府户口统计	(141)
表4-8	永乐十年府州县熟黎户口统计	(141)
表4-9	清道光以前琼州府人口统计	(143)
表4-10	民国海南人口统计	(145)
表4-11	民国十七年海南人口性别比	(146)
表4-12	明嘉靖时期生熟黎分布	(150)
表4-13	明嘉靖临高黎峒与人口统计	(152)
表4-14	1933年黎族人口统计	(153)
表4-15	第1—6次人口普查数据	(155)
表4-16	主要少数民族人口构成	(157)
表4-17	第4—6次人口普查全省与分市县人口分布	(159)
表5-1	海南岛主要土类及其分布	(164)
表5-2	明代海南岛寒冷天气记载	(166)
表5-3	史料中的清代寒冷天气记载	(168)
表5-4	1950年以来的寒冷天气及其危害程度	(174)
表5-5	1990—2013年海南气温变化	(177)
表5-6	海南土地荒漠化情况一览	(184)
表5-7	海南岛及近海 $Ms \geq 4\frac{1}{2}$ 基本情况	(193)
表6-1	西汉海南郡县归属关系	(197)
表6-2	南宋一州三军治所主要建筑	(204)
表6-3	明代军屯分布	(208)
表6-4	清代中期以前军屯情况一览	(209)
表6-5	日本开发海南林业会社情况一览	(212)
表6-6	日军从事林业生产加工各会社简况	(213)
表6-7	不同利用方式对水土流失的影响(1965—1966均值)	(217)

表 6-8	1950—2000年蓄水工程概况表	(219)
表 6-9	2010年黎区热带经济作物一览表	(230)
表 6-10	海南环岛珊瑚礁主要市县分布情况	(234)
表 6-11	1956、1983年海南区沿海红树林面积变化对照表	(235)
表 6-12	1962—2000年岛内水产养殖情况统计	(236)
表 7-1	2015年主要农作物面积、产量	(238)
表 7-2	1988—2015年海南粮食生产与消费	(239)
表 7-3	2005—2015年海南水资源分布	(241)
表 7-4	2005—2015年海南人口年龄构成变动	(244)
表 7-5	人口自然增长率、总和生育率	(244)
表 7-6	新中国成立以来海南性别比变动	(247)
表 7-7	第五次人口普查分地区0—9岁性别比	(247)
表 7-8	第六次人口普查8市0—9岁性别比	(248)
表 7-9	1987—1996年海南国内生产总值（亿元）、构成	(253)
表 7-10	1996—2000年海南国内生产总值（亿元）、构成	(254)
表 7-11	2006—2013年海南国内生产总值（亿元）、构成	(255)

插图目录

图 1-1 琼州海峡略图 ……………………………………………（14）
图 1-2 东方市遗址位置示意图 …………………………………（22）
图 1-3 凤鸣村遗址分布图 ………………………………………（31）
图 1-4 海南岛原始遗址分布 ……………………………………（33）
图 1-5 海南部分沙丘贝丘遗址分布图 …………………………（35）
图 1-6 海南岛双池玛珥湖近 5000 年来的主要孢粉含量变化
（距今年代/a）……………………………………………（38）
图 2-1 史图博黎族支系（方言）划分示意图 …………………（46）
图 2-2 海南冼夫人庙分布图 ……………………………………（56）
图 5-1 海南岛圈层地貌 …………………………………………（163）
图 5-2 海南土壤区划图 …………………………………………（165）
图 5-3 20 世纪 60—90 年代海南岛年平均温度变化图 ………（177）
图 5-4 明洪武海口所城位置图 …………………………………（181）
图 5-5 清末民初海口图 …………………………………………（182）
图 5-6 海口港图 …………………………………………………（183）
图 5-7 海甸岛与新埠岛示意图 …………………………………（183）
图 5-8 昌化江三角洲上县城搬迁示意图 ………………………（190）
图 5-9 琼州大地震陆陷成海范围、遗址分布及地表沉降幅度等
值线略图 …………………………………………………（194）
图 6-1 珠崖岭位置示意图 ………………………………………（201）
图 6-2 海南岛环形橡胶带示意图 ………………………………（217）

绪　　论

曾经"炎天涨海"的瘴疠之地，被人们视为畏途的海南岛，新中国成立以来，尤其是1988年建省办特区30年发展而超凡脱俗。其独具风情的椰风、海浪、沙滩、优美生态、洁净空气、适宜气候、便捷交通等，使之成为高品质、宜居之地。

海南地处国家战略前沿，区位优势明显。"国际旅游岛建设""一带一路""北部湾城市群"等重大国家战略布局，给海南带来了前所未有的发展机遇。发挥生态优势，推动绿色发展，地方政府必须要妥善处理未来人口与生态环境关系。

解剖历史上岛内族群与环境互动案例，梳理人口、生态变化规律及二者间的关系，汲取历史经验，为地方政府政策制定提供科学依据。基于此，本课题对于海南经济、社会可持续发展将具有重要理论意义和直接现实意义。

第一节　本课题研究状况回顾

人与自然环境之间的关系，恩格斯曾在《自然辩证法》中有着极为中肯的警告：

> 我们不要过分陶醉于我们对自然界的胜利。对于每一次这样的胜利，自然界都报复了我们。每一次胜利，在第一步都确实取得了我们预期的结果，但是在第二步和第三步却有了完全不同的、出乎预料的影响。常常把第一个结果又取消了。

我们必须时时记住：我们统治自然界，决不像征服者统治异民族一样，决不像站在自然界以外的人一样……相反地，我们连同我们的肉、血和头脑都是属于自然界的；我们对自然界的整个统治，是在于我们比其他一切动物强，能够认识和正确运用自然规律。①

这一告诫，在工业化迅猛冲击下而被遗忘殆尽，人口、资源、环境出现前所未有的紧张关系。为实现人口与生态协调发展，1972 年，联合国召开了由 113 个国家参加的人类环境会议，发布《人类环境宣言》，许多国家相继建立环境保护机构，制定相关法规，以应对全球性问题。

一 相关理论探索

学界就如何协调人口、物质资料及自然环境间关系，采取积极或消极的人口政策，中西方学者存在着较大的分歧。

（一）西方学者观点

大体可分为悲观、乐观两种。"悲观派"② 以马尔萨斯及罗马俱乐部为代表。认为：生活资料供应不足，"人口爆炸"式增长，有"世界末日"担忧。战争、瘟疫的"积极抑制"，不结婚、不生育的"消极抑制"，是解决人口过剩的主要手段。皮尔逊（F. A. Pearson）③、福格特（W. Vogt）④ 等强调避孕节育、生育率持续下降，达到人口的零增长和负增长。

"乐观派"以凯恩斯⑤为典型，人口增长为经济发展提供需求和动力，提高生育率、保证人口稳定增长是摆脱经济危机、促进经济增长的重要条件。

（二）中国学者探索

新中国成立伊始，马寅初⑥就我国人口增长速度指出人口增长太快同

---

① 《马克思恩格斯选集》第 3 卷，人民出版社 1995 年版，第 517—518 页。
② [英]马尔萨斯：《人口原理》，朱泱、胡企林译，商务印书馆 1992 年版；[美]德内拉·梅多斯、乔根·兰德斯、丹尼斯·梅多斯：《增长的极限》，机械工业出版社 2013 年版。
③ [美] F.皮尔逊、F.哈珀：《世界的饥饿》，商务印书馆 1981 年版。
④ [美]威廉·福格特：《生存之路》，商务印书馆 1981 年版。
⑤ [英]约翰·梅纳德·凯恩斯：《就业、利息和货币通论》，高鸿业译，商务印书馆 1999 年版。
⑥ 马寅初：《新人口论》，广东经济出版社 1998 年版。

积累、消费之间的矛盾,提出控制人口生育的建议和措施。目前面临"后人口"时代转型,论者从"科教兴国""可持续发展"层面,探讨人口发展战略。①

工业迅速发展,人口与环境联系日益密切。研究者从人口容量、生态系统关系出发,指出:"人口容量是在不损害资源再生能力的前提下,生态系统稳定地支持的最大人口数量"②;就人口生态系统与生态关系认为:"人口的社会经济行为不可避免会造成环境破损,但这种损失是有回报的。如果人口行为合理而科学,完全可以取得高于损失的回报或效益。"③

这些学术探讨,为人们了解人与自然之间互动关系,提供了重要学术支撑。

二 海南人口与生态相关研究成果

海南是一个相对独立的地理单元,其人口与生态关系较为独特。相关研究成果,围绕着总体论述及"生态""人口"等层面呈现。

(一) 人口与生态总体论述

《海南岛历史上土地开发研究》④,是较早关注海南人口与生态的文章。以历代行政建置和政区沿革为经,以移民、人口等因素的发展和分布变化为纬,纵论3000年间岛内土地开发历史进程。认为:受人类活动影响,海南自然、人文地理在不同历史时期演变及区域差异;以"刀耕火种"为主要代表的土地利用方式,给生态环境、社会发展造成了严重后果。

司徒尚纪先生同时撰文⑤指出,清代人口增加引起环境恶化、解放后开发失误,使得近代以来人口、资源、环境三者之间矛盾日益加剧,并提出相关对策,以期为海南建省办特区提供参考。文章从历史地理视角来审视海南岛土地开发与环境变迁,因而对人口、环境自身特点,二者之间互动关系关注不够。

---

① 田雪原:《后人口转变迎来新改革机遇》,社会科学文献出版社2014年版。
② 伍理:《环境人口容量研究新动态》,《西北人口》1991年第1期。
③ 戴星翼:《人类生态系统和生态危机》,《人口研究》1991年第1期。
④ 司徒尚纪:《海南岛历史上土地开发研究》,海南出版社1991年版。
⑤ 司徒尚纪:《海南开发与人口、资源、环境的矛盾及其对策》,《热带地理》1989年第4期。

《海南特区人口、资源与环境研究》①，围绕着人口演变与发展、自然资源分布及其特征、生态环境现状与特征、人口发展存在的问题、土地与经济资源的人口容量等展开。文章以1950年海南解放，尤其是1988年建省办特区为时间节点，从而忽略了民国及其以前的变化情况。

从历史资料和数学模式中分析海南环境人口承载量，进而对生态环境和人口问题进行研究。② 该研究多为现象罗列，缺乏深层次规律探讨。

(二) 生态相关研究

相关成果主要涉及岛内生态系统总体分析、各子系统（个案）研究等方面。

1. 以生态系统为研究对象

研究者根据海南岛生态系统结构、生态过程特点，将生态系统划分为13类，"通过海南生态系统服务功能的空间分析与评价，为海南土地的合理开发、资源的可持续利用以及自然保护提供科学基础"。③ 关于岛内生态系统健康问题，研究者从生态系统活力、组织结构、恢复力、生态系统服务功能的维持、人类健康影响五个方面来构建生态系统健康评价指标体系，据模糊数学评价模型计算，认为2005年生态系统属"健康状态"。④

生态足迹，关注人类社会发展对生态造成的负荷，生态足迹越大，对环境的破坏越大。研究者从这一视角切入，以海南省社会—经济—自然复合系统为研究对象，依据统计资料和生态调查资料，厘清海南解放后（1952—2004）50多年来生态足迹，提出了基于生态足迹的海南可持续发展对策建议。⑤

《走向生态现代化》⑥ 指出在现代化进程中海南和其他发达地区与国家存在的差距，应发挥本岛生态、后发优势。著者从史学和生态学视角入

---

① 林鸿民：《海南特区人口、资源与环境研究》，南方出版社2008年版。
② 王圣俊：《海南环境资源与人口的剪刀差及人口生态对策》，《农业现代化研究》1991年第12期。
③ 欧阳志云、赵同谦等：《海南岛生态系统生态调节功能及其生态经济价值研究》，《应用生态学报》2004年第8期。
④ 周祖光：《海南岛生态系统健康评价》，《水土保持》2007年第4期。
⑤ 符国基：《海南省生态足迹研究》，化学工业出版社2008年版。
⑥ 杨思涛：《走向生态现代化》，博士学位论文，复旦大学，2007年。

手,解析海南现代化中存在的问题。《海南生态系统》①通过相关研究资料整理和分析,反映各类生态系统结构、功能及各自特征。《海南省生态功能区划》②围绕生态环境现状与问题、生态功能区划与分区概述、重要生态功能区及实施对策和措施等展开。

2. 个案研究

以岛内动植物变化为主线,始于三亚落笔洞(距今1万年),止于海南建省,聚焦动植物—生态环境演变。通过对岛内生态环境演变规律研究,阐释人与生态环境之间共生关系。③

关于海洋资源,相关研究廓清了近海海洋自然环境、资源基本特征,分析其在海南省国民经济和社会发展中承载能力,为海洋研究、海洋经济等方面提供信息。④

以天然橡胶产业为例,提出橡胶产业可持续发展的生态系统工程。⑤从农业问题着手,就农业企业发展模式、农业生态发展等问题进行研究。⑥

(三) 人口问题论述

人口是国家治理基础,也是地方社会发展的核心动力。关于人口的著述,体现出总体、断代、族群人口等研究层面。

1. 总体研究

《海南岛史》《海南史》⑦是两部关于地方研究的通史性专著,二者皆注重对登记在册"编户"统计,前者止于晚清、后者时间为1950年海南解放。

《海南岛历史人口变迁与统计分析》以公元前110年至1992年为时间点,构建人口"时间序列变化""增长模型",探讨"人口历史变迁现象及规律"。⑧

---

① 史云峰:《海南生态系统》,海南出版社2012年版。
② 海南省国土环境资源厅:《海南省生态功能区划》(内部出版物),2005年。
③ 颜家安:《海南岛生态环境变迁研究》,科学出版社2008年版。
④ 夏小明:《海南省海洋资源环境状况》,海洋出版社2015年版。
⑤ 蒋菊生、王如松:《海南橡胶产业生态》,中国科学技术出版社2004年版。
⑥ 张德铜:《海南农业问题研究》,海南出版社2007年版。
⑦ [日]小叶田淳:《海南岛史》,张迅斋译,(台湾)学海出版社1979年版;林日举:《海南史》,吉林人民出版社2002年版。
⑧ 杨立刚:《海南岛历史人口变迁与统计分析》,《新东方》2001年第4期。

《海南省·人口志》在公元前110—1990年内，从人口"源流与变迁""分布""管理""素质""构成"①等层面，系统地梳理海南人口历史变化。

2. 断代人口研究

明代人口。研究者以该时段岛内户籍人口为对象，认为"明代中叶后，海南人口呈下降趋势"，指出"土地兼并日趋严重""赋役徭役沉重，民逃为黎""海盗活动猖獗，限制了人口发展"②等是其主要原因。

民国人口。文章以民国17年（1928）、18年、22年、25年及琼崖绥靖委员会公署调查等5次调查数据为支持材料，从人口学角度对岛内人口分布、构成及总量等方面展开论述，首次将40万民族人口纳入统计中，认为抗战之前人口总量不是民国二十二年的215万，应在260万—270万之间③。

新中国成立以来人口。国务院分别于1953、1964、1982、1990、2000、2010年，进行六次全国人口普查。在此基础上，对海南人口进行学理分析、预测并提出相应的人口发展政策，是研究成果④用心所在。

除了"民国人口""新中国成立以来人口"研究成果外，上述无论是人口总体研究、断代研究等，面临一个共同问题——民国及其以前的人口数据，皆源自以"编户"为核心的历史人口统计。那么，此前非"王化"的人口是否存在？数量多寡？一直为人们所忽视，因之结论难以达到预期目标。

3. 黎族人口研究及其他

民国22年（1933），琼崖绥靖公署就黎苗人口调查，结果见表1。

---

① 海南省地方史志办公室：《海南省志　人口志·方言志·宗教志》，海南出版社1994年版。

② 王家忠：《明代海南人口论》，《中国边疆史地研究》1998年第2期。

③ 张朔人：《民国时期海南人口问题研究》，《新东方》2007年第3期。

④ 詹长智：《中国人口·海南分册》，中国财政经济出版社1993年版；詹长智、李书光：《海南人口研究》，海南出版社1993年版；海南省统计局：《海南人口与社会发展研究》，海南省统计局2007年版；《跨世纪的中国人口》编委会：《跨世纪的中国人口·海南卷》，中国统计出版社1997年版；海南人口普查办公室：《世纪之交的中国人口·海南卷》，中国统计出版社2004年版；周宝成：《新人口礼赞·人口和计划生育工作回顾与展望·海南卷》，中国人口出版社2007年版；周公卒：《海南人口发展战略研究报告》，海南出版社2010年版。

表1　　　　　　　　　　黎人人口总数（1933年）

县别	人口	占地（%）	种别
琼山	100000	20	熟黎
定安	41000	30	生黎、熟黎、苗人
临高	20000	20	黎人、苗人
感恩	6000	60	黎人、苗人
昌化	40000	70	生黎、熟黎
万宁	18000	30	苗人、黎人、岐、侾
崖县	60000	未详	黎人、岐、侾、苗人
陵水	23500	20	侾、黎人、岐、苗人
儋县	30000	20	苗族、顽苗族
乐会	50000	30	黎人、苗人、岐人
琼东	10000	20	熟黎
澄迈	4000	未详	熟黎
总计	402500		

资料来源：陈献荣：《琼崖》，商务印书馆1933年版，第18—19页。

　　岛内民族人口数字首次较为清晰展现，是最原始资料。黎苗人口占岛内总人口的15%；在昌化、崖县、乐会人口比分别为47%、39%、30%；琼山9%、澄迈5%；文昌、海口无黎。这一数字，在1953年及其后的人口普查中，有所增减。

　　此后研究就黎族人口现状、发展预测展开。如1980年，研究者在民族地区田野调查基础上，提出黎族人口应由"无限制发展转为有计划地发展"①；1990年普查，黎族1019503人，与1953年比较，37年间净增人口66.15万。据此，提出"继续推行计划生育政策，从根本上控制住黎族人口发展快的势头"②，等等。

　　此外，诸如20世纪40年代苗族约17250人③。三亚回族，1931年教

---

① 华辛芝：《海南黎族人口发展情况调查》，《人口研究》1982年第3期。
② 周瑾：《海南黎族人口发展与分布的状况、趋势及对策》，《南方人口》1993年第3期。
③ 王兴瑞：《海南岛之苗人》，珠海大学边疆丛书1948年版，第13页。

徒400户、约2000居民①；1940年人口200户，1000余人②等数据资料。

黎族人口迁徙路线问题值得注意。研究者认为中部民族自治县人口地理分布，是由于长期民族隔阂、歧视，导致"黎族人口频繁大规模迁移""从北向南、从沿海平原向中部五指山腹地迁移，并以聚居为主"③。这种黎族人主动内退，与此前"汉族封建势力在建立统治过程中，使当地人民付出了沉重的代价，世代居住的土地被占领，部分人口从肥沃的沿海平原台地退入内地"④的被动退却局面，存在着明显差异。尽管如此，"退却论"成为后来研究民族聚集地形成的基本范式⑤，对笔者此前相关研究成果产生一定的影响。

"当地人民付出了沉重的代价"之语，不禁让人联想：发端于18世纪末、持续近一个世纪的美国"西进运动"中，印第安人的遭遇。这一"退却"模式，忽略了两个重要的历史事实：一是黎人汉化情况；二是考古表明旧石器时代人类在中西部地区活动，从而主观地勾勒出一幅黎人内迁的人口地理图。

以往研究多侧重于人口、生态某一个领域进行研究。有甚者，海南历史人口仍为学术研究盲点；生态历史演变缺乏纵向梳理。本课题将从学理出发，注重生态环境和人口发展历史鉴戒总结及规律性探讨，以弥补学术研究之不足。

---

① [德]史图博：《海南岛民族志》，广东民族研究所编印，1964年，第799页。
② 姜樾、董小俊：《海南伊斯兰文化》，中山大学出版社1992年版，第149页。
③ 周瑾：《古代海南黎族人口迁移及其对社会发展的影响》，《南方人口》1992年第1期。
④ 司徒尚纪：《海南岛历史上土地开发研究》，海南出版社1991年版，第29页。
⑤ 如："唐朝由于使用武力开拓海南，黎族进一步向山区退缩"（林日举：《海南史》，吉林人民出版社2002年版，第67页）；"原先居住在这些地带的黎族人民……结集往内陆山区退却和迁移"（王献军等：《黎族的历史与文化》，暨南大学出版社2012年版，第302页）；"黎族先民不断向自然条件较差的五指山腹地退却"（谢东莉：《传统与现代之间：美孚黎祖先崇拜文化研究》，广西师范大学出版社2014年版，第27页）；"黎族则逐渐向五指山腹地退却"（王薇：《黎族》，新疆美术摄影出版社2010年版，第23页）；"黎族人向本岛中西部地区转移。这种转移为非自觉行为，经历了'铁制农具'与'刀耕火种'的较量"（谢ущ华等：《海南文化概论》，中央广播电视大学出版社2014年版，第238页），谢氏文字与《中国古代海南人口迁徙路径与地区开发》[詹长智、张朔人：《华中科技大学学报》（社会科学版）2007年第2期］及《海南人口迁徙路径与黎族居住地形成》（王建成：《首届黎族文化论坛文集》，民族出版社2008年版，第32—41页）的叙述基本相同，等等，类似观点不一而足。

第二节　研究方法、路径与框架结构

本书从"人口""生态"两个维度出发，就"生产方式""社会因素""自然因素"等方面，在诸学科视角下，探讨人口、生态相互关系，勾勒出"海南人口发展与生态演变"的真实历史图景。

一　研究方法和路径

文章以历史学为主要手段，运用考古学、地质学、气象学、气候学、地震学、土壤学、植物学及人口学、民族学、社会学、社会管理等多学科理论，采用多学科交叉方法，以海南岛为主要研究对象，对本课题开展研究。

（一）从考古、生态中揭示史前人类与环境间的互动关系

海南岛是岛内族群生活居所，其生态环境是人类赖以生存空间。通过对古地质学、古气候等研究资料梳理，再现了地质时期基本情况。考古材料揭示了史前岛内族群按照洞穴遗址—沙丘、贝丘遗址—台地、坡地遗址分布。

人类通过改变周边环境，来满足自身生活需要，因而不得不同周边环境产生关系。因此，只要有人类居住，人与自然的互动关系便开始。距今1万年的三亚落笔洞人，是岛内先民与周边环境的最早践行者；中西部地区一定数量台地、坡地遗址存在，表明新石器时期中晚期就有人类居住于此。由于森林茂密、高山阻隔等不利条件，在历代王朝治理过程中，一直没有被纳入国家"编户"。这一群体，通过相对落后生产方式，获得生活资料，从而对周边环境产生了极大影响。

（二）以人口、民族为基础，从历史变动中发现人口发展规律

"炎天涨海"的古代海南岛，气候环境相对恶劣。人口自然增长，相对缓慢；新中国成立之后，医疗事业发展，民族地区人口增长率迅速走高，计划生育政策的推进，使之有所下降。

人口发展主线——周期性机械变动。增长表现为，族群纷至沓来，如黎族、临高人、回族、疍民、海南苗族、客家人及与闽南人的家族迁居，不同时期的政府官员、驻军、贬谪群体；新中国成立后农垦大军、"上山下乡"的知识青年、国际难侨、"十万人才下海南"，"候鸟人群"居住

地。负增长，则是19世纪50年代琼州开埠之后，规模性海外移民——华侨群体出现。

（三）从地震、社会管理层面，厘清影响生态的主要因素

以台风、干旱及地震等为表现的自然因素，对生态环境影响不可小觑。海南生态脆弱，台风带来强降水对地表产生强烈冲刷，引起土地沙化——康熙十一年（1672）闰七月二十三日，"飓风怪作，平地水拥数尺"①，开启了昌化县境土地沙化历程。明万历三十三年（1605），琼北地震，使得100余平方公里陆陷成海、上千平方公里的陆地下沉。

与即时性的自然变动比较，社会因素对环境变化影响更为久远。如海口市的形成，与中西部地区长期存在"刀耕火种"有着极大的关联。日本占领时期，"杀鸡取卵"的开发模式，使得生态环境全面恶化。由此可知，治理政策对生态环境将产生直接影响。

二 全书框架

文章包括绪论在内共八章。其中，第一章，地质时期海南岛人类与自然环境；第二章至第四章，族群迁移与人口发展；第五章至第六章，影响生态环境的主要因素；第七章，人口与生态环境之间的关系。主要内容如下：

绪论：主要介绍研究缘起、国内外本课题的相关研究情况评价、研究方法路径、主要学术创新与不足之处。

第一章：海南岛史前人类与自然环境。从地质时期的海南岛、史前人类活动遗址分布、早期人类与环境之间的关系等方面，探讨早期人类与生态环境之间的关系。通过对人类活动遗址考古发掘，洞穴遗址、贝丘与沙丘遗址、台地与坡地遗址等，可以发现早期人类活动呈现出洞穴→滨海→内地活动轨迹。

第二章：民族迁徙与聚集。包括黎族族群及其聚集地、临高人及其汉化、疍民及其分布、回族迁琼及回民社区形成、海南苗族等，重点探讨岛内族群由来与分布。

第三章：汉族聚集与人口的国际流动。由政府移民与分布、民间自发

---

① （清）方岱、璩之璨：《康熙昌化县志》卷1"舆地 风土"，广东中山图书馆藏（抄本）。

移民、海外移民及特殊的国际移民等组成。

第四章：人口发展及其相关问题。包括历代人口数量统计与估算、民族人口估算、建国以来的海南人口。通过台地坡地遗址，对西汉本岛中西部人口进行粗略估算，8万—10万人被排除在"王化"人口之外，这些人口的世代繁衍，从而奠定了民国之后岛内民族人口的基础。

第五章：自然力与生态环境演变。从生态环境的基本情况入手，通过气候变迁的历史梳理，了解气候变动趋势；河流泥沙堆积，是放射状水系入海口冲积洲形成的主要原因；地震等自然力，对本岛的地貌改变产生重大改变。

第六章：社会因素对环境影响。治理政策与环境变化，是生态环境变化的主导因素，日本占领时期的过度开发，是其重要表现；生产方式与中西部地区环境变化，重点阐释"刀耕火种"对中西部生态负面影响，加剧河流含沙量；人类对环岛周边水域开发利用，使得周边水域生态发生变化。

第七章：人口与生态协调发展。海南适度人口规模，对本岛未来人口规模进行预测，解析人口中存在问题；就建省30年来的政策层面变化，提出未来发展模式。

三 主要创新点、不足之处

（一）主要创新点

1. 中西部人口问题

从岛内石器时代遗址发现着手，推论出西汉时期该地区约有8万—10万"非王化"族群人口，他们生生不息，这是民族人口发生发展的基础。沿海台地黎人，在国家经略中，多放弃先前族属，纳粮当差而逐步"汉化"。从而修正了黎族向中西部"退却"的观点。

2. 多重因素对环境破坏

明万历三十三年（1605）地震，对本岛地形地貌产生重大改变；中西部地区长期"刀耕火种"而引起河流含沙量增加，是南渡江下游冲积洲——海口面积日益扩大的主要原因；三亚宁远河等断流，则是原始森林被置换成热作经济的结果。

3. 冷气候事件

明正德元年（1505）"万州降雪"事件发端至清代中后期，"气候变冷"案例不少。这表明,"明清小冰期"同样对地处低纬的海南岛产生影响。

(二) 不足之处

1. 研究空间覆盖不完整

孤悬海外的海南岛,是文化发生发展基础,以本岛及其周边水域为研究空间,契合主题。明清以来,海南渔民以《更路簿》为指南,在南海诸岛及其附近水域从事捕捞活动,影响着该区域生态环境。因资料缺乏,本书没有涵盖南海诸岛。

2. 规律揭示不够

本书多从历史资料出发,论证人口、生态发生发展情况,缺少规律性判断。

本课题研究,始于距今1万年三亚人止于当前,时间跨度长;涉猎自然、社会等门类10多种学科,因笔者学识所限,在诸学科运用上,或许出现概念不清、理解错误等,从而导致成果出现不足或欠缺,这是今后继续研究需要避免的问题。

第一章

海南岛史前人类与生态环境

海南省是中国的最南部省份，位于东经 107°50′—119°10′、北纬 3°20′—20°18′。① 海南岛属于大陆岛，国内仅次于台湾的第二大岛，是海南省主体。海南建省于 1988 年，行政区域包括海南岛、西沙群岛、中沙群岛、南沙群岛的岛礁及其海域。全省陆地（包括海南岛和西沙、中沙、南沙群岛）总面积 3.54 万平方公里，海域面积约 200 万平方公里，是全国面积最大的省。② 北以琼州海峡与广东划界，西临北部湾与越南相对，东濒南海与台湾省相望，东南和南边在南海中与菲律宾、文莱和马来西亚为邻。

海南岛面积为 3.39 万平方公里。位置在东经 108°36′43″（东方鱼鳞洲）—111°2′31″（文昌铜鼓角）、北纬 18°10′04″（三亚锦田角）—20°9′40″（文昌海南角）③。这一区间，是海南文化发生发展的基础。

众所周知，人类与环境的互动关系是在一定空间内进行的。历史上的海南岛孤悬海外，相对封闭，岛内早期人类同自然界之间的关系究竟如何？基于此，对地质时期海南岛的形成、早期人类活动情况做一番梳理，很有必要。

第一节 地质时期的海南岛

海南岛地处南海西北部，以琼州海峡与华南大陆相隔。在大地构造位

---

① 国家测绘局海南测绘资料信息中心编制：《海南省地图集》，广东省地图出版社 2006 年版，第 4 页。
② 《海南年鉴》编辑委员会：《海南年鉴（2016）》，海南年鉴社 2016 年版，第 36 页。
③ 曾昭璇、曾宪中：《海南岛自然地理》，科学出版社 1989 年版，第 1 页。

置上,海南岛位于太平洋板块、印度—澳大利亚板块和欧亚板块三叉结合部位,"受太平洋构造域和特提斯构造域两大地球动力学系统的明显控制,具有复杂的地质构造演化历史"①。这一"复杂"性,在目前相关研究中得到进一步证实。

一 琼州海峡的形成

地质学研究表明,南海海岸的海平面在第四纪时期,共有九次海侵、八次海退。在海水进退的不断反复中,海平面随之产生较大幅度的升降变化。在第八次海退时,"南海北部珠江口大陆架的最低海面在现今海面之下131米"②。

伴随着海平面升降起伏,海南岛与雷州半岛之间"大陆桥"时隐时现。那么这条东西长80.3公里、南北宽最窄19.4公里、海底盆地水深为80—114米的琼州海峡,其成因及形成时间究竟如何解释?学界争论不已。

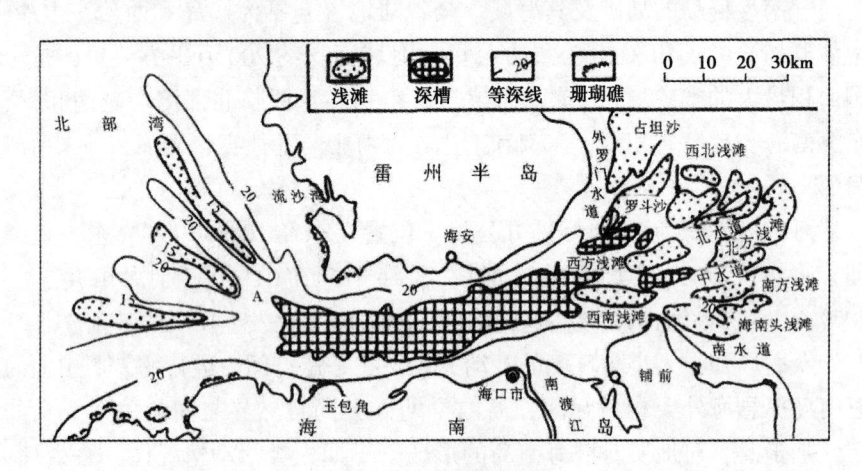

图1-1 琼州海峡略图

资料来源:赵焕庭等:《琼州海峡成因与时代》,《海洋地质与第四纪地质》2007年第2期。

《琼州海峡成因与时代》对该课题研究成果进行梳理,主要有"海岸侵蚀说""构造断裂说""海底侵蚀说"等观点。至于海峡形成时间,有

---

① 杜云空等:《海南岛晚古生代—中生代古地磁新结果及其对南海北缘大地构造的意义》,《海洋地质与第四纪地质》2013年第6期。
② 刘昭蜀、赵焕庭:《南海地质》,科学出版社2002年版,第67—77页。按:a,指代年,BP为before present的简称,以1950年为基准,称距今多少年。

"上新世""第四纪初""中更新世之前""中更新世北海组堆积之后""全新世"等论断。

其中,"构造断裂说"认为,海南岛在大地构造上属于华夏断块区华南断坳中的海南隆起,原与大陆相连。第三纪末第四纪初,在新构造运动的作用下产生断裂,形成琼州海峡,第一次与大陆分离;晚更新世末,海面下降,海南岛重新与大陆相连;直至全新世早期,海面上升,再次与大陆分离。① 具而言之:距今 1000 多万年,即地质年代新生代第三纪末至第四纪更新世末,亚洲南部剧烈的"喜马拉雅运动",海南岛与雷州半岛间的地层产生断陷,海岛区隆起,琼州海峡形成,海南岛与大陆分离。"断裂说",多被相关研究的著作引用。②

赵焕庭等在"地质地球物理资料""海洋水文资料"基础上,否定了"断裂说"及其他假定,得出"琼州海峡非断裂谷""琼州海峡前身为常态低地"的结论。问题是,"常态低地"难以解释琼北地区地震带的历史事实。

关于琼州海峡形成的时间,华南虎的例子可以作为相应佐证。据历史典籍记载,"亡马与虎,民有五畜,山多麈麃"③。及至明代,丘濬的《南溟奇甸赋》中云:"天下皆有於菟,兹独无之,岂天欲居民之蕃息于此"④,所谓"於菟"是古代对老虎的别称。时至今日,地方资料鲜有对虎的记载。然而,琼州海峡对岸的雷州半岛,老虎伤人的记录不绝史书。研究者发现,海南"有熊无虎",以及两地动物的差异性,给海南岛与大陆分离的时间以启示,"从生物的进化来看,熊比虎出现的要早,老虎出现可能在 50 万年以后的事情。可以设想,海南岛与大陆的分离是在熊出现之后,老虎出现之前这段时间里"⑤。理论上来说,这种推断是成立的。然而海南的考古发掘,给人们展示了另一幅图景。

---

① 中国科学院南海海洋研究所:《华南沿海第四纪地质》,科学出版社 1978 年版,第 15—54 页。

② 司徒尚纪:《海南岛历史上土地开发研究》,海南出版社 1992 年版,第 2 页;林日举:《海南史》,吉林人民出版社 2002 年版,第 1—2 页;颜家安:《海南岛生态环境变迁研究》,科学出版社 2008 年版,第 37 页。

③ (汉)班固撰、(唐)颜师古注:《汉书》卷 28 下《地理志》,中华书局 1964 年版,第 1670 页。

④ (明)丘濬:《琼台诗文会稿》卷 22,新文丰出版公司 1996 年版,第 39 册,第 11 页。

⑤ 韩渊丰、吴郁文等:《海南岛》,广东人民出版社 1976 年版,第 6 页。

在三亚落笔洞遗址的发掘中，有猫科动物——华南虎（Panthera tigris amoyensis）的遗骨，"现在看来，海南岛不仅有虎，其绝迹的时间比过去想象的晚"①。由此可知，琼州海峡的形成时期大约在"全新世中期"②。琼州海峡的形成，标志着海南岛正式与大陆脱离，从而成为一个相对独立的地理单元。

二 古生态环境

土地、气候、生物等要素的数量和质量构成的生态环境，与人类生产、生活密不可分，古人类亦是如此。通过对海南早期人类的考古发掘材料的整理，此时的生态环境主要体现在以下几个方面。

（一）地质地貌

第四纪以来，新构造运动活跃，海平面升降频繁，海南岛现在的海岸线与古海岸线之间也产生了较大的变化。据研究，全新世古海岸线离现在的海岸线距离较近，仅数百米或更小。③地质构造运动使得岛的中部地区不断抬升，形成了一个穹形山体的海岛，中部高、四周低平。在此基础上，形成了多级台地、阶地、砂堤、砂坝、泻湖、海滩等地形。这些未及胶结的浅海新沉积物地形，在风力和水力的作用下，形成了宽达数公里至30公里的海岸风砂带，并分布在岛的东北、西北和西南等地。④这些地层发育史短暂，对其表层植被的破坏，将加剧其表层的水土流失，这一情况已为"后来的土地开发史所证实"⑤。

从目前考古报告来看，沿海台地，尤其是南部沿海台地，是早期人类主要的聚集地。

（二）气候特征

对"三亚人"遗址中采集的动物化石进行分析，有助于了解此时段

---

① 郝思德、黄万波：《三亚落笔洞遗址》，南方出版社、海南出版社2008年版，第143—145页。

② 赵焕庭等：《琼州海峡成因与时代》，《海洋地质与第四纪地质》，第33—38页。

③ 冯文科：《南海北部滨岸海成阶地与古海岸线遗迹》，载中国第四纪研究委员会、中国海洋学会《中国第四纪海岸线学会讨论会论文集》，海洋出版社1985年版，第223—239页。

④ 赵希涛、彭贵：《海南岛沿岸全新世地层与海面变化的初步研究》，《地质科学》1979年第4期。

⑤ 司徒尚纪：《海南岛历史上土地开发研究》，第4页。

的气候。

1. 华南虎和古菱齿象（*Palaeoloxodon*）

华南虎和古菱齿象这两种分别在华南地区及长江以北地区活动的动物，华南虎在海南活动，可以追溯到50万年前；古菱齿象大约在晚更新世，即距今约25000年左右进入本岛。气候急剧变冷，引起海平面下降，琼州海峡与雷州半岛之间的大陆桥显现，上述动物迁徙海南成为可能。这表明，第四纪四大冰期带来的气候变化，在海南的动物化石中有着不同程度的反映。

2. 无脊椎动物

从落笔洞洞穴中发现大量的螺壳堆积来看，这些无脊椎动物与本岛沿海现生种类有一定的相似性。例如，昌螺（*Umbonium cf. U. vestiarium*），从考古发掘的记录来看，"壳高8mm，壳宽20mm，螺层5层"[①]。目前，昌螺主要生长在潮间带沙滩，属习见种类，在岛内主要分布于陵水、三亚沿海，见于广东沿海，在印度洋和西太平洋也有分布。壳高6.3毫米，壳宽10.3毫米，螺层6层。[②] 不同时期的昌螺体量比较可以发现，现在的体量比"三亚人"时期的要小，这可能与物种自身进化有着一定的关系，但不能排除二者之间的相近性。

素有"活化石"之称的鹦鹉螺，在考古报告中也有体现，尽管该标本破坏严重，螺壳大小与现生种相近。而这一物种，在今天海南沿海及南海中有所分布。[③]

据《海南岛贝类原色动物图鉴》的记述，海南现生贝类动物有3纲81科、491种。[④]落笔洞贝类化石为7目15科、24种。仅就其贝类动物的组合特征来看，两者基本相同，如螺、蚌、蛤、蚶和鹦鹉螺等，都与海南沿海现生种类一致。

由此，关于海南岛古气候特征可以得出以下推论：大理冰期末期，岛内的气候变冷，且幅度较大，从而为北方动物南迁提供了途径，也使得海南动物群中体现出华北动物区系色彩。在"三亚人"活动期间，岛内气候同今天基本一致，热带岛屿风光尽显，气候宜人，适合早期人类居住。

[①] 郝思德、黄万波：《三亚落笔洞遗址》，第156—160页。
[②] 南海网、海洋频道：http://www.hinews.cn/ocean/system/2006/08/04/010010323.shtml。
[③] 王力军：《南海动物》，广西师范大学出版社2011年版，第39—40页。
[④] 许志坚、冯永勤等：《海南岛贝类原色动物图鉴》，科学普及出版社1993年版。

(三) 古生物资源

古生物资源是指在"三亚人"活动时期内，在当时的生产力条件下，古人类可以利用或可能利用的动物和植物资源。

1. 植物资源

自然条件相对稳定，区域内植物区系可以长期保持和延续。地质学研究表明，在海南岛中更新世的地层中，含有丰富的植物种属，从而呈现出热带森林—草原植被。① 在全新世岛内的年平均气温比现在要高出2—4℃，这与全新世气候最宜时期的全球性气候变化相一致。② 这一变化，更有利于岛内植物的生长。据日本学者的相关研究，到汉武帝海南开郡（前110年）之前，本岛的森林覆盖率达到90%。③ 茂密的热带植被，为岛内热带动物的繁衍提供了理想的场所。

2. 动物资源

落笔洞遗址中采集的动物化石，总计有两万余件，主要有无脊椎动物和脊椎动物两大门类。包括海生软体动物10种、淡水软体动物3种、爬行动物4种、鸟类3种、哺乳动物22种。这一发现，是目前海南岛更新世乃至全新世，在同一地点、同一层位，采集种类最多的化石。④ 岛内动物资源的多样性，为人类的繁衍提供了物质保障。

第二节　史前人类活动遗址分布

史前文化，是指没有文字记录之前的人类社会所产生的文化。了解史前的人类活动，史前考古是重要手段之一。根据考古学的规定，中国史前社会始于古人类发现，止于商代盘庚迁殷（即距今3000年前）；考古年代可分为旧石器时代、新石器时代、金石并用时期以及青铜时代。

近年来海南史前考古有所突破，已发现"哺乳动物化石地点3处"，

---

① 地质部南海地质调查指挥部综合大队：《南海北部沿岸第四纪地质地貌调查报告》，内部资料，1981年，第37页。

② 赵希涛、沙安庆等：《海南岛全新世海滩岩》，《地质科学》1978年第2期。

③ ［日］吉野正敏：《海南岛的农业气候》（日文版），《地理》第29卷第8号，第88页。转引自司徒尚纪《海南岛历史上土地开发研究》，第11页。

④ 郝思德、王大新等：《海南"三亚人"遗址1992年发掘报告》，《人类学学报》1994年第2期。

旧石器时代的"旷野遗址8处""洞穴遗址2处",新石器时代的"洞穴遗址1处",以及"一些民族学的考古材料"。哺乳动物化石地点,集中分布在昌江黎族自治县境内的信冲洞、红林采石场和皇帝洞。其中,信冲洞是"一处很重要的巨猿化石地点",据电子自旋共振(ESR)法测定,其绝对年代为"40万至60万年前"。

旷野遗址分别为昌江县混雅岭、燕窝岭、石头崖、酸荔枝园、叉河砖厂;海口市台湾砖厂;琼海市石角村以及澄迈县施教村砖厂遗址①。燕窝岭、混雅岭遗址分别位于昌化江支流南阳溪的左右两岸,溪水从东向西沿遗址旁流过,约500米后流入昌化江。两个遗址地质时代初步断定为"晚更新世,即旧石器时代晚期";从出土物堆积情况和文化遗物分析,属于早期人类"临时的活动营地"②。这些遗址发现,填补了海南旧石器时代的考古空白。

史前考古对于探讨和认识海南地区的考古学文化和谱系有着重要的意义。自1957年广东省文化局文物工作队与中山大学历史系对海南岛进行文物考古③以来,经过几代考古人的努力,取得了一定的成就。

到目前为止,海南石器时代的考古,"已发现近300处遗址和遗物点"④。根据其所处的地理环境和遗址特征,大致可以归纳为洞穴遗址,贝丘、沙丘遗址及台地、坡地遗址三类。

一 洞穴遗址

洞穴遗址是古人类在生产力极其低下的条件下,利用山岩自然洞穴为栖息地、就近利用所处地理环境进行狩猎和采集活动,从而留有原生文化堆积的一种遗址类型。其年代,集中分布在旧石器时代和新石器时代。海南岛旧石器时代的洞穴遗址为昌江钱铁洞、三亚落笔洞,新石器时代为三亚仙郎洞。

(一)钱铁洞遗址

钱铁洞遗址位于昌江县王下乡钱铁村,地理坐标为:北纬

---

① 李超荣、李浩等:《海南探宝》,《化石》2013年第4期。
② 李超荣、李钊等:《海南省昌江发现旧石器》,《人类学学报》2008年第1期。
③ 广东省博物馆:《广东海南岛原始文化遗址》,《考古学报》1960年第2期。
④ 王大新、郝思德:《海南考古六十年》,载《海南省博物馆研究文集》,科学出版社2011年版,第43页。

18°57′26.2″，东经109°8′59.5″①，遗址坐落在村西半山腰山洞，洞穴内分上下洞，洞口坐西朝东，高15米、宽24米、进深80米，钱铁河流经遗址旁，汇入南饶河。

至2012年12月的考古发掘中，共发现204件石制品中，砍砸器、石锤、石砧所占的比例较大。遗址中发现以砾石为素材的"一件精致的手镐"标本，表明该遗址属于"砾石文化"。其考古学年代断限为旧石器时代晚期；地质学上为晚更新世晚期，距今约2万年。

（二）落笔洞遗址

落笔洞遗址位于三亚市东北约15公里落笔峰南麓落笔洞，地理坐标为北纬18°17′，东经109°31′。② 洞高12.5米、宽7—9米，遗址面积近110平方米。

该遗址最早发现于1982年，初步探测的结果为洞壁上有"部分红黄色含大动物化石的坚硬胶结层"，洞底周围则是小动物化石的"灰色胶结较松散的堆积层"以及"少量炭屑、火烧土粒"，属于人类活动遗存。③ 经过1992、1993年的两次考古发掘，共采集14枚人牙化石④，石器、骨、角器制品以及大量的动物化石。1992年的《发掘报告》认为，这些牙齿分别代表了老年、中年和青年各阶段的个体，其形态构造与现代人基本一致。在文化发展时序上，该遗址处于"旧石器时代末期至新石器时代早期的衔接阶段"。据^{14}C对第二层堆积物测定，其年代为10642±207年。

（三）仙郎洞遗址

仙郎洞遗址位于三亚市东北部落笔峰的山脚下，地理坐标为北纬

---

① 黄兆雪、李超荣等：《海南省昌江县钱铁洞旧石器时代洞穴遗址》，《第十三届中国古脊椎动物学学术年会论文集》，海洋出版社2012年版，第241—246页。

② 郝思德、王大新等：《海南"三亚人"遗址1992年发掘报告》，第118—122页。

③ 杨式挺：《建国以来广东新石器时代考古述略》，《学术研究》1985年第5期。

④ 按：关于"三亚人"人牙化石数量表述不一："11枚"说（《人类学学报》，第119页）；"13枚"说（王大新、郝思德：《海南考古六十年》，第43页。丘刚：《海南古遗址》，第18页。颜家安：《海南岛生态环境变迁研究》，第51页）。"落笔洞遗址"1983年开始发现，经历了1992、1993年两次正式发掘，海南省考古研究所郝思德先生皆为主持人。由郝思德先生为第一作者的《三亚落笔洞遗址》（南方出版社1998年版，第6—7页；南方出版社、海南出版社2008年版，第9—11页），对于人牙化石的数量，皆有同样的表述："1992年采集的5枚人牙化石也出于此'钙板'""在灰色砂质土中发现7枚人牙化石"；1993年，"又发现两枚人牙化石"。据此可以得知，"三亚人"人牙化石的数量应该为14枚。

18°19′51″,东经 109°32′55″。2012 年考古发掘,在洞内采集以及从地层中发现石制品 22 件,有石核、石片、刮削器、石锤和石砧等文化遗物,此外还有动物遗骨和零星的夹砂陶片。初步认定为新石器时代早期,地质学年代为全新世早期。①

二 贝丘与沙丘遗址

海南岛四周环海,海岸线总长为 1823 公里,大小港湾 68 个。② 从海洋地质的角度来看,海岸是海洋与陆地相互接触、相互作用地带,蕴藏着丰富的生产生活资源,是古人类经济活动频繁的地带。

广袤的海岸线,为早期人类生产生活提供了重要据点。其表现形式为贝丘遗址和沙丘遗址,分布在陵水、三亚、东方、昌江、儋州和临高等沿海市县。③

(一) 贝丘遗址

贝丘遗址即是早期人类把贝类废弃物——贝壳抛弃,经过长期堆积,与人类栖息地相联系而形成的遗址。④ 海南贝丘遗址仅及东方、乐东等市县有少量发现,这些遗存的年代,多为新石器早期。其中,东方市新街遗址,是海南岛贝丘遗址重要的文化遗存。

新街贝丘遗址⑤,位于东方新街镇北黎河入海口 2.5 公里处,临河靠海。遗址文化层厚 0.5—1 米,含有大量的螺壳、兽骨、陶器及石器等遗物。陶器为手制夹砂粗陶,灰褐色为主,未见泥质陶。器类单一,器型为圜底罐、釜,敞口、鼓腹,除素面外,也有饰绳纹的器物。石器以砾石为材质,打制为主,有砍砸器、斧型器、刮削器;磨制石器很少,器类仅有斧、锛等。

从时间上来看,这一遗址的出现要晚于落笔洞洞穴遗存,与广东潮安石尾山、广西防城亚菩山等新石器时代早期贝丘遗址的文化内涵有相似

---

① 孙建平、李超荣等:《海南省三亚市发现石器时代的文化遗物》,《第十三届中国古脊椎动物学学术年会论文集》,第 235—239 页。
② 《海南年鉴》编辑委员会:《海南年鉴 (2016)》,海南年鉴社 2016 年版,第 36 页。
③ 丘刚:《海南古遗址》,南方出版社、海南出版社 2008 年版,第 24 页。
④ 高振生:《中国蓝色国土备忘录》,中州古籍出版社 2010 年版,第 549 页。
⑤ 郑瑶新:《海南岛东方县发现两处古文化遗址》,《东南文化》1988 年第 Z1 期。

之处。①

（二）沙丘遗址

沙丘遗址则是指人类在海湾沙丘上生存活动的遗址。海南此类遗址多为新石器时代中期文化遗存，比起新石器早期，分布范围、遗址面积、文化层堆积及出土物等，有进一步增加的趋势。其中，东方荣村遗址、陵水石贡遗址和移辇遗址等为代表，在文化面貌上较为相近。

1. 荣村遗址

荣村遗址（原名为付龙园遗址），西距北部湾约 5 公里，北离昌化江入海口 3.5 公里，坐落在东方市北 20 公里四更镇荣村北、昌化江左岸的二级台地上。

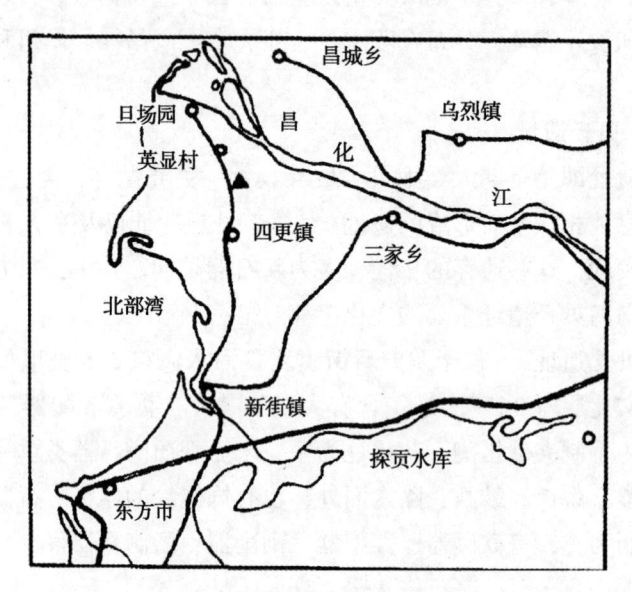

图 1-2　东方市遗址位置示意图

资料来源：海南省文物考古研究所：《海南省东方荣村遗址试掘简报》，《考古》2003 年第 4 期。

从地层叠压关系、出土遗物特征等方面考量，1998 年荣村考古《简报》将该遗址文化堆积的上中下三层划分为三个阶段。根据 ^{14}C 测定，下层距今 2570±70 年，为春秋早期文化层，出土文物为夹粗砂陶为主，少量的打击石片、骨器，遗迹少见。从文化性质上来看，属于新石器时代末

---

① 王大新、郝思德：《海南考古六十年》，第 44 页。

期文化遗存；中层距今1870±50年，为东汉早期文化层，除夹粗砂陶外，泥质陶数量增多，有磨光夹细砂陶、骨器也略多，不见石器。灰坑、灰沟和小洞等遗迹增多，未见金属器；上层距今1390±80年，属南朝晚期文化层，出现漆器、铁器、铜器等新文化因素，遗迹分布较为普遍。

2. 石贡遗址

石贡遗址位于陵水县南湾半岛西北面的沙岗坡上，北临新村港、背靠南湾岭，高于海平面约4米，文化层厚达1.5米。据2006年遗址发掘，有灶、陶片和石块堆积。在出土的遗物中，主要有通体加工的磨制石器、打制石器，陶器居大宗，以夹粗砂褐陶为主①，与同期广东、广西文化遗存关系密切。

3. 移辇遗址

遗址位于陵水县光坡镇移辇村东港坡河北岸、"唐宋瓷器出土地点之西"的沙岗上，东面大海。经2007年的抢救性发掘②，文化堆积层厚约0.4米。有二处疑似烧煮食物所用的炊具——"灶"的遗迹，采集和出土的遗物有全系磨制的石器、全为手制的夹沙粗陶、细砂陶、牛、野猪、鱼椎骨等动物遗骸和贝壳。与石贡遗址时代相近，距今约4000年，其经济生活以渔猎和采集为主。

除了前文所述外，还有：陵水古楼、港尾、鼓楼坡、鲍顿东、万福、南湾、新村遗址；三亚亚龙湾、番岭坡遗址；乐东九所、乐罗、黄流、旧塘园遗址；东方十所、稻坝遗址；昌江棋子湾、鹅岭、草蛉、刀大岗遗址；儋州沙井地、马嵝地遗址；临高兰卖遗址；琼海宝墩遗址等贝丘沙丘遗址③。

值得一提的是，属于新石器时代、坐落在陵水新港镇桐海村北约2公里台地上的桥山遗址，自2013年正式发掘以来，得到诸多媒体的关注。该遗址被认为是"海南省迄今为止发现的最大史前遗址，其面积之大、堆积之丰厚、遗物之丰富、保存之完好在整个华南地区都极为罕见"。2014年1月，中国社会科学院与海南省政府共同签署合作开展海南考古

---

① 郝思德、李钊：《陵水县石贡新石器时代遗址》，载《中国考古学年鉴（2006）》，文物出版社2007年版，第388—389页。

② 郝思德、蒋斌：《陵水县移辇村新石器时代遗址》，载《中国考古学年鉴（2007）》，文物出版社2008年版，第345—346页。

③ 丘刚：《海南古遗址》，第31页。

研究合作框架协议,通过对桥山遗址发掘,旨在弄清"如何阐明古代的海南与南海诸岛居民的密切联系,探讨海南岛的史前先民与南岛语族起源的关系,以及在东南亚地区乃至世界古代文化交流史上所发挥的独特作用"①,值得期待。

三 台地与坡地遗址

台地和坡地类型遗址,大多数为新石器时代晚期,广布于岛内江河及其支流两岸坡地、山冈上。遗址和遗物点数量较多,但面积不大,多未经过科学发掘,仅部分试掘。1957年岛内考古表明,"坐落于山冈的遗址,共有108处",遗址分布多于河流相连,背面环山,部分遗址位于冲击的靠近山冈的台地上。② 其中,定安佳笼坡、谷溪遗址、通什毛道遗址具有代表性。

(一) 遗址分布

1. 佳笼坡遗址

该遗址位于定安县坡寨乡南斗村西北的佳笼坡,为新石器中期的坡地遗址。《广东海南岛原始文化遗址》指出:该遗址的文化堆积厚0.4—0.8米,遗址由表土层、文化层和生土层构成。出土了夹砂粗红陶、残存石器、石斧、石锛、棒状石器以及少量的灰色或黑色的夹砂粗陶片。

2. 谷溪遗址

遗址位于定安县新竹镇养坤村西南谷溪边大石壁下的低凹处,故名。1987年偶然发现11件石器,器型有梯形石斧、双肩石斧、双肩石铲等,初步断定为打制石器和磨制石器。重要的是,该遗址为"新石器时代的人类聚落遗址"。③

3. 毛道遗址④

1956年,全国人民代表大会民族委员会广东少数民族社会历史情况调查组到保亭县毛道乡调查黎族"合亩制"时发现一批新石器遗物。

---

① 杜颖、程范淦:《南岛语族:揭示琼岛史前文明密码》,《海南日报》2014年1月22日,第4版。

② 广东省博物馆:《广东海南岛原始文化遗址》,第122页。

③ 许荣颂:《定安县文物志》,中山大学出版社1987年版。转引自丘刚《海南古遗址》,第35页。

④ 广东少数民族社会历史情况调查组:《海南黎族苗族自治州毛道乡发现新石器》,《考古通讯》1957年7月,第52—55页。

毛道位于昌江河（今昌化江）上游，离自治州首府通什（今五指山市）25 公里，是由毛枝到乐东、番阳必经之地，与毛枝相距 5 公里，距番阳 10 公里。

遗物主要发现在抗班村的山坡上和其他六个村后面大山的泥沟里，河岸沙丘也有发现。在采集的 19 种石器中，带肩石斧 10 件、小型石斧 7 件、石楔 1 件、圆型石器 1 件，"有些制作的很精细"，这些发现在"北方新石器时代遗物中是少见的"，带有浓厚的南方色彩，很可能是"合亩制"黎族人早期使用的生产工具。

（二）遗址发掘的文化意义

史前考古的诸多发现，初步厘清了海南史前文化的演进脉络。如前所述，昌江县境内的信冲洞、红林采石场和皇帝洞是哺乳动物化石集中分布的地方。其中，信冲洞内"40 万至 60 万年前"巨猿化石——与人伴生的灵长类物种的化石发现，对研究古人类的进化有重要价值。

旧石器晚期的燕窝岭、混雅岭旷野遗址，为岛内早期人类"临时的活动营地"。钱铁洞遗址，说明两万年前有古人类活动。落笔洞考古发掘证实，"早在一万年前海南岛就有居民生活，且他们与大陆居民有紧密联系与文化交流"[1]。新石器时代早期的贝丘遗址、中期的沙丘遗址、晚期的坡地台地遗址，无论是分布区域抑或是数量，比旧石器时期都有明显的递增趋势。

这些考古成果，为海南史前文化发展序列的排序提供了重要的参照，总体来看存在的问题也很明显。比如：海南为海洋大省，南海诸岛上没有进行系列的考古工作，所以是否有史前遗址，尚不清晰；旧石器时代考古有所突破，但成效不大。南部地区存在着一定数量的石灰岩洞穴，其中也发现了一些更新世晚期的古生物化石，但是并未发现古人类化石及相关遗物，从而产生了海南史前文化序列中旧石器时代的缺环；洞穴遗址考古有所进展，但是缺乏代表性的过渡地点，所以其文化性质和年代序列也不甚清晰。[2]

毫无疑问，考古资料并不支持本岛早期人类"从猿到人"的演化过程，也就说，史前海南岛内生活的古人类是从他处迁徙过来的。

---

[1] 郝思德、黄万波：《三亚落笔洞遗址》，第 169 页。
[2] 郝思德、王大新：《海南考古的回顾与展望》，《考古》2003 年第 4 期。

从地层叠压关系考量，荣村遗址有着代表性。其文化堆积分别为：下层，新石器时代末期文化层；中层，东汉早期文化层；上层，南朝晚期文化层。时间跨度上千年，拥有三个不同时代的文化堆积，且在各阶段的文化衔接上出现明显的缺环，缺乏自身发展的连续性和继承性。

在岛内史前遗址发掘中，很难看到这种多层文化的堆积。岛内先人活动足迹沿着洞穴→沙（贝）丘→坡（台）地，从沿海周边沿着河流向岛内推进。潮涨潮落带来丰厚的海洋生物、丰沛的淡水资源等便利条件，使得滨海而居成为古人理想的栖息之地。究竟是什么原因促使这种内迁？值得深入研究。

受气候变化影响，海平面产生较大幅度波动，从而威胁着早期人类的居住环境；淡水资源充足与否等多种因素，是古人类向内迁徙的主要动因。那种用人类"童年""成长""成熟"[①]的标准加以解读，似乎有点偏颇。

第三节 早期人类与环境之间的关系

在一定空间下生活的人类，为了自身生活与繁衍，就不得不与周边自然环境产生联系。环岛海岸线附近丰富的海产品、丰沛的淡水资源、陆地上四季野果以及种类繁多的动物等构成的生态系统，成为生产工具极其低下的早期人类理想的生产生活场所。生活在此属于"晚期智人"的"三亚人"，以及后来生活在"贝丘遗址""沙丘遗址"上的先居民，是什么因素使得他们在此前的居住地上消失，向"台地坡地"迁徙？他们与周边环境究竟产生怎样的互动关系？

一 早期人类

从"旧石器时代末期至新石器时代早期的衔接阶段"的"三亚人"活动开始，经过长时段的迁入、聚集、繁衍，栖息地逐步扩散，人口随之增多。早期人类的族属、来源地、人口总量、人口分布是本书关注的重点。

---

① 孙慧：《从海洋到内陆：海南早期人类活动足迹》，《海南日报》2013年4月8日，第C04版。

(一)"三亚人"族属

1. "三亚人"的文化关联

落笔洞 14 枚人牙化石出土,把岛内生活的人类年限推延至距今 1 万年。落笔洞遗址与广西柳州"白莲洞的上层""大龙潭鲤鱼嘴""来宾盖头洞",广东"封开黄岩洞""阳春独石仔"等遗址比较,具有以下文化共性:

> 堆积物含大量螺壳;人类牙齿属晚期智人,与其共生的哺乳动物化石几乎全部是现生种;文化遗存中有石器、骨器和角器,而无陶器;石器用锤击法加工,多采用单面打击。①

这些共同特征表明,落笔洞遗址的文化性质与岭南地区同期的同类文化有着直接的联系。这反映出"三亚人"与"大陆居民有紧密的联系与文化交流",这种联系也许是"通过冰期时代琼州海峡的陆桥进行的"②。

2. "三亚人"与黎族先民的关系

"同源"论者认为:"'三亚人'与黎族人只能是一种血统关系,族属关系,除此之外别无他属。"其主要依据是:地质时期海南岛与两广地区是连在一起,且"在黎族人之前,并没有也不可能有任何人种如'小黑人'之类居住在海南岛上"③。一定程度上,持论者试图通过否定"小黑人"的存在来强调黎族先人与"三亚人"的同源关系,这与刘咸先生"古时的海南岛可能有过他们(指"小黑人"——引者注)的踪迹"的论断似乎有点南辕北辙。

刘氏通过历史文献梳理"文身""语言""婚俗"等文化特征,以及对"303 名"黎族人进行人类体质学的测定等基础上加以比较而得出的结论。④ 这是在论证黎族人来源的多元性,并没有认定"小黑人"先于"三亚人"来到海南岛。所以"同源"论者论证逻辑对象似乎并不清晰。

如"三亚人"的考古发掘报告所示,"三亚人"与同时期的两广洞穴遗址文化多有相似之处,这一观点多为学者所采信。但是,"三亚人"是

---

① 郝思德、王大新等:《海南"三亚人"遗址 1992 年发掘报告》,第 121 页。
② 郝思德、黄万波:《三亚落笔洞遗址》,第 169 页。
③ 邢关英:《"三亚人"与黎族人》,《海南档案》1998 年第 2 期。
④ 刘咸:《海南黎族起源之初步探讨》,《西南研究》1940 年第 1 期。

否就是黎族人的祖先即二者之间是否有血缘关系,由于考古学证据缺乏,对此学界态度谨慎。

(二) 黎族人源流

迄今为止,黎族族源问题在学术界一直纷争不已,主要观点:

1. "南来说"

德国民族学者史图博在1931—1932年,对海南黎族地区进行实际考察后,第一次系统提出黎族源流问题。他认为:

> 海南岛是被多次的民族移动的浪潮——即本地黎(土著居民)、美孚黎、歧黎、侾黎——冲击过来的民族所开发的,这些迁移到海南岛的民族,很明显是由阿乌斯兹罗尼亚(马来亚)和泰族这两种要素组成的(如果这两者的混血不是在大陆上已经进行了的话)。①

对史图博结论的回应,国内学者纷纷撰文探讨黎族源流问题。主要有"多源流说"及"北往说"。

2. "多源流说"

1934年人类学者刘咸对海南黎族进行考察,并提出自己的看法:

> 由种族名称,体格性质,文化因素,在表示黎人之起源,一方面与大陆之掸族有密切渊源,一方面与南洋群岛之诸民族有显然关系。且三种探讨方法之间,彼此相阐发,相辅相成,故现今居住海南岛之黎族,可信其一部分系由大陆迁往,一部分系由海道而来,一部分系有史以后迁往,一部分似在有史以前移入,更益以后来汉人因素及影响,互为激扬,遂形成今日黎族之状况。②

3. "北往说"

罗香林先生在结合史料的基础上,认为:"黎为骆越一部分,即俚所转称,骆越为百越一支,亦古代夏民族所分出。"③ 此后,罗氏观点多为

---

① [德]史图博:《海南岛民族志》,广东民族研究所编印,1964年,第341页。
② 刘咸:《海南黎族起源之初步探讨》,《西南研究》1940年第1期。
③ 罗香林:《海南岛黎族人源出越族考》,《青年中国》1939年,季刊(创刊号),第325页。

国内学者所认同，并纷纷加以引用和阐述。

随着新的科技手段的加入，黎族族源问题变得扑朔迷离。分子遗传学试图寻找海南岛黎族的 Y-DNA 遗传学证据："相关分析发现，黎族与起源于百越的侗台语系侗水语支、壮傣语支和仡央语支及南亚语系族群遗传关系最近，说明他们有极大的同源性，这与体质学和人文学研究结果相一致。"[①] 显然，这一结论支持"多源"说。

随着海南史前考古遗址的深入发掘，结合上述三种族源认知，基本上可以得出这样的结论：黎族并非本岛土著，而是跨海而来的先民。

（三）聚集地分布

新石器时代早期的贝丘、沙丘遗址为主要聚集地。考古发掘表明，新石器时代中后期的台地和坡地遗址数量有着明显的增加，据《中国文物地图集·海南分册》的统计，目前发现岛内共有 165 处遗址和遗物出土地。聚集地开始出现了由沿海台地向岛内转移、全岛分布的特点。

表1-1　　　　　　　　海南岛史前时期坡地台地遗址一览表

市/县	遗址、出土地名称	数量
海口	仙沟岭遗址	1
定安	佳笼坡遗址、谷溪遗址、海棠沟遗址、吉姆陆遗址、南新塘沟遗址、中瑞遗址、蹲虎岭遗址、下寨遗址、永丰石器出土地、佳笼石器出土地、牛底园出土地	11
文昌	凤鸣村遗址、凤池遗址、白土坡遗址、包树山遗址、牛路园遗址、昌田坡遗址、排石坎遗址、昌桐遗址、牛桥岭石器出土地、白石岭石器出土地	10
琼海	牌岭遗址、长岭遗址、军猪坡遗址、龙池石器出土地、溪边石器出土地、留客石器出土地、百花岭石器出土地、罗凌石器出土地、东苏石器出土地、加莱沟石器出土地、土吉尾石器出土地	11
万宁	文昌园遗址、镜门岭遗址、白沟遗址	3
屯昌	石冲岭遗址、坎井遗址、青梯遗址、西昌龙保石器出土地、双管岭龙保石器出土地	5

---

① 李冬娜、区彩莹等：《中国海南岛黎族起源的 Y-DNA 遗传学证据》，《国际遗传学杂志》2009 年第 4 期。

续表

市/县	遗址、出土地名称	数量
儋州	求水岭遗址、中英华遗址、粉根墩遗址、罗白遗址、新村遗址、南和石器出土地、和郎石器出土地、牙拉石器出土地、那大石器出土地、田杈井石器出土地、时坟地石器出土地、田方地石器出土地、粪萁肚石器出土地、水井石器出土地、看蕊地石器出土地、鸡头岭石器出土地	16
临高	鱼池遗址、博德坡遗址、官田遗址	3
澄迈	仁兴遗址、仁兴东石器出土地、那宋石器出土地	3
三亚	河头遗址、卡巴岭遗址、沟头遗址、而弄遗址、大弄遗址、高村遗址、大茅遗址、走马园遗址、新村遗址、大兵坡遗址、三问坡石器出土地	11
五指山	空程遗址、空洪遗址、志保遗址、新民遗址、牙力遗址、坡尖遗址、什寸劳遗址、什芬遗址、什保遗址、牙开石器出土地、什道石器出土地、空联石器出土地、毛阳石器出土地、方满石器出土地	14
保亭	五指山1—4号遗址、石建遗址、加茂遗址、番松遗址、北赖遗址、亲近遗址、新政北遗址、新政遗址、保亭营遗址、什冲石器出土地、草赛石器出土地、祖连奋石器出土地	12
陵水	文英遗址、坡村遗址、老包圆遗址、老包圆东遗址、水流坡遗址、国拥遗址、南坪遗址、彭谷园石器出土地、什项石器出土地	9
乐东	光明遗址、山荣遗址、排齐遗址、沿江遗址、东坊遗址、边强遗址、抱由石器出土地、昂什石器出土地、头塘石器出土地、头塘陶器出土地、南木石器出土地、志强石器出土地、谭培石器出土地、凤田石器出土地	14
东方	杂旺遗址、解放路遗址、玉龙遗址、广坝石器出土地、旧村石器出土地	5
昌江	大章岭遗址、布盖岗遗址、叉河口遗址、白石岗遗址、虾干沟遗址、大风遗址、油岭遗址、刀大岗遗址、子用岗遗址	9
白沙	打箭岭遗址、坡生遗址、番伦遗址、坡好遗址、南巴遗址、南弯遗址、福马遗址、志针遗址、罗帅遗址、蚊园遗址、对俄北遗址、番印遗址、南北吉遗址、红岭遗址、什才遗址、对面坡石器出土地、大限陶器出土地、志口石器出土地、什好石器出土地、道隆石器出土地、打摊石器出土地、保家石器出土地	22
琼中	崩岭遗址、南茂遗址、荒塘坡遗址、什扭石器出土地、什况石器出土地、新市石器出土地	6

资料来源：丘刚：《海南岛史前遗址的类型和基本特征》，《中国考古学第十一次年会(2008)》，文物出版社2010年版，第63—64页。按："数量"一栏，为引者所加。

其中，"凤鸣村遗址"值得关注。该项遗址发现是由海南文昌籍东南亚历史学和考古学者韩槐準（1892—1970）最早发现的。1950年8月，韩氏对与地方历史密切相关的雷公斧（Shouldered Adzes）进行搜集，在其故乡昌洒凤鸣村获得"远古人类应用之石器总共 60 余件"[①]。其后的 1951 年，海南澄迈籍人类学和史前考古学者岑家梧（1912—1966）对韩氏所在村庄周边的"土沙小肚""土沙大肚""宝树山坡""石子山坡"等处进行考察，共采集新石器 80 余件，陶片数件。结果载于《海南岛凤鸣村新石器时代遗迹调查》[②] 一文中，该报告作出如下结论：

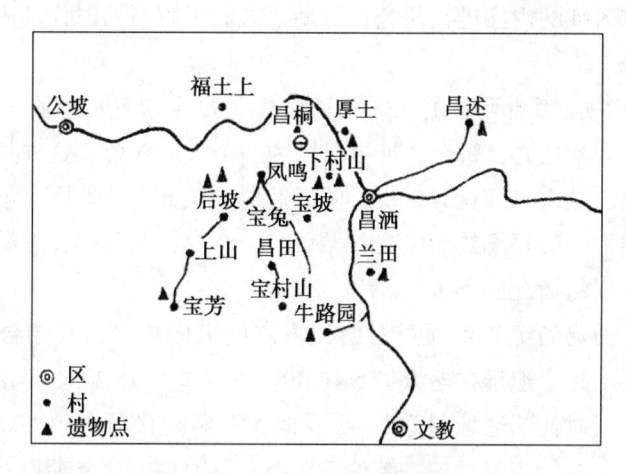

图 1-3 凤鸣村遗址分布图

资料来源：丘刚：《海南古遗址》，第 32 页。

1. 坡地遗址

在凤鸣村周围 10 余里，沿着一条小河两岸，都有新石器时代遗物出土，多分布在倾斜的山坡上。这一带地方，在史前时代，当是一些大小村落。

2. 石器的形制

带肩石斧，在马来、安南、香港和广东海丰、高明都有发现，但数量较少。包括韩槐凖 4 件在内，凤鸣村共有 7 件之多；细型石斧、石锛和石凿，在形制上与海丰出土的完全相同，与黄河流域出土该时段遗物完全不同，南方色彩浓厚。

3. 时间断限

文昌石器应与海丰、香港出土的时间相同，初步断定为距今 4000 年

---

① 韩槐凖：《在海南搜得的石器》，《韩槐凖文存》，长征出版社 2008 年版，第 193—195 页。

② 广东省人民政府民族事务委员会编印：《海南岛凤鸣村新石器时代遗迹调查》，1951 年版。

左右。

该报告最早界定聚集地人群的族属——黎族。就考古证据来看,"带肩石斧"与东南亚和两广地区有着千丝万缕的联系,也从侧面印证了黎族族源的多元性。

(四) 人口估算

对考古遗址的内涵进行研究,有助于人们了解石器时代岛内人口数量大略。

1957年海南考古调查的135处遗址中,每个遗址面积在400平方米到10000平方米之间,每个遗址可以视为一个氏族村落。这种相当于历史时期的村峒,其人口究竟有多少?解放后对"陵水""崖县"黎峒规模进行调查表明,一般每峒约20户,个别的有30户,而昌化江下游的河谷地区多达上百户的情况并不多见。①

为此,司徒尚纪先生通过对明代方志的纵向梳理,并结合史前的情况,进而得出每个遗址村落人口数在40人左右。② 到2004年止,已发现近300处石器时代的遗址和地点。③ 据此,石器时代岛内的人口数量最大值在1万人左右。当然,这一结论是对旧石器时期时代末期以及新石器时代早中晚时期的总数估计。他们筚路蓝缕、胼手胝足,从自然界中获得生产生活资料。

二 生产活动

一般而言,不同类型遗址,其生产生活方式也随之不同,"海南岛上最少存在着三种不同的生产生活方式",即:

> 在密林中从事采集和狩猎,农业尚未出现;从事原始农业为主,但采集、渔猎还占相当比重。原始农业中又分早期的刀耕火种式的游垦耕作和后期的相对定居的锄耕农业;在江湖岸边和海旁从事捕捞和采集水生动物和植物为主。

---

① 刘耀荃:《海南岛黎族的住宅建筑》,广东民族研究所1984年版,第4页。
② 司徒尚纪:《海南岛历史上土地开发研究》,第81页。
③ 郝思德、王明忠:《海南史前文化遗存经济生活初探》,《南方文物》2004年第4期。

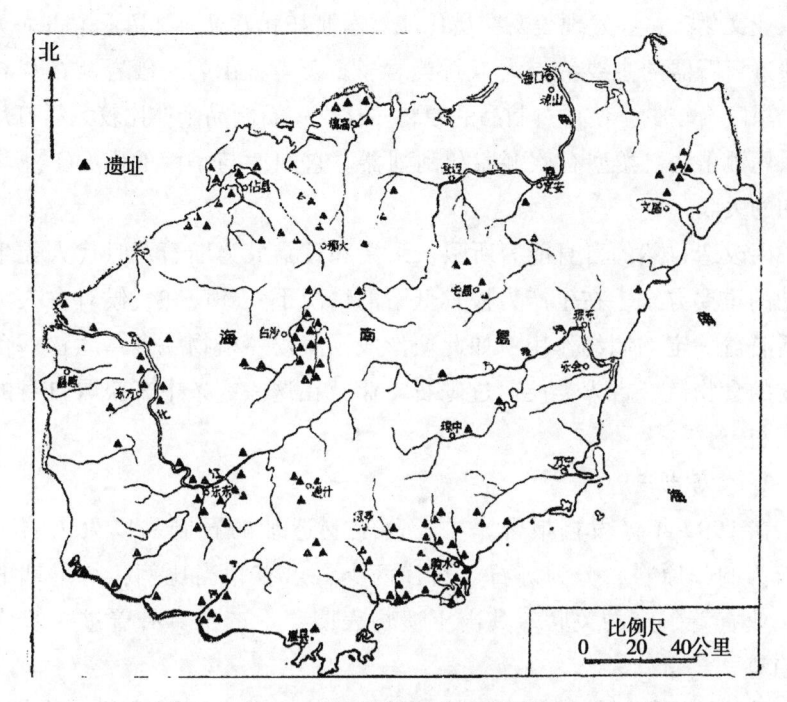

第一章　海南岛史前人类与生态环境　　　33

图 1-4　海南岛原始遗址分布

资料来源：广东省博物馆：《广东海南岛原始文化遗址》，第 121 页。

为此，刘耀荃先生认为，"海南岛发现的不同类型的原始文化遗址，不仅代表着年代的先后和不同的生产方式，而且还分别属于不同的人们共同体，也就是说并不是全部属于黎族远古祖先的遗物"，意在说明"海洋系尼格罗人种（黑种）的小黑人是海南岛上最早的居民"[①]。然而，文章并没有就遗址类型与不同的生产方式进行一一对应。1992 年之后，洞穴遗址的发现和发掘，为这一对应关系提供了丰富的考古学证据。

（一）采集与狩猎

洞类遗址发掘表明，采集和狩猎为主要生产活动，农耕生产方式并未出现。

1. 砾石工业

目前发现 8 处旧石器时代的旷野遗址、2 处旧石器时代洞穴遗址和 1 处新石器时代洞穴遗址，《海南探宝》一文认为：考古发现的石器属于砾

[①] 刘耀荃：《海南岛古代历史的几个问题》，《广东省民族研究译丛》，广东人民出版社 1996 年版，第 320 页。

石工业文化。这些发现表明在昌化江、南渡江和万泉河都留下了古人类活动遗迹。石器的主要特点为以石英岩、石英、火山岩、砂岩及石灰岩为主,黑曜石较少,使得石制品的原料多样性;石制品个体比较大;打片技术采用锤击法;类型有砍砸器和刮削器。它们"与华南的砾石工业具有密切的关联"。

因改造自然的自身能力所限,采集和狩猎成为旧石器时代人类生产活动的重要方式。在生产力极其低下的情况下,环境和气候对古人类的生活有着一定的制约作用,如此便形成了气候→植物→食草动物→食肉动物的食物链。古人类便通过砾石工业,在这一链条中来获取自身的生活资料。

2. 穴居生产

在1992年《发掘报告》中,落笔洞遗址的石制品以火山岩、黑曜石为制作原料,分为砾石、石片两类,占有相当比例,与早期的砾石工业有着一定的关联。其出土遗物表明,生产工具有着进一步发展的趋势。

骨镞与骨角制品。在遗物的两件标本中,镞身近圆锥形,两头呈尖状,锋尖利。属于"体短小,加工较精"的磨制工具。与之相应的是,骨类制品所占比例较大,其原料以牛类、鹿类的肢骨为主,用切割、打击和刮磨等方法加工而成。此类工具的出现,说明狩猎是"三亚人"的基本生活方式。

水生软体动物堆积。据统计,在遗存堆积物中,水生动物有7目24种,以螺类和蜗牛类最为丰富,其中螺壳约有7万个之多。捕捞业发达,由此可见。

穿孔石器。砾石为原材料,器体呈椭圆状,中部两面对转成孔,再加磨孔壁,孔较小且规整,器身光滑,出土数量仅6件。[①] 学界对其用途存在分歧,从古人类一器多用角度来看,该工具使用表明此时采集方法有着较大改进。

火的利用。在发掘的中层砂质土中,有灰烬、烧骨和烧石,灰烬层分布不规则,呈条带状。这表明,火已经被广泛使用。

据此,不难发现,地处热带山地雨林的落笔洞遗址,周围森林茂密、

---

① 郝思德、黄万波:《三亚落笔洞遗址》,第36—37、30—33页。

植物种类繁多,这为动物的生息提供了良好的环境。滨临大海,海洋生物资源丰富。穴居于此的"三亚人",从事狩猎、捕捞、采集经济生产活动。

(二) 捕捞和采集水生动植物

贝丘沙丘遗址濒临海岸线,是捕捞和采集水生动植物生产方式的主要代表。

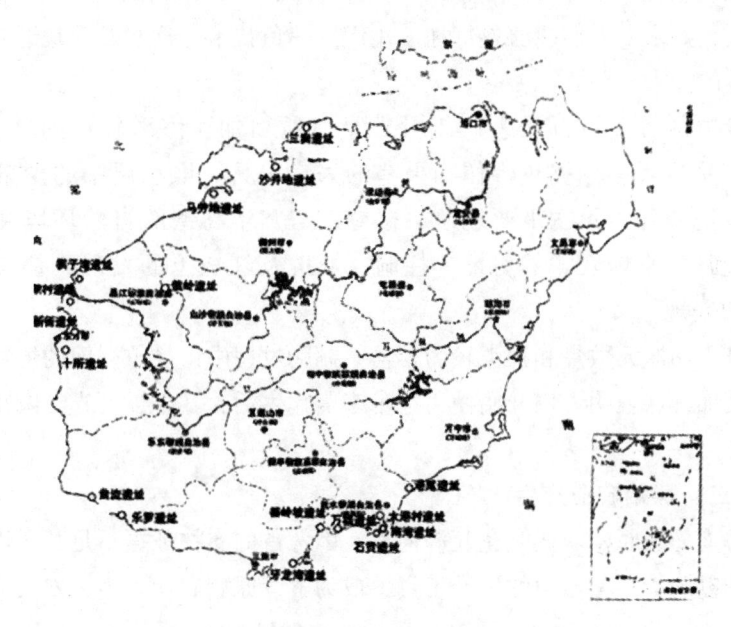

图1-5 海南部分沙丘贝丘遗址分布图

资料来源:丘刚:《海南古遗址》,第25页。

1. 贝丘遗址

如前文所述,新街遗址所发现的生产工具单一,且多用交互打击法制成,磨制石器较少。此类简单、粗制的石质生产工具,主要用于砍伐和挖掘植物的采集活动。此外,遗址附近野生热带植物果实成为其食物的重要补充。

未见狩猎工具,但是遗址堆积中的哺乳动物残骸揭示了该项活动的存在,据此可以认为狩猎"在当时的经济活动中并不占有较重要的地位"[①]。比较而言,遗物中大量贝壳,则表明海上软体动物的捕捞成为其主要的生

---

① 郝思德、王明忠:《海南史前文化遗存经济生活初探》,《南方文物》2004年第4期。

产活动。

夹粗砂陶的圜底釜、圜底罐等炊器的出现，反映出此时的人们已经能够使用火来烧煮食物，这也成为该遗址与落笔洞遗址的重要区别所在。

2. 沙丘遗址

《陵水县石贡新石器时代遗址》指出，在遗址试掘的三个文化层中，均发现大量的螺、蚌贝壳堆积，且成片分布；"夹粗砂陶网坠"，数量多、器型大，显示出人们能够熟练地使用织网捕鱼技术，这些发现是近海捕捞业发达的标志。

以磨制为主的石质生产工具数量有所增加，体形较小的梯形斧、梯形锛是砍伐、挖掘热带作物果茎的采集工具。堆积层中的少量动物遗骨，说明狩猎不占重要地位，这应该与其半岛型的自然环境关系密切。此外，半地穴式的房址、柱洞、灰坑及红烧土的发现，是其定居生活的表现。

日用陶器的数量和种类较为丰富。制陶过程中，注重器面的绳纹、划纹等装饰，这表明人们开始使用艺术来美化生活，其中，磨光红陶是其文化特征之一。

（三）原始农业产生

海南岛的原始农业究竟起源何时，因考古的实物证据不足，所以具体时段难以确指。考古中的生产工具，成为解读原始农业发生、发展的主要依据。

从考古时序上来看坡地、台地遗址，可划分为新石器时代中期、晚期的文化遗存。前者，主要分布在江河两岸旁低丘、山冈地带，人们主要从事采集和狩猎，捕捞活动不发达。

新石器晚期遗址发掘中，"长身石斧""双肩石斧""有肩石锛""有段石锛""大石铲""长身石铲""石犁"等大型生产工具、用于加工谷物的"石杵""石磨盘"等遗物出土，说明原始农业生产为主要的经济活动。"石镞""石戈"及兽骨[①]等的发现表明，狩猎活动在日常的经济生活中占有一定的地位。

1. 刀耕火种

1957年通什1号遗址考古发掘，在其文化层中出土了"有柄式石斧1

---

① 广东省博物馆：《广东海南岛原始文化遗址》，第123—125页。

件,残石器2件"和部分"陶片"等遗物,还发现了"10个大小不同的柱洞"。这些发现展示了该遗址的主人通过原始农业生产过着定居式生活。

那么他们究竟用什么样的形式进行原始农耕?在通什1号的表土层中"杂有近代的遗物",这一发现给人以启示,尽管考古序列中严重缺环,并不妨碍对其族属的推断——黎族先民,自然,"刀耕火种"是其主要生产方式。

2. 锄耕农业

大约距今2000年的战国晚期,百越的另一支系即现今临高人的先祖,带着比黎族先民更为进步的生产技术和文化,从两广地区渡海而来,占据海南岛的西北沿海一带,使用石器和金属工具从事锄耕农业。这一结论是刘耀荃先生根据西北部地区出土的"印纹陶的金石并用文化遗址"而作出的判断,同时根据锄耕农业金属工具变化,认为"初为青铜器,汉代以后开始使用铁器"①。

三 对环境的影响

史前人类,在热带原始森林覆盖下的岛内从事生产和生活,自然也就开始了人与自然之间的关系。那么,这对关系究竟如何?

(一) 目前相关研究情况

1. 人类对植被的破坏

海南岛北部低地火山口沉积的孢粉的研究揭示了在3000a左右,以野桐属(*Mallotus*)为主的林木急剧减少,代之以蕨类(*Dicranopteris*)、禾本科、莎草科等草本为主环境。据此,研究者认为"海南岛的农业活动早在2800—3000a B.P. 就开始对低地植被具有较为明显的扰动"②。

将岛北部低地野桐属林木"急剧减少"的原因归咎于"早期农业",显然文章所指的是"刀耕火种"的生产方式。众所周知,人工火种会对周边树木安全产生影响,但不是以毁灭森林为最终目标。那么,林木急剧减少的主要原因,可能是由于自然界电闪雷鸣而引起火灾。

---

① 刘耀荃:《海南岛古代历史的几个问题》,第321页。
② 蒋有绪、王伯荪等:《海南岛热带林生物多样性及其形成机制》,科学出版社2002年版,第68页。

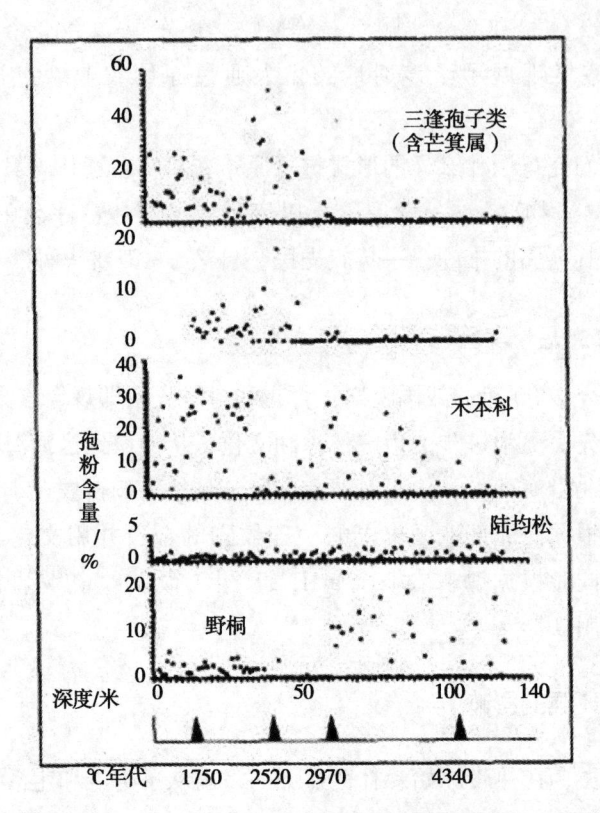

图1-6 海南岛双池玛珥湖近5000年来的主要孢粉含量变化（距今年代/a）

资料来源：蒋有绪、王伯荪等：《海南岛热带林生物多样性及其形成机制》，第68页。

2. 先民活动促使大型动物灭绝

考古发掘证实史前就有华南虎、中国熊、豺、豹、貘等大型猛兽在岛内活动的足迹。但是，自从三亚人出现之后，这些动物逐渐减少或先后灭绝。于是，研究者认为，这一现象与早期人类活动有着直接或间接的关系。

对动物的捕杀。早期人类自然无法与"狼"共舞，为了确保自身安全，人类甫一登岛便开始大肆杀戮周边的动物。论者从落笔洞遗址出土的生产和生活工具着手，认为"其狩猎水平已经不低"。从"留有许多砍痕的赤鹿鹿角和被砸碎了头颅的猕猴标本"等出土遗物，说明"三亚人捕杀动物很凶狠"。

无论是"赤鹿"抑或是"猕猴"，皆与"华南虎"等大型猛兽无法比较。换句话说，限于生产力水平，三亚人所猎杀的动物对象多为小型动物。即便按照论者的思路——随着生产力的提高,在新石器时代中后期,岛内开始出现人类"与植物争地,与动物争食"① 的现象,但这些大型猛兽的消失,似乎也难以与人类的捕杀产生直接的联系。

对动物灭绝的间接影响。郝思德等撰文认为,人类活动对"豺"这一群体的绝迹,起到了一定的助推作用。"落笔洞 Cuon alpinus 的发现,表明在 1 万年前,C. alpinus 的足迹已抵达三亚地区,直至新石器时代后期,随着人类社会的发展和森林的砍伐,才导致 C. alpinus 在海南岛上的绝迹。"② 即人类通过对森林的砍伐间接地影响到"豺"群体的生存环境,从而加速其消亡。果如此,那么如何解释"华南虎""中国熊""豹""貘"等大型动物群体消亡?

"森林的砍伐"结果假定,本身值得推敲。即便在新石器时代后期,以石质砍砸器为主的生产工具,对原始森林的破坏程度并不乐观。

目前研究成果所显示的两种倾向,似乎夸大了人对环境的破坏程度,也没有真正意义上解释人与自然的关系。

(二) 早期人类与自然的关系

旧石器时代晚期至新石器时代,岛内的生态环境有着巨大的变化,从而引起连锁反应,主要体现在:古人类从环海台地向岛内迁徙、猛兽动物群体的消亡以及北部地区热带森林景观向草本植物转变等。

什么原因使得岛内先民开始向内迁徙,目前研究成果较为薄弱。一般规律而言,"古人类和动物群都是适应于气候,顺应山川地势由高向低发展"③。由于新石器时代早期沿海遗址的堆积不具有连续性,而岛内江河沿岸遗址在时序上则为新石器时代中晚期,故而岛内古人类迁徙路线图正与"一般规律"相反,由沿海台地而转向岛内高地迁徙。

1. 古环境变动的原因

研究表明第九次海侵对海南的环境产生巨大的影响。研究者对海南岛三亚市鹿回头隆起珊瑚礁进行地质考察时发现,"该隆起礁坪形成时的古海面至少海拔 2m,可能高于现今海面 4m(可能含地壳抬升因素)"。根据 ^{14}C 测定,该隆起礁(海拔 1.5 米和 1.8 米)的地质年龄为 5180±190—

---

① 颜家安:《海南岛生态环境变迁研究》,第 69—70 页。
② 郝思德、黄万波:《三亚落笔洞遗址》,第 133 页。
③ 吕遵谔:《从巩义和洛南之行浅谈砾石石器工业》,《考古与文物》1999 年第 1 期。

4930±185aB. P. 。①

根据地质年龄判定，这一变动正处于新石器时代中期。海面升高，沿海贝丘、沙丘为海水所淹没，古人类不得不向岛内转移。远离海边，海产品捕捞无法进行，作为采集的重要补充，原始农业出现端倪。

《海南岛全新世海滩岩》指出，全新世岛内的年平均气温比现在要高2—4℃②，可以说三亚人出现前后，岛内气候炎热，但是气温并不固定，有所波动。第九次海侵，应该是气温升高的结果。在新时期早期和中期的二个气温高峰值中，有低峰值的出现，尽管考古资料无法给出直接答案。低峰值时期，气候下降，按照"适者生存"的物种进化原则，这可能就是大型猛兽灭绝之因。

2. 古人类在自然环境中的作用

考古发掘表明，新石器时代出土文物与同期、同类型的两广比较，海南岛方面存在着明显的滞后性。以往研究成果多认为，这是琼州海峡天然阻隔的结果，其实恐非如此简单。人与自然界交锋激烈程度，一定程度上决定着史前生产工具改进、生产技术提高。生产工具滞后的史实，间接地表明人与自然关系较为缓和。

海水有规律涨落，海产品源源不断地堆积在绵长海岸线上，便于古人类的抓捕；热带森林茂密，物种丰富多样，唾手可得的野生果实成为人们的采集对象；动物种类繁多，小型哺乳动物成为人们主要的猎取物。这一场景，是新石器时代早期人与自然关系的基本写照。

气候变化是改变这一关系的祸首。新石器时代中期之后，大型动物的相继灭绝，食物链断裂，自然界进行自身调整与平衡；海平面抬升，迫使人们从先前相对和缓的关系中走出，在新的聚集地重构与自然界的关系。为了适应瘴气盛行的周边环境，岛内先民茹毛饮血、筚路蓝缕，迫于生计，"刀耕火种"式的生产方式出现。尽管是时人口基数不大，对自然界的破坏程度甚至可以忽略不计，毋庸讳言，这是人掠夺自然界的最初形态。

随着人口迁徙、生产工具的进步，人与自然的角力不断升级。人类在不断获得自身繁衍丰富的物质资料之后，作为回报，自然界通过洪水、急

---

① 刘昭蜀、赵焕庭等：《南海地质》，第67—77页。
② 赵希涛、沙安庆等：《海南岛全新世海滩岩》，第171页。

性瘟疫、地震等"瞬时性突发灾害",以及干旱、水土流失、森林减少、物种灭绝、地方病灾害等"缓释性突发灾害"① 等形式,开始了对人类的惩罚,人与环境的互动关系也由此开启。

---

① 夏明方:《民国时期自然灾害与乡村社会》,中华书局2000年版,第2页。

第二章

民族迁徙与聚集

除了人口比重较大的汉族以外，海南岛上生活着临高人、回、苗、疍等诸多族群，他们在不同的时段移入海南，从而改变了先住民——黎人独居局面。族群成分的多样化，生活方式也不尽相同，他们经过长期的碰撞、交流，从而成为海南开发和区域经济发展的基本力量。

第一节 黎族族群及其聚集地

黎族是海南的先住民，其迁入本岛情况，在史前考古中已有阐释。一个有语言无文字的族群，了解其发展历史，只能通过钩沉历史典籍来实现。很明显，早期文献并没有族群的概念，在"非汉即黎"的语境下，文献对历史上岛内族群的记忆，都成为黎族历史。是故将"黎""临高人"等民系剥离开来，并非易事。不过，"黎族"不是本族自称，而是他族赋予的，这一点是可以肯定的。

一 称谓演变

史籍最早描述，为《礼记·王制》："南方曰蛮，雕题、交趾，有不火食者矣。"郑玄对"雕"注之曰：刻其肌，以丹青涅之；"交趾"：足相乡然，浴则同川，卧则僁（同"舛"——引者注）；"不火食"：地气燠（暖），不为病。[①] 东汉杨孚进一步解释"雕题国，画其面及身，刻其肌而

---

① （汉）郑玄注、（唐）孔颖达疏、陆德明音义：《礼记注疏》卷12，《四库全书》，台湾商务印书馆1983年版，第115—278页。

青之。或若锦衣，或若鱼鳞"①。

（一）早期称谓

《山海经·海内南经》中，有"离耳国"之说。对此郭璞注云："锼离其耳，分令下垂以为饰，即儋耳也。在珠崖海渚中。不食五谷，但噉（啖）蚌及薯芋也。"此外，该著《大荒北经》有"儋耳之国，任姓，禹号子，食谷"。郭璞注曰：其人耳大，下儋（担——引者注）垂在肩上。朱崖、儋耳镂画其耳，亦以放之也。② 在郭璞看来，"儋耳"非海南一处，"食谷"与否是南北儋耳的主要区别。

西汉称之"骆越"。认为人"犹鱼鳖"、地"非冠带之国"。③ 东汉以"夷"呼之："儋耳夷，生则镂其头，尾相连并；镂其耳匡分为数行，与颊相连。状如鸡腹，下垂肩上。食藷，纺绩为业。"④

（二）"黎"的由来

研究者发现：在海南相关族群中，对"山"的发音有着明显不同。黎人称之为"guan"（音近"坳"），润方言为"ŋo³³"（音近"峨"）。而"村人"临高话则为"lai"（音近"黎"），与广南东路如电白"黎话"即呼之为"li"相近。⑤ 早在这一发现之前，《太平寰宇记》在"儋州"下就有"俗呼山岭为'黎'，人居其间，号曰'生黎'"⑥ 的记载。该著成书于宋太平兴国年间（976—984），其所载"黎"称呼之由来，表明民间认知远在其前。

南宋也有类似记载，"俗呼山岭为'黎'""居其间者号黎人"⑦，范成大、周去非及李心传等文章中都有所记录。毫无疑问，一支与"黎"族群有着较大差异的"村人"在儋州一带活动。"黎"一词的来源，实为"村人"的贡献。

---

① （汉）杨孚著、（清）曾钊辑：《异物志》，《丛书集成初编》，商务印书馆1936年版，第2页。

② （晋）郭璞注：《山海经》卷10、17，《四库全书》，第1042—1062、1079页。

③ （汉）班固：《汉书》卷64下《贾捐之传》，中华书局1964年版，第2834页。

④ （汉）杨孚著、（清）曾钊辑：《异物志》，第3页。

⑤ 曾昭璇：《海南省人类地理学和历史地理学诸问题》，中国地理学会历史地理专业委员会《历史地理》编辑委员会：《历史地理（第9辑）庆贺谭其骧先生八十寿辰专辑》，上海人民出版社1990年版，第58页。

⑥ （宋）乐史：《太平寰宇记》卷169《儋州》，《四库全书》，第470—566页。

⑦ （宋）李焘：《续资治通鉴长编》，《四库全书》，316第809—810页。

官方最早使用"黎"族称，出现于唐代正史中。由于朱厓黎民凭险要之地而固守，拒绝臣服于唐政府，时为岭南节度使的杜佑率兵讨伐："朱厓黎民三世保险不宾，（杜）佑讨平之。"① 稍后，《岭表录异》也有类似的记载："儋、振（今三亚市）夷黎，海畔采以为货。"②

入宋之后，随着对于黎情认知日益清晰，地方官员用"黎人""黎峒"等固定称谓，以奏章的形式，向朝廷报告该族群的情况。"黎"遂成为海南黎族的专有名称。

二 族群内部划分

（一）"王化"程度分层

南宋对黎族族群认识，有所进展。周去非指出："内为生黎，去州县远，不供赋役；外为熟黎，耕省地，供赋役，而各以所迩隶于四军州"，进而认为族群内部构成不同而性格悬殊，"黎质直犷悍，不受欺触，本不为人患。熟黎多湖广、福建之奸民也，狡悍祸贼，外虽供赋于官，而阴结生黎以侵省地，邀掠行旅"③。李焘也认为"其服属州县为熟黎，其居山峒无征徭者为生黎，时出与郡人互市"。是否"供赋役"——王化程度高低，是"生黎"和"熟黎"划分的标准。

明代崖州（包括今三亚市及乐东县境）之黎人，则具有如下情况：

> 崖州黎，其地多于州境；其人十倍之。分东西二界，生、熟、半熟三种，屡为害，而州之户口日耗，凡百徭编取给诸县。膏腴田地尽为黎有，罗活、千家为甚，德霞、抱显次之。④

显然，这一划分标准是根据黎人居处距离崖州治所距离远近而得出的结果。

---

① （宋）宋祁、欧阳修：《新唐书》卷166《列传》91《杜佑传》，中华书局1975年版，第5087页。
② （唐）刘恂：《岭表录异》卷中，《四库全书》，第589—590页。
③ （宋）周去非撰、杨武泉校注：《岭外代答校注》卷2《海外黎蛮》，中华书局1999年版，第70—71页。
④ （明）欧阳璨：《万历琼州府志》卷8《海黎志·原黎》，书目文献出版社1990年版，第256页。

（二）习俗异同的划分

明代在"生黎""熟黎"的基础上，从习俗的角度对该族群内部做进一步划分，认为"深黎自婺岭以北，有一种曰遐黎，其俗去黎益远，习俗又相违。居常以椰瓢蔽体，更闲习弓矢"①。

清代在前代生熟黎基础上，进一步细化，将各州县的黎族种类分为"九种"，即："曰黎岐、曰侾黎、曰鬃黎，此熟黎也；曰下脚黎、曰大厂黎、曰小厂黎、曰霞黎，此生黎也。习俗大势相同，服饰居处各异。"②以服饰为主而产生习俗上的异同，成为其划分的基本标准。

（三）"语言""文化特征"判断标准

史图博的《海南岛民族志》③，第一次系统地、较为全面地揭示了黎族及其各支系（方言）的文化传统及各支系之间的复杂关系。文章围绕着物质文化如体质特征、服装服饰、房屋建筑、经济生活、生产用具、饮食等；精神文化如宗教信仰、音乐歌谣、造型艺术、语言等；制度文化如村峒组织、村长职责、习惯法等各个方面进行较为系统的论述，从而形成了一个较为全面的黎族族群认知，在此基础上提出了黎族四大支系（方言）的结论（如图2-1所示）。

史图博氏二次海南岛调查，均未能进入到保亭、陵水境内，所以对该地区的台（赛）方言支系缺乏一定的认识。

20世纪50年代，中南民族学院（今之中南民族大学）组织专家对黎族社会进行调查，弥补了史氏的不足，调查材料就加茂方言（即台方言）的分布情况指出："除了绝大部分分布保亭、陵水两县外，尚有少数杂居

---

① （明）顾岕：《海槎余录》，中华书局1991年版，第7—8页。

② （清）佚名：《边蛮风俗杂抄·琼黎一览图》，广东省中山图书馆藏。见［德］史图博《海南岛民族志》，广东民族研究所编印1964年版，第368页。

③ 史图博（H. Stäbel），1885年6月生，卒年不详，德国人，德国耶拿大学生理学家；1924年为上海同济大学生理学教授、生理学馆主任。1931、1932年两次赴海南岛进行黎族及其他民族调查，著有《海南岛的黎族——为华南民族学研究而作》（*Die Li—stämmeder I nse I Hainan unter mitwirkung von meriggj, EinBeitrag zur volkskunde südchinas*），1937年在柏林出版，1943年，日本清水三男翻译、东京田傍书屋出版的日文版面世，1964年，中国科学院广东民族研究所在日文版的基础上转译、编印成汉文本——《海南岛民族志》。参见［德］史图博《海南岛民族志·说明》；郭小东等《失落的文明——史图博〈海南岛民族志研究〉》，武汉大学出版社2013年版，第27—31页。

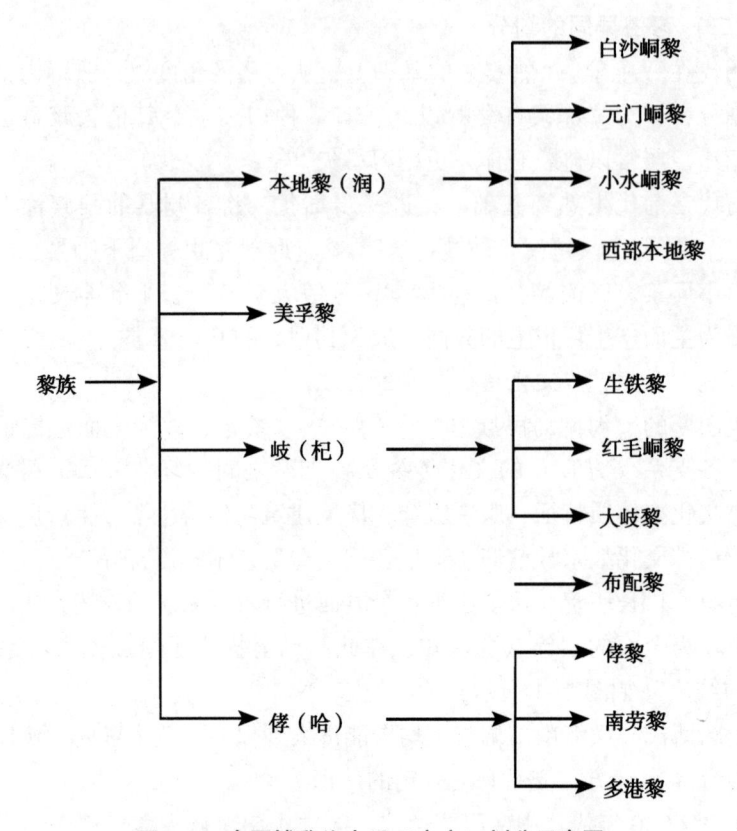

```
                                    ┌──→ 白沙峒黎
                                    │
                                    ├──→ 元门峒黎
                    ┌──→ 本地黎（润）─┤
                    │               ├──→ 小水峒黎
                    │               │
                    │               └──→ 西部本地黎
                    │
                    ├──→ 美孚黎
                    │
                    │               ┌──→ 生铁黎
    黎族 ──→        ├──→ 岐（杞）──┼──→ 红毛峒黎
                    │               │
                    │               └──→ 大岐黎
                    │
                    │           ┌──→ 布配黎
                    │           │
                    │           │   ┌──→ 侾黎
                    └──→ 侾（哈）┤   │
                                └──→─┼──→ 南劳黎
                                    │
                                    └──→ 多港黎
```

图 2-1 史图博黎族支系（方言）划分示意图

资料来源：高泽强：《论史图博对黎族方言体系建立的重大贡献》，载闫广林《海南历史文化》（第二卷），社会科学文献出版社 2012 年版，第 229 页。

于临高县五区番加乡和琼中三区长沙、长田两乡。"①

研究发现"每个方言内的土语往往与该方言自称或峒相适应"，这种以"语言""文化特征"的差异而形成的"哈""杞""润""赛""美孚"五种方言②，多为人们所接受，从而成为今天黎族族群的主要划分标准。

---

① 中南民族学院本书编辑组：《海南岛黎族社会调查》，广西民族出版社 1992 年版，第 19 页。
② 王学萍：《中国黎族》，民族出版社 2004 年版，第 2 页。

三　黎族聚集地形成过程

在新石器晚期考古发现中，台地、坡地遗址分布广泛。尽管关于遗址主人族属之争尚未停止，但是这并不排除其中一部分为黎族先民原始村落的事实——黎人居所有环岛分布并向腹里推进的趋势，历史典籍为此提供了佐证。问题是，今天的黎族以中西部山区为主要聚集地，究竟如何形成？

（一）早期环海而居

在前文所引用的《礼记》《山海经》中，关于黎族习俗记载有所不同。前者主要集中于以丹青文身和生吃食物两方面；后者则是强调以"儋耳"为装饰及以"蚌""薯蓣"为主要食物。唐末，黎族有海边居住生活、从事贸易活动等迹象。食物中"蚌"等海产品，印证了黎族临海而居。

《礼记》《山海经》对于黎族的记载，以儋耳国（即今天海南西部儋州地区）为中心；唐刘恂以"儋、振夷黎"的表述，事实上是将西部、南部民族地区，皆纳入"夷黎"范围。南宋范成大的"岛之中有黎母山，诸蛮环居四旁，号黎人"①；周去非的"海南有黎母山，内为生黎"；李焘指出该族群的分布从儋州、崖州至岛的东部万州。这些以"黎母山"为叙述中心，以岛内民族为叙述对象，非汉族族群，统称为"黎族"。

（二）聚集地初步形成

宋元时期，随着汉族移民的不断迁入，环海而居的黎族先民已经就地汉化，中西部黎人的生存空间远离海洋。至明代初步形成了"黎内汉外"②的分布格局，这与明代积极化黎和军事治理关系密切。

文昌无黎。明成祖永乐八年（1410），"琼州府文昌县斩脚寨黎首周

---

① （宋）范成大撰，胡起望、覃光广校注：《桂海虞衡志辑佚校注》，四川民族出版社1986年版，第220—222页。

② 按："宋代"是海南"环形人文政治地图"——"黎内汉外"的形成时期（司徒尚纪：《海南岛历史上土地开发研究》，第38—41页）。此后，对该结论的解读，时间上多有前推移趋势："唐代说"便是其代表。唐代黎汉分布状态，"从早期的'汉在北，黎在南'变为'汉在外围，黎在腹地'的新格局"（吴永章：《黎族史》，广东人民出版社1997年版，第41页）；与之相似的观点如："（唐代）环岛建置完成之后，初步形成了汉在外，俚在内的民族分布新格局。"（周伟民、唐玲玲：《海南史要览》，海南出版社2008年版，第78页）

振生等来朝,赐以钞币,俾仍往招诸峒生黎"①。"斩脚峒"在《正德琼台志》卷一《郡州邑疆域图》及卷一二《乡都》中没有记载。这就是说,至迟在正德时期,文昌县境"无黎",是王朝早期招抚政策的结果。

琼山黎族边界。正德年间(1506—1521),琼山县南部以"清水峒"生黎为主体的东黎区,在嘉靖二十一年(1542),"立琼山东黎、林湾"二都;万历十年(1582),"增立琼山东黎都二图"②。沙湾、居林等10个生黎峒组成的西黎区,嘉靖十三年(1534),"沙湾洞贼黎佛二等,聚众千余,攻劫营栅"③,遭到军队镇压;万历二十七年(1599),黎人马矢率居林等峒"复反",再次为军队所摧毁,并建立"水会所"(今琼中县黎母山镇)。军事设置使得周边黎人汉化,黎汉分界线向黎母山推进。

儋州地区。其辖地之黎"视诸处最蕃",弘治十四年(1501),符南蛇之乱,官兵平定七坊峒;"招抚"政策也取得积极成果,嘉靖十一年(1532),知州萧弘鲁招抚"高眼等峒黎人一千六百余家",立"顺化都";嘉靖二十一年,立"来格、来王"二都。

上述地区"生黎募化"成就,嘉靖二十九年(1550)二月,海瑞在其进京会试时上《平黎疏》中,给予充分肯定:"文昌县斩脚峒等黎,琼山县南岐峒等黎,今悉输赋听役,与吾治地百姓无异。儋州七方峒今亦习书句、能正语。"④

崖州地区。该处化黎成就并不显著,万历府志道出了实情:

> 崖州黎,其地多于州境;其人十倍之。分东西二界,生、熟、半熟三种,屡为害,而州之户口日耗,凡百徭编取给诸县。膏腴田地尽为黎有,罗活、千家为甚,德霞、抱显次之。⑤

为了平息黎乱,在生黎处建立军事城池。万历四十一年(1613)八月,"生黎罗活等剽掠儋、崖、琼、定诸郡。熟黎歃血自盟,纠合抱由、

---

① 台湾"中央研究院"历史语言研究所校印:《明太宗实录》卷111,第1415页。
② (明) 唐胄:《正德琼台志》卷12《乡都 琼山》;(明) 欧阳璨:《万历琼州府志》卷3《乡都》,卷5《赋役志》,第63、145页。
③ 《明世宗实录》卷166,第3644页。
④ (明) 海瑞:《平黎疏》,陈义钟编校《海瑞集》,中华书局1962年版,第7页。
⑤ (明) 欧阳璨:《万历琼州府志》卷8《海黎志·原黎》,第256页。

多港数十材（村），协力剿之"①。万历四十三年七月，总督两广、兵部右侍郎张鸣冈"题平黎善后事宜"中提出在罗活峒建立"乐安营"、德霞建"归德营"、抱由建"乐定营"，"三处鼎足，虽无建县之费而有建县之安"建议。②乐安、归德、乐定三营建立，表明军事设置向纵深处推进。

东部治黎。万州鹧鸪峒，南与陵水黎停等峒相"潜通"，北则通过本州龙吟峒与乐会思河、光螺等峒相潜通，"不服统于土舍，时出为患"。尤其是陵水境内大小牛岭，为南北往来交通要冲，境内黎人时常"遮道为寇"。③

综上所述，明代是"黎内汉外"的人口地理分布形成时期。不过，其聚集地形成过程，是分时段进行的。早期以招抚政策为主，文昌无黎便是其代表；弘治之后，军事设置不断向内扩张。晚明之后，环中西部高山丘陵地带成为黎汉的基本分界线，已经十分清晰。也就是说，黎人的活动区域被局限在中西部高山丘陵地带。

（三）清代之后的"生黎"版籍化

为改变生黎游离于王化之外的局面，地方官员建议"于黎人地方筑建城垣，添设兵官之处"，康熙皇帝于三十一年（1692）指出：

> 阅琼州舆图，周围皆服内州县，而黎人居中。如果此处应取，古人如何将周围取之，而在内弹丸之地，反弃而不取乎？不入版图必有深意。创立州县、建筑城垣，有累百姓。部议不准，良是。④

康熙对黎人聚集的中西部地区，在"版图"上无为而治的做法，直至光绪十二年（1886），冯子材率兵入岛平定黎乱才有所改变，"以利军事转输"，命黎人割除路旁林箐蔓草，十字路"粗具路形"⑤。

民国时期加强建制工作。民国二十四年（1935），"乐安县（即今之乐东黎族自治县）""保亭县（即今之保亭黎族苗族自治县）""白沙县

---

① 《明神宗实录》卷511，第9663页。
② 《明神宗实录》卷534，第10117—10120页。
③ （明）欧阳璨：《万历琼州府志》卷8《海黎志·原黎》，第256页。
④ 《清圣祖康熙实录》卷155，中华书局1985年影印版，第713页。
⑤ 陈铭枢：《民国海南岛志》，神州国光社1933年版，第260页。

(即今之白沙黎族自治县)"成立。① 行政建制的完善表明,国家对岛内民族地区治理力度的加强。

以行政建制的方式将黎族纳入版籍化的轨道,在一定程度上并没有对其居住地产生重大影响。

第二节　临高人及其汉化

关于临高语族的相关研究,近年来取得一定的进展②。厘清黎族和临高人二者之间的关系、挖掘临高文化内涵、再现临高民系的历史,是近年来临高语族研究努力的方向。但是,这一研究需要防止将历史上所有的记载"临高化"倾向。

一　临高人族属与源流

(一) 族属

从语言推断其族属,唐胄《琼台志》风俗篇似乎更为直接。它指出本岛"语有数种",其中,"一曰西江黎语,即广西梧浔等处音"。清代地方志说:"其土语甚乖鴂,即临近邑不能通。每多倒用字义,如称甲乙,曰乙甲。盖其地近黎,皆黎语也。"③ 前者说明操"西江黎语"的主体——临高人,来自广西;后者从语法结构上探讨,指出"临高语""黎语"的同源性。

1. 传教士判断

近代之后,西方传教士对岛内语言进行几次调查。丹麦裔美籍传教士冶基善 (Carl C. Jeremisassen, 1847—1901),1891 年进入海南从事传教工作。1893 年,发表了《海南土著的黎人和他们的语言》,包括黎语、儋州

---

① 许崇灏:《琼崖志略》,中正书局 1945 年版,第 4 页。
② 按:2015 年元月,以深入挖掘海南地方历史、振兴临高文化为使命的"临高文化研究会",由海南省民族宗教事务委员会批复同意下正式成立。该研究会由临高籍"徽学研究"的著名学者、广东省社会科学院研究员叶显恩先生为会长,聚集一批从事该领域研究的专家学者,包括广东省技术师范学院、中山大学、海南大学、海南师范大学等多家单位参与。相关的学术成果如:陈江主编的《一个族群曾经拥有的千年辉煌——临高学研究初集》,海南出版社 2012 年版,以及由广东省文化厅主管的学术刊物《神州民族》(季刊) 等。
③ (清) 樊庶:《康熙临高县志》卷 2《疆域志·民俗》,海南出版社 2004 年版,第 48 页。

话、临高话（临高黎）在内的 7 个点语言资料，是目前"最早最全的黎语和临高语调查资料"。

1925 年，法国传教士萨维纳（Francois Marie Savina，1876—1941）神父，用四年时间，在岛内调查民族和语言，编辑了《临高话—法语》等三部语言词典，后名为《临高语词汇》由法国远东学院于 1965 年出版。其将临高人归属为"村人"，属台人部落。① 然而，史图博认为，儋州、临高居民族属为"由邻近的印度支那或是由中国南部渡航来的泰族，后来与黎族以及汉族混血而产生出来的"。史氏认为这与萨维纳观点基本相同。②

2. 语言学调查

1957 年，梁敏先生（1926 年生，壮族，时在中国科学院语言研究所工作）及其团队奉中国科学院少数民族语言调查第一工作队之命，前往临高、澄迈、琼山等地对"临高话"进行调查（并调查了昌感县"村话"）；1980 年，梁先生携其夫人张均如研究员一起进行补充调查。调查以"485 个根词"，"十四个代表点"，将"临高话""与同语族诸语言的比较"。认为："临高话"与本语族其他语言有同源关系的约占 60%；与壮傣支同源约 50%；与侗水语支同源约 30%；与黎语支同源约 20%。语言为"汉藏语系侗泰语族壮傣语支"一种，其族属为壮族。③

3. 独特的葬俗

一个族群的葬俗是其社会形态、婚姻制度、心理素质、宗教信仰等文化元素的完整保存。所谓的"二次葬俗"或"二次土葬俗"，是指人们对寿终正寝的死者尸体分二次处理，也就是人死后以棺材盛尸进行土葬，经过 3—10 年等到尸体的软组织腐朽后，再开棺捡骨，将装进陶瓷瓮中安葬。④ 这种独特的习俗，在壮族和客家人之间盛行。

1994 年 3 月，由于建设海口美兰国际机场的需要，海南省文物部门组织专家在琼山市灵山镇和美兰乡之间进行考古调查。发现"明清村落遗址 1 处，古墓葬群 3 处，明代石冢墓 6 座"，其中，"永禄村明代林大婆

---

① ［法］萨维纳：《海南岛志》，辛世彪译，漓江出版社 2012 年版，前言、第 1 页。
② ［德］史图博：《海南岛民族志》，第 276 页。
③ 梁敏：《"临高人"——百粤子孙的一支》，《民族研究》1981 年第 5 期。
④ 农辉锋：《壮族二次葬的仪式与功能：以大新昌明为例》，《广西民族学院学报》（哲学社会科学版）2003 年第 5 期。

墓"为二次葬。①

1996年11月，在儋州市光村镇东北一个半岛的沿海地带，共有"23座"石棺墓群，并对其中两座考古发掘，发现其为"二次葬""其年代可能不会早于宋代"，并认为"儋州市许多地区的古墓葬有二次葬的习俗"。②

客家人规模性移民，是清代咸同（1851—1874）时期（文后专门论述），故考古结果与客家人无涉。这一葬俗的分布情况，为该族群的生活空间提供了一个大致的轮廓，与岛内其他族群迥异的习俗，与广西壮族有着密切的联系。

（二）族称

与广西壮族有着一定关联的临高语族，在历史典籍记载中有以下3个层面。

1. 里、俚僚、俚人

东汉光武帝建武十二年（36），"九真徼外蛮、里，张游，率种慕化内属，封为归汉里君"，唐李贤注曰"里，蛮之别号，今呼为俚人"③。这位章怀太子、唐高宗第六子率众"共注范晔《后汉书》"④的学术规范为后世誉为"章怀注"。从中可以看出，"里"转向"俚人"，经历了600年之久。

然而曾昭璇先生则认为，"俚人即唐代黎族"，似乎并不尽然。关于"俚"，三国时期吴国（222—265）万震曰：

> 广州南有贼曰俚。此贼在广州之南，苍梧、郁林、合浦、宁浦、高凉五郡中央，地方数千里。往往别村、各有长帅，无君主，恃在山

---

① 王大新、王明忠：《海口美兰国际机场明清遗址与墓葬》，中国考古学会《中国考古学年鉴（1995）》，文物出版社1997年版，第211—212页。

② 郝思德、王大新：《儋州市光村古代石棺墓群》，中国考古学会《中国考古学年鉴（1997）》，文物出版社1999年版，第217—218页。

③ （宋）范晔撰、（唐）李贤等注：《后汉书》卷86《南蛮西南夷列传》，中华书局1965年版，第2836—2837页。

④ （宋）欧阳修、宋祁：《新唐书》卷81《列传》第六《章怀太子贤》，中华书局1975年版，第3590页。

险，不用王，自古及今，弥历年纪。①

汉光武帝封"汉归里君"始，到三国 200 余年时间内，这一族群有所扩张，进而达到无君无主、各自为政的局面。

南朝之后，岭南俚族大姓冼氏家族势力崛起，"夫人（冼英，适冯宝后曰冯冼夫人）亲载诏书，自称使者，历十余州，宣述上意，谕诸狸獠，所至皆降"②。

隋朝，在岭南以南的二十余郡中，出现了"俚""僚"诸蛮并存局面。受赵佗在南越国自称"蛮夷大酋长、老夫臣"影响，俚人呼其尊者为"倒老"。俚僚崇尚"铸铜为鼓""以富为雄"。鼓的拥有者被称为"都老"，有重要的话语权，与仇方相攻击时，"则鸣其鼓，到者如云"③。

2. "翁贝""贝"

最早提出这一族称的是法国神父萨维纳，他认为所谓"翁贝"（Ong-Bê,），Ong 是"人"的意思，Bê 是"村"之意。萨维纳究竟如何得出这一结论，不得而知。不过这一名称提出后的不久，德籍学者史图博就"Ong-Bê"一词，在儋州那大、南丰等地进行调查，被询对象都不知道这样称呼。

无得有偶，1957 年，梁敏先生就"翁贝"或"贝"与"当地的领导、干部和群众"座谈，"没有人知道"这个名称。国家民委调查组为"确定这部分人的民族成分和民族称谓"的调查，当地的干部、群众也"不承认有过这种称谓"。

但是，整理萨维纳《临高语—法语》手稿的法国学者奥德里古尔（Haudricourt, A. G.），1965 年在巴黎将《萨维纳的贝语词汇》（*Le Vocabulaire Bê de F. M. Savina*）交付法国远东学院出版；此后日本桥本万太郎的《贝语——临高方言分类词汇》，在 1980 年由东京亚非语言文化研究所出版。这两位是"贝语"的支持者。

3. 临高人

20 世纪 50 年代，国家民委组织的民族识别工作开始之后，发现临高

---

① （吴）万震：《南州异物志》，（宋）李昉《太平御览》卷 785《四夷部·南蛮》，中华书局 1960 年版。

② （唐）魏征：《隋书》卷 80，中华书局 1973 年版，第 1803 页。

③ （唐）魏征：《隋书》卷 31《地理志》下，第 887—888 页。

语族群与岛内的其他族群有着明显差异,而与广西壮族关系较为密切。究其原因,宋元之后汉人大量移入岛内,"临高人"不断被汉化,故而在新中国民族划分为汉族。

二 临高人在海南的活动

(一) 考古学线索

2001年7月,临高县东英乡发现2件磨制的有肩石斧,据考古学界定,"属于新石器时代晚期遗物"①。

临高县兰买村、兰堂村新石器时期沙丘遗址出土物,以"夹砂粗红陶为主,伴有磨制石器,文化层中仍有一定比例的印纹硬陶"②。就目前印纹硬陶遗址和墓葬来看,印纹硬陶早期纹饰和鼎盛时期夔纹、雷纹的组合纹饰并不多见,仅见其衰落时期的米字纹、方格纹。受岭南地区文化影响,海南的几何印陶在年代上略晚于两广地区,大多应在两汉或稍晚时期。③据此,可以初步确定大约在新石器时代晚期,是临高人迁入本岛的上限。

(二) 两汉时期俚人南迁

南北朝之际,广东高凉(今广东高州市)俚人大姓冼氏家族势力崛起。冼氏之女冼英"世为南越首领,跨据山峒,部落十余万家"家世背景,加上其具备"压服诸越""信义结于本乡""政令有序,人莫敢违"等个人素质,在俚人中具有一定的号召力。梁大同中(534—545),"海南、儋耳归附者千余洞"④。显然,"儋耳归附者"与冼夫人的号召力之间,有着一定的因果关系。

研究者多从"洞"这个基层社会组织名称出发,论证冼夫人与岛内

---

① 郝思德、蒋斌:《临高县东英乡磨制双肩石斧》,中国考古学会《中国考古学年鉴(2003)》,文物出版社2004年版,第274页。
② 许智范、肖明华:《南方文化与百越滇越文化》,江苏教育出版社2005年版,第55页。
③ 曾广亿:《海南岛东汉瓮棺墓发掘考略》,《文博通讯》1997年第10期。
④ (唐)魏征:《隋书》卷80《列传》第45《谯国夫人》,中华书局1973年版,第1801页。

黎人的关系。①"洞"作为基层组织的形式，在百越历史中较为盛行，不能因此而指定为黎族专有，无须赘言。理论上讲，这一说法有两个方面的歧义。

第一，"归附者"的族属判断问题，即如何确定这一时期在儋耳生活只是黎族？历史上该地的文献记载如"雕题""交趾""儋耳""离耳""骆越"等称呼不一，习俗多样，可见族群分布并不单一。况且，黎族作为族称，在唐代后期至宋代才正式形成。所以，这是将复杂的问题简单化了。

第二，从民族情感角度来看，这则史料也不支持"归附者"黎族说。"儋耳归附"并非政府政策感召，而是冼夫人自身人格魅力使然。这种魅力能够超越族群，甚至穿越琼州海峡，泽被"儋耳"黎人？即便在当下，似乎也有点不可思议，更何况在语言需要"九译乃通"的古代。

从另一个侧面来看，在儋州马劳地、临高昌拱村考古发掘，"几何印纹陶遗址还伴出两汉五铢钱"②。临高、昌江、东方、乐东及陵水等地相继出土了9面铜鼓，现存8面。6面为汉代北流型，2面为稍晚的灵山型。③

其中，1984年，临高县马袅乡拥武村出土的铜鼓，"鼓面为圆形外伸，饰十二晕，中心太阳纹十二芒，面沿逆时针环立6小蛙，已残3蛙。胸壁稍鼓，束腰，胸、腰间环以层晕，且饰二对条形小扁耳"，为"汉代北流型铜鼓"④。1999年，儋州光村镇泊潮村，发现"2件铜鼓和3件陶罐"，铜鼓外形一致，为"十晕十芒太阳纹"，为"汉代灵山型"⑤。这些

---

① 吴永章：《黎族史》，广东人民出版社1997年版，第23页；李勃：《海南岛历代建置沿革考》，海南出版社2005年版，第119—120页；王学萍：《中国黎族》，民族出版社2004年版，第7页。

② 王大新、郝思德：《海南考古六十年》，载《海南省博物馆研究文集》，科学出版社2011年版，第43页。

③ 王克荣：《海南省的考古发现与文物保护》，文物编辑委员会《文物考古工作十年（1979—1989）》，文物出版社1991年版，第249页。

④ 王明忠、叶帆：《临高县拥武汉代铜鼓》，中国考古学会《中国考古学年鉴（2002）》，文物出版社2003年版，第308页。

⑤ 郝思德、张林彬：《儋州市泊潮汉代铜鼓》，中国考古学会《中国考古学年鉴（2002）》，第309页。

考古结果告知人们两汉期间,俚人以金石并用的生产工具,有规模地迁入。

作为佐证,对冼夫人祭祀的庙宇建筑分布研究,也倾向于这一结论。"宋绍兴间(1131—1162),贵州教授、乡人羊郁乞赐号,封显应夫人,庙额曰:宁济;厥后,知军叶元璘又请加封'柔惠'。" "洪武丁巳(1377),儋仓大使李德新建言入祀典,报以夫人血食高凉,其在儋行祠耳。"① 这就是说,建庙活动始于宋代。随着朝代的变迁,岛内民众对其记忆也与日俱增。据统计,海南现有冼夫人庙宇"100座左右",最著名的为海口市新坡镇梁沙婆庙(冼夫人纪念馆)②。

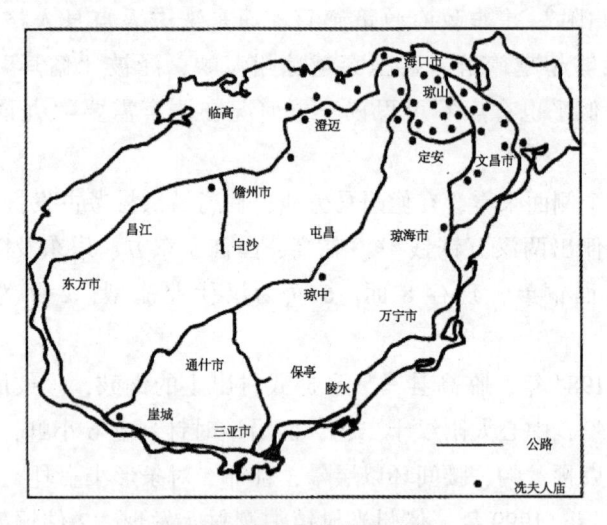

图2-2 海南冼夫人庙分布图

资料来源:贺喜:《亦神亦祖:粤西南信仰构建的社会史》,生活·读书·新知三联书店2011年版,第93页。

这种在海南岛北部、西部、东北部密集分布,而中西部地区难觅的情形,与"琼山西半部、海口市郊、澄迈大部和儋县东南部""琼山东半部,文昌、定安两县与琼山交接处的边缘地带"③ 临高语的分布,有着惊人的一致。这说明,历史上这一区域是临高人主要聚集地,也从另一方面

---

① (明)唐胄:《正德琼台志》卷26《坛庙·儋州·宁济庙》。

② 陈雄:《冼夫人在海南》,广东炎黄文化研究会《冼太夫人史料文物辑要》,中华书局2001年版,第78页。

③ 刘剑三:《地名:海南民族活动史的"化石"》,《海南师范学院学报》1992年第1期。

证实了该族内迁情况。

三 冯冼家族对海南的经营

《谯国夫人》记载了隋初，岭南大乱之际，冼夫人在"招慰亡叛"，统一岭南中所做出的贡献，隋高祖赐临振县（今三亚市）1500户为其汤沐邑，并赠其子冯仆为崖州总管。朝廷的举措，为大量俚人作为岭南大族的管理者、奴仆等形式开始迁入海南提供了政治通道。

隋唐朝代更迭，冼夫人之孙汉阳太守、左武卫大将军冯盎，"奔还岭表"，据"番禺、苍梧、朱崖地，自号总管"，拥兵自重；武德五年（622），冯盎以辖之地降唐，高祖"析为高、罗、春、白、崖、儋、林、振八州，授盎上柱国、高州总管，封越国公"①。天下初定，唐中央政府对岭南局势采取了姑息政策。

南朝梁大同至唐初近百年间，冯冼家族的坐大，开启了岭南地方势力经营海南的先河。唐初中央政府在笼络岭南大族的同时，试图通过行政建制的方式来加强对海南控制。一方面对冯盎采用析其辖地、限制其权力，将其在琼州海峡两岸的影响力局限于高州一带；另一方面着手海南岛内的行政建制工作。②

然而，这一举措似乎并没有达到预期的效果。及至唐朝天宝年间（742—756），仍然可见冯冼家族在海南经营的印迹。《唐大和上东征传》对于别驾冯崇债、首领冯若芳经营开发振州、万州做了较为详尽描述。在万州冯若芳辖区内，其奴婢居处"南北三日行，东西五日行，村村相次，总是若芳奴婢之住处也"③。此处的"奴婢"既有外来波斯人的成分，更多地恐怕是来自两广地区的俚人。

贞观时期（627—649），唐太宗极力在本岛推行郡县制度，然而这一政令在北部的落实情况似乎也不理想。贞元五年（789）十月，岭南节度使李复奏"琼州本隶广府管内，乾封年（666—668），山洞草贼反

---

① （宋）欧阳修、宋祁：《新唐书》卷110《诸夷蕃将》，中华书局1975年版，第4112—4113页。

② 张朔人：《试论隋唐王朝海南治理政策变迁》，《海南大学学报》（人文社会科学版）2011年第1期。

③ ［日］真人元开：《唐大和上东征传》，中华书局2000年版，第68页。

叛,遂兹沦陷,至今一百余年。……今已收复旧城,且令降人权立城相"①。

唐初将琼州纳入版籍的强硬政策,在不到40年的时间内就被"山洞草贼"所颠覆,一定程度上反映出中央政府与海南岛实际统治者冯冼家族间的利益博弈。

从唐初到德宗贞元的170年时间内,俚人在海南的北、南、东南三个地经略,各自自成一体,他们以"无版式"羁縻州的形式呈现在岛内的政治生态中。显然,这是这一族群最为活跃时期,也是其辉煌时期。随着"琼州"的收复,中央在海南岛治理力度的加大、俚人中的强势人物不复出现,而万州、振州的冯冼家族也不见于史籍,俚人在海南的地位开始衰落。

四 俚人的汉化

五代十国之后,中原动荡,大族迁居海南;两宋之交、宋元交替之际,以闽南人为主体的民间自发移民入住本岛。汉人的大量聚集并与俚人杂居,从而促进了俚人的汉化。

自宋代开始,国家不断推进教化工作,经过宋元时期的积淀、明代培育,人才辈出。有明一代,因科举而被国家选拔的举子有586人,其中,有60位进士,还有2000多名贡生群体②。他们官宦北国,在不同的层面为国家效力。出现了丘濬、海瑞、王弘诲等著名人物,海南因之由先前的文化输入地,开始对中华文化反哺。他们在致仕回乡之后,也极力地为改变家乡的落后习俗而做出努力,使得海南成为"海滨邹鲁"。毫无疑问,俚人中也不乏功名者。

明代国家在海南的治理政策力度不断加强。如此,俚人在自觉和不自觉中开始汉化的历程。他们纳粮当差,成为国家的编户齐民;积极参加科举考试,以达到光宗耀祖,施展自身抱负之目的。除了曾经命名的村庄、河流、行业专有名词等名称以及族属语言被顽强地保留之外,汉化的过程,其实也是其族属习俗被逐步涤荡的过程。

---

① (后晋)刘昫等:《旧唐书》卷41《地理》4,中华书局1975年版,第1762—1763页。

② 张朔人:《明代海南文化研究》,社会科学文献出版社2013年版,第215页。

第三节 疍民及其分布

疍民以舟为室，视水为陆，浮生江海。20 世纪 40 年代，学界就其起源的学说或传说竟达"30 余种"之多，陈序经先生对其梳理、概括，仍有 6 种①。"越族为古代东南方大族且以精于操舟著名"，为其源流；汉族为其补充；兼有西方民族中"瑶、掸、马来"成分②，这一结论多为学界所认同。新中国成立后，1950 年代民族识别，根据"名从主人"的原则，划为汉族。

历史上这一群体的分布空间极其广泛。宋代以后，活动空间逐渐收缩，并向东南沿海一带转移，明末清初"多只说及广东的疍民"③。岭南疍民没有统一语言，"对于广东白话的传播非常有功"④。龙、蛇为其主要图腾。

一 海南疍民族源

"南海水有鲛人，水居如鱼，不费机织，其眼能泣出珠。"⑤ 研究者通过黎人早期的鱼耕活动，确定其活动空间，进而认为黎人"实为古越人一部分"⑥。然而，同一则史料却被用来解释海南疍民的起源⑦。

属于"志怪小说集"的《博物志》，晋武帝认为其"记事采言亦多浮妄"，"颇有文献价值"而已。如此看来，用它来说明黎、疍起源，确实难以令人信服。

（一）早期源流

郭璞对《山海经·海内南经》中"离耳国"注解云："在珠崖海渚

---

① 陈序经：《疍民的研究》，商务印书馆 1946 年版，第 1 页。
② 林惠祥：《中国民族史》，商务印书馆 1998 年版，第 139—141 页。
③ 陈序经：《疍民的研究》，第 47、50 页。
④ 徐松石：《粤江流域人民史》，东南亚研究所 1936 年版，第 146 页。
⑤ （晋）张华著、（清）周日华校本：《博物志》卷 2《异人》，博展源图书出版公司 2002 年版，第 629 页。
⑥ 司徒尚纪：《海南岛历史上土地开发研究》，第 18 页。
⑦ 冯仁鸿：《海口市民族源流及其风俗习惯》，海南迁琼先民研究会《琼崖先民研究》（创刊号），内部印行，2006 年，第 10 页。

中。不食五谷，但噉（啖）蚌及薯芋也"。或许居住在"海渚中"的"噉蚌"者，是海南疍民的最早记录。《博物志》中，"其眼能泣出珠"者，可能是其源流。如此，"以精于操舟著名"的部分骆越人，与海南早期疍民有着某种渊源关系。

(二) 汉人成为疍民重要补充

万历年间，罗曰褧对"马人"如是说：

> 其先，中国士卒随马援南征，羁留未归，散处南海，遂成部落。其人深目猓喙，以采藤、捕蛎为业，产与黎同。昔韩退之（韩愈）诗云："衙时龙户至（集——引者注），上日马人来。"人皆不识，多强解之。由今而观，殆即此马人，蛋人之谓也。①

罗曰褧揭示了中原士卒南下并落籍为疍户的可能性。据此，东晋末年孙恩、卢循的余部；有史料记载的南宋末年兵败等移入，成为历史上疍民的源流。

二 明代疍民情况

早期疍民多游离于"编户齐民"之外，自唐以后"记丁输课"，明初"编户立长，属河泊所，供鱼课"②。此外，明太祖颁布"设立蛋户、渔户、教坊等名色，禁锢敌国大臣之子孙妻女，不与齐民齿"③的条文，疍民随之沦为社会底层。

终明一代，这一主流话语权在边疆海南得到很好的落实，这一点在见存的《正德琼台志》《万历琼州府志》《万历儋州志》三部方志中有着具体的体现。

众所周知，海南四周环海，有大量的业渔者存在，从族属的角度来看，回族从事渔业生产史料多有记载。然而，明代海南鲜有渔民的记载，而统之于"疍民"一词。明末清初朝代更迭中，渔民从中分离，还原其

---

① （明）罗曰褧：《咸宾录》卷8《马人》，明万历刻本，国家图书馆藏。
② （清）王锡祺：《小方壶斋舆地丛钞 说蛮6》，上海著易堂印行，南清河王氏铸版，第67页。
③ （清）顾公燮：《消夏闲记摘抄 凤阳人乞食之由》，涵芬楼秘笈第二集第五种，商务印书馆1924年版，第4页。

原来身份，此乃疍民的渔民化转型。① 其主要分布见表 2-1。

表 2-1　　　　　　　　　明代各州县疍民乡都图分布

地区	正德时期	万历时期	明末清初时期
琼山	五原乡烈楼第二图（疍）		
澄迈	贵平乡那留都（民疍）；恭顺乡丰盈都（民疍）；东水图二（俱疍）	疍籍：东水一都、二都	恭贵乡（旧恭顺乡）那留都（民疍）、安调丰都（旧丰盈都，民疍）
临高	富罗乡英丘都二、三、四图（民疍）；东塘都二图、西塘都三图（民疍）		
文昌	奉化乡迈陈三图、四图（疍）	迈陈都三、四图（疍户）	迈陈都四图（内二图系民灶、二图系疍户）
会同	太平乡太平都三图（疍）	太平三图（疍户，免差纳课）	三图（疍户，原免差纳课）
乐会	博敖浦莫村都（民疍）		
儋州	人温乡新英都图三、大英都图三（俱疍）	新都一、二、三图（旧分九图，今并三图，俱疍）	新英都（旧九图，今并为三图。俱疍户）
万州	会通都（疍）		会通都（疍户）
陵水	岭黎乡那亮二图、岭脚乡二图（民、疍、灶）	那亮乡二图（灶疍）	那亮乡二图（灶疍）
崖州	保平里、望楼里、番坊里、大疍里（俱疍）	保平里、番坊里、望楼里、所三亚（以上四属河泊所，番疍采鱼纳课，多佃民田）	

资料来源：《正德琼台志》卷 12《乡都》；《万历琼州府志》卷 3《地理志 乡都》，第 62—67 页；康熙时期《琼山县志》卷 3《乡都》，《澄迈县志》卷 1《乡都》，《临高县志》卷 1《乡都》，《文昌县志》卷 1《乡都》，《会同县志》卷 2《都图》，《乐会县志》地理志《坊乡》，《儋州志》卷 1《厢都》，《万州志》卷 1《都市》，《陵水县志》卷 2《乡都》，《崖州志》卷 1《乡都》（清代的方志，广东省中山图书馆藏）。

明代在"疍民"的统一语境下，包括渔民在内，该族群一直围绕着周边海域活动，但侧重点略有变化。正德以前，主要在北、西、南三个水域；正德以后则在西、南、东三大水域。

三　清代之后的疍民

清代史料记载疍民的情况零星可见，这表明前朝的歧视政策在朝代更

---

① 张朔人：《明清时代南海疍民的分层流动与身份重构》，《古代文明》2014 年第 3 期。

替的大背景中得到修正，疍民和渔民开始分流。

清嘉庆三年（1798）五月，"蜑户方世建、方维富等奉檄招安"①。道光三十年（1850）三月二十七夜，"贼劫海口钱铺数处，官兵知之不追，贼遁去"。海贼上岸劫钱之事，时议"蜑家水手引海匪为之"②。

此外，尚有乾隆十八年（1753），《正堂禁碑》③记载崖州保平里籍疍民徐翰珪等，与所三亚里蒲儒嵩（以捕鱼为业的回民）等互控海面一案。

光绪三年至五年（1877—1879），现为海口市灵山镇辖地，濒临琼州海峡的沙上港和下东营港，因渔汛多寡，二处疍民为如何分摊纳额税银钱之事，展开了为期三年的诉讼。④

上述几个案例说明，清代疍民的主要活动空间在今天海口的海甸岛、东营港、陵水和三亚地区。比较而言，三亚疍民的分布因史料的记载，相对清晰。

在《正堂禁碑》叙述中，"保平里、所三亚里、望楼里"是其主要分布地。然而两年后的乾隆二十年（1755），由崖州知州宋锦、学正黄德厚所纂修《崖州志》卷八《风土志》"风俗"则曰："蛋民世居保平港、大蛋里、望楼里濒海诸处"，这一空间分布显然是在抄袭旧志基础上而得出的结论，与实际情况差距甚大。

1950年12月，三亚疍民分布为《崖县沿海情况调查》所记载：

> 分布区域仅在三亚港、红沙两地。三亚疍民共354人（船居98人，陆居256人）；红沙疍民382人（船居121人，陆居261人）。该二地的疍民生活一般说都是穷苦，每天靠换鱼才过活，其失业人数不详，也不曾有进行救济。⑤

---

① （清）张岳崧：《道光琼州府志》卷19《海黎志》，成文出版社1967年版，第433页。
② 王国宪：《民国琼山县志》卷11《海防志》，上海书店、巴蜀书社、江苏古籍出版社1990年版，第503页。
③ 《正堂禁碑》[乾隆十八年（1753）十二月十七日，崖州州府发布]拓片，该碑现存于三亚市凤凰镇回辉村清真寺院内。
④ 《告示》（光绪五年十二月十九日，琼山县发布）拓片，该碑现存于海口市美兰区灵山镇大王庙内。
⑤ 广东省档案馆：《崖县沿海情况调查》，档案号：204-1-22-105，第108—109页。

这说明，解放后的三亚港、红沙二地为此时疍民的主要生活空间。

四 当前疍民分布

2014年5月，"海南疍民生存状态与文化变迁调查"① 课题组，以岛内疍民为对象，就其生存状态和文化变迁进行调查。采用访谈形式，对9个疍民聚居社区、近40位疍民及基层社区工作人员进行调研，分布情况见表2-2。

因时间关系，人口数字不甚精确。陵水县英州镇3000疍民、三亚从事水上运输近两万人疍民，皆没有纳入本次调查中。由此，总人数在5万人左右。如表2-2所示。

表2-2　　　　　　　海南疍民目前分布情况一览表

市县	分布地	人口	族群来源	方言
海口市	捕捞社区	2500	广东阳江	白话
	白沙门社区	3000	广东顺德	白话
文昌市	清澜港	2500	广东阳江	粤语
	铺前港	1800		粤语
陵水县	新村镇	8000	广东南海	粤语
三亚市	藤海社区	2500	广东南海	粤语
	榆海社区	2000		粤语
	南海社区	1500		粤语
昌江县	海尾新港	1800	广东梅州	粤语

第四节　回族迁琼及回民社区形成

与中原穆斯林沿着"丝绸之路"迁入中原、"回回"化过程比较，海南回族则是依靠古代海上丝绸之路而迁入的。主要有唐代及其以前的波斯

---

① 按："海南疍民生存状况及文化变迁调查"课题，系2014年三亚疍家文化协会发布课题。课题由詹长智、张朔人主持，王辛莉（中国新闻社海口分社记者）、胡亚玲（海南摄影家协会）参加。调研时间为：2014年5月23日—6月1日。主要调研地方为：临高新盈镇、海口、文昌、陵水新、三亚以及昌江等六个市县。其中，三亚水上运输社区没有调研。

人、宋元之际的占城人以及明代中原蒲姓等三个部分组成。

一 早期回族活动情况

(一) 波斯人

至迟在唐天宝（742—756）年间，便有波斯商人被海盗掳掠抑或是遭遇台风而留居海南。前者从《唐大和上东征传》对万安州首领冯若芳的记载中可知：

> 每年常劫取波斯船二三艘，取物为己货，掠人为奴婢。其奴婢居处，南北三日行，东西五日行，村村相次，总是若芳奴婢之住处也。①

后者载之于《太平广记》，该记转引唐代房千里在《投荒杂录》中记述的唐代振州民陈武振之故事：

> 陈武振者，家累万金，为海中大豪。犀、象、玳瑁，仓库数百。先是，西域贾漂泊溺至者，因而有焉。海中人善咒术，俗谓得牟法。凡贾船经海路，与海中五郡绝远，不幸风飘失路，入振州境内，振民即登山披发以咒诅，起风扬波，舶不能去，必漂于所咒之地，武振由是而富。②

历史专著和古代文人笔记，展示了波斯人在唐代落籍海南大略。考古发掘也提供了相关证据：20世纪70—80年代，在今天陵水、三亚共发现六处穆斯林古墓群：陵水干教坡古墓群、土福湾古墓群、三亚梅山古墓群、大疍古墓群、番岭坡古墓群、回新拱北古墓群。靠近海边沙滩上，是其共同分布特点。

研究者根据墓葬形制、葬俗、葬碑纹饰、书写习惯等综合考虑，认为

---

① [日] 真人元开：《唐大和上东征传》，中华书局1979年版，第68页。
② (宋) 李昉：《太平广记》卷286《幻术三》，《丛书集成三编》本，新文丰出版公司1996年版，第70—167页。

墓葬时间上限为唐代，下限至元代。① 在陵水土福湾古墓葬中，"绝大多数的铭文记载《古兰经》第55章26节的文句，部分记载第55章27节，只有一方铭文记载'清真言'"②。对《古兰经》的集体记忆，佐证波斯人与伊斯兰教的关联。

（二）占城人

宋元时期，海南岛穆斯林人数有着一定的增加，主要源自于占城人主动内附、战争避乱及元政府纳番人降等途径。其空间分布上也突破东南海域一隅而向北部、西部扩展，从而推动了明代伊斯兰教在海南岛的传播。

宋代，中南半岛南部占城国，北部隔交州国与宋接壤，西部与真腊为邻，处于东西海上"丝绸之路"的重要中转站上，占城、真腊、交州三国皆属于宋朝的藩属国。它们之间不断战争，是信仰穆斯林的占城人向外迁移的主要推力。宋太宗雍熙三年（986）："儋州上言，占城人蒲罗遏为交州所逼，率其族百口来附。"这种"风俗衣服与大食国相类"③，反映了入宋以来，第一位有史记载的穆斯林信徒蒲罗遏率民在海南岛西部落籍情况。

南宋光宗绍熙年间（1190—1194），"复直龙图阁、知静江府"的詹体仁④也有类似的经历："占城、真腊相攻，余兵逸入琼管，公（詹体仁）调兵且招，而海道宁。"⑤ 自然，占城穆斯林又一次有规模移入海南。

与宋代主动投附不同，宋元交替之际占城人入居本岛的动因，具有多层面。唐胄在《正德琼台志》卷7《风俗》中作如下记录：

> 元初驸马唆都右丞征占城，纳番人降，并其属发海口浦安置立营，籍为南番。兵无老稚，皆月给粮，三年优之。立番民所，以番酋麻林为总管，世袭，降给四品印信。其外州者，乃宋元间因乱，挈家

---

① 李居礼、王克荣：《从陵水、三亚发现的穆斯林墓葬中看古代穆斯林在海南岛的活动》，《海南黎苗自治州民族博物馆馆刊》，1987（创刊号），第53—59页。

② 陈达生、[法] 克洛蒂娜·苏尔梦：《海南岛穆斯林墓地考》，《回族研究》1993年第2期。

③ （元）脱脱：《宋史》卷489《列传》第248《占城》，中华书局1977年版，第14078—14080页。

④ （元）脱脱：《宋史》卷393《列传》第152《詹体仁》，第12021页。

⑤ （宋）真德秀：《西山先生真文忠公文集》卷47《司农卿湖广总领詹公行状》，《四部丛刊初编》本，商务印书馆1919年版，第1285册，第23页。

驾舟而来，散泊海岸，谓之番方、番浦，不与土人杂居。

宋元交替是海南穆斯林积聚时期，由于迁居路径、迁入地的不同，元朝对于迁入海南岛的占城人所采取的安置方法也不尽相同。

（三）蒲姓迁入

中原汉化程度较高的蒲氏家族移入儋州地区，并在明代中后期完成其汉化。《南海甘蕉蒲氏家谱》解开了该家族源流、落籍儋州及迁琼始祖相关情况：该家族为宋时西域迁入中国，迁徙路线为：山东—广东；至八世，蒲秋涛迁居南海县，开创甘蕉房。第十世，兄弟四人，仲弟蒲杰为迁琼始祖。

> 属琼州府儋州那细司登龙图五甲民籍。明时，由我甘蕉房三世伯祖俊公（蒲杰——引者注）往海南贸易，其子玉璞公遂家于儋州莪蔓乡。

这种具有典型回族血统的蒲氏家族，在一路南迁的过程中，不断与汉人通婚，伊斯兰信仰逐渐丧失，至万历四十年：

> 聚族已生齿迭增，体制既已通行，众擎又复易举，乃择地于村之北，后倚庐山，前朝虎岭，坐卯向酉，兼己辛之原，深两进，广三间。力木由益吾公捐助，上墙版筑，题其名曰，"蒲氏宗祠"。①

以建宗立祠的方式，来替代清真寺建筑，这是该族汉化的重要标志。

二 回民社区形成

（一）海南回族的源流

回族入住海南岛最早可以上溯至唐代。波斯商人在经由海南岛东南部海上丝绸之路之际，因台风和海盗掳掠等因素而落籍于此。但是，该族群同当下的海南回族似乎没有直接的渊源关系。

宋元之际，以政府"纳降"和民间自由移民的方式进入岛内的占城

---

① 丁国勇标点：《南海甘蕉蒲氏家谱》，天津古籍出版社1987年版，第6—9、149页。

人，成为海南回族的主要源流。元代，分布在海口浦、儋州、万州等沿海台地活动的"番人"，至明代中期之后，该族群在上述地区逐渐消失，而集中于崖州地区。

（二）回民社区形成

目前的研究多支持"所三亚里"为回民社区的结论，争论的焦点是该社区的形成时间①——哪部历史典籍最早记述了"所三亚里"地名一词。

大量聚集的人口是社区形成的前提条件。明代中前期海口浦、儋州番浦中的番民在正德前后，不载于史籍，他们中便有迁于南部水域。崖州的番村、番浦正是在外来人口的推动下，才有形成所三亚里社区的可能。

《万历琼州府志》卷3《地理志·乡都》曰：纳入国家版籍的基层社会组织"乡里都图"中，崖州共有"二十一里"，"保平里、番方里、望楼里、所三亚，以上四里属河伯所，番蛋采鱼纳课，多佃食民田"。"所三亚"便是所三亚里的简称。据此，形成于明代中期后所三亚里社区，是海南回族人民主要生活空间。

三 清代以来三亚回族

"采鱼纳课"，是所三亚里民众日常生产生活常态，《正堂禁碑》为之提供佐证。清初赋税规定，崖州渔课米总额为584石，按海面分摊，按户征输，折银完纳。所三亚里疍户61两、保平里50两、望楼里42两余。

清乾隆年间，保平、望楼疍户欲扩大海域改变"米多海少"现状，为所三亚里疍民不满。乾隆十八年（1753），保平里疍民徐翰珪等，与所三亚里蒲儒嵩等互控，十二月十七日崖州政府裁决，后勒石为碑，即

---

① 按：以"所三亚里"（即今天三亚的回辉村）为核心的回族居住区问题的探讨，日本学者认为该地方形成时间为"明朝末年"（［日］小叶田淳：《海南岛史》，张迅斋译，学海出版社1979年版，第310页）；最早用斯大林关于民族理论中的"四个共同"，提出"所三亚里"为海南回族"共同居住区域"，其形成时间，一如小叶田淳之说（马建钊：《海南回族的历史来源与社会变迁》，载《回族研究》2004年第4期）；王献军先生认同了马建钊之说，并在两个方面有所突破：其一，正式提出"所三亚里海南回族社区"这个表述形式；其二，该社区成立时间在1617—1655年（王献军：《海南回族的历史与文化》，海南出版社2008年版，第78—80页）。

《正堂禁碑》①。

民国时期，该族群情况逐渐浮出水面。回教，"在本岛仅崖县三亚港有之，教民约三四百人。不食猪，死则火葬。聚居一村，不与外人通婚。内地回教师，时来说教。虽信徒不多，而奉行甚笃"②。

此后，该族群的人口数量，相关记载有着不同程度的差异。1932年教徒400户、约2000居民③；1940年，200户，人口1000余人④；1947年，则为"崖县三亚港，户口数约计二百，其中有回教徒千人，传与马来、安南人同时移入"⑤。1953年第一次人口普查，其人口有准确统计。今天三亚回民主要居住在凤凰镇的回辉、回新两个居委会。

第五节 海南苗族

海南苗族的族属、族称，一直以来多有争论。最早对"苗族"一词质疑的是民国时期的王兴瑞，他说："海南苗人的语言，和广西苗族的语言相差颇远，反之，和傜人的则相近，尤其是和凌云蓝靛傜的几乎完全一致。"⑥

20世纪50年代，"海南岛黎族社会性质调查组"开展相关调研工作，"顺便"调查了苗族社会情况，从称谓、传说故事、语言、丧葬习俗、社会组织、家庭形态、生产技术经验等诸多方面进行比较，认定"海南苗族与广西山子瑶（蓝靛瑶）有极为密切的渊源关系"。1955年，按照"名从主人"的民族识别原则，"把与广西山子瑶有密切渊源关系的海南

---

① 张朔人：《明清时代南海疍民的分层流动与社会身份重构》，《古代文明》2014年第3期。按：《正堂禁碑》，现存于三亚市凤凰镇回辉村清真寺院内。
② （民国）陈铭枢：《海南岛志》，神州国光社1933年版，第207页。
③ ［德］史图博：《海南岛民族志》，广东民族研究所编印1964年版，第799页。
④ 姜樾、董小俊：《海南伊斯兰文化》，中山大学出版社1992年，第149页。
⑤ （民国）陈植：《海南岛新志》，商务印书馆1949年版，第90页。
⑥ 王兴瑞：《海南岛之苗人》，珠海大学边疆丛书1948年版，第4页。按：王兴瑞（1912—1977），海南琼海人。中山大学、上海大夏大学、珠海大学教授，在人类学、历史学等相关领域颇有建树。作者于1937年春，参与"广州国立中山大学研究院文科研究所及私立岭南大学西南社会调查所合组海南岛黎苗考察团"的海南黎苗调查，该著成稿于1938年7月（自序）。因时局动荡之故，该著在抗战胜利之后才正式出版（后记）。

岛苗族群体定名为'苗族'"①。从学术背景出发，本书称之为"海南苗族"②。

一 源流

（一）民间移民

至迟在明代中期前，瑶族先民自发移居海南。元天顺三年（1459），儋州有"黎、蛋、猺、番错居"③。稍后《正德琼台志》卷7《风俗》载：

> 猺人，居文昌东猺山，旧说其人形如猿猱。地多田少，种薯蓣给食。纺缉吉贝，细密莹白。今则皆如平人，但语言稍异，地少，吉贝纺绩为布，亦不细密。供税服役，与编民同。

比较儋州模糊记述，瑶人落籍文昌东瑶山则十分清晰。他们从何处来？何时迁居？二者之间是否存在着族属关联？不得而知。可以肯定，文昌瑶人至迟在明代中期以前入居海南。这种民间自发入琼，在清代也有类似情况。

清乾隆四十六年（1781）四月十二日，据两广总督延巴三奏折揭示：廉州府钦州如昔司居怀村，盘、李、赵、邓四姓瑶人，男女老少108口，"因生齿日繁，不敷耕种"，渡海到海南岛澄迈县"垦荒"。为此，延巴三"令地方官"将他们"递回钦州"原籍。此外，奏章还提及这样的信息，"旧案亦有瑶人携带眷属来琼耕种"并"已经安业，准令附籍"④。明清时期，瑶人以自发的方式不时迁居海南，与明代"狼兵"的军事移民一道，构成海南苗族的先民。

（二）军事移民

明代具有政府行为，调遣"狼兵"⑤来海南有三次。弘治十四年（1501）平定儋州"符南蛇之役"；嘉靖二十八年（1549），崖州那燕

---

① 黄友贤、黄仁昌：《海南苗族研究》，海南出版社、南方出版社2008年版，第7—8页。
② 张朔人：《明代海南文化研究》，社会科学文献出版社2013年版，第321页。
③ （明）杨守陈：《赘儋石街记》，曾邦泰：《万历儋州志·艺文志》，书目文献出版社1991年版，第133—134页。
④ 容观复：《容观复人类学民族学文集》，民族出版社2003年版，第208页。
⑤ 按：狼兵又曰"狼土兵""两广狼土兵""广西狼土兵"等。

"黎乱";万历四十一年(1613)平定崖州罗活、抱由等峒黎乱。兹分述如下:

为平定黎乱,朝廷命镇守两广、征蛮将军太子太保伏羌伯毛锐为大将,率两广官校暨汉达军、狼土兵10万人赴海南。从"新场海、田头寨,贼之北门中坚所在","以两广汉达军、狼、土兵一万攻中坚"① 的军事部署来看,狼兵数字不会超过万人。

《明史·潘蕃传》佐证了狼兵参加此次军事行动:"弘治十四年。……黎寇符南蛇乱海南,聚众数万。(潘)蕃令副使胡富调狼土兵讨斩之,平贼巢千二百余所。"② 该役自弘治十四年七月始,至十五年初止。

嘉靖二十八年八月,崖州"那燕聚众至四千人,流劫乡寨""益狂炽,至攻毁城郭"。面对这一局势,给事中琼籍士人郑廷鹄上疏指出:"今日黎患非九千兵可办,若添调狼土官兵,兼召募打手,共集数万众,一鼓而四面攻之,然后可克尔",这一建议为朝廷所接受。③ 此乃狼兵第二次渡海来琼。万历四十一年八月,崖州罗活、抱由等黎峒叛乱④。为平息该事件,"命总兵王鸣鹤督各路官兵,并西粤狼兵,云集征剿"⑤。经过近一年的战争,事件终于被平息。

二 落籍情况与族称转换

(一) 落籍海南

颇有意思的是,前两次来海南的狼兵不知所终,而第三次狼兵行踪,在方志中有明确记载。万历府志就"乐定营屯田"事宜,转述《崖志》记录:

> (万历)四十二年,征平罗活贼,奉文清丈黎田一百一十九顷四十二亩零。该参将何斌臣议,将三十顷与广西药弩三百名为屯田,每

---

① (明)王佐:《平黎记》,(明)曾邦泰《万历儋州志·平黎》,第111—113页。
② (清)张廷玉:《明史》卷186《列传》第74《潘蕃传》,中华书局1974年版,第4938页。
③ 《明世宗实录》卷351,第6347—6351页。
④ 《明神宗实录》卷511,第9663页。
⑤ (明)欧阳璨:《万历琼州府志》卷8,《海黎志·平黎》,第270—274页。

名十亩，岁抵月粮二两四钱存田。①

那么，前两次的狼兵究竟是离开，还是留在海南？留在岛内的话，又居何处？从明代兵制来看，狼兵属广西土司兵，故不隶军籍。如此，留在海南的可能性是有的。张岳崧府志的相关记载，可以为研究者提供某种参考：

> 儋州又有苗黎，凡十村，约九十余家，男妇不满千人。所居近冯虚峒，附归该峒黎总兼管。性最恭顺，时出调南市贸易，从无滋事。②

从资料采集上来看，《道光琼州府志》是在入清之后近 200 年的历史沿革中，第一次没有囿于旧说，通过调查，将"苗人"的情况载之于方志。但是：

> 盖前明时，剿平罗活峒叛黎，建乐安城，调广西苗兵防守，号为药弩手。后迁居于此，即其苗裔也，至今其人善用药弩，兼有邪术，能以符法制人，为生熟黎岐所畏服。

这一议论似乎显得有点牵强。在入清之后岛内军事行动中，对这一族群的再利用，似乎并不多见，未见史籍记载便是这一推理的最好说明。那么如何解释时为儋州下辖的冯虚峒（今属于白沙黎族自治县境内）苗族的存在？可能的解释是，在弘治十五年七坊峒平叛结束后，这一群体中至少有部分人与早先来儋州的"瑶族"一起，落籍于此。第二次，嘉靖二十八年前来崖州参战的狼兵，也有部分人落籍海南，居住地点大约在崖州西部的感恩一带；第三次屯田狼兵，因朝代鼎革而导致"营汛废"之故，散落于崖州东西黎境和感恩县内。③

---

① （明）欧阳璨：《万历琼州府志》卷7《兵防志·屯田》，第220页。
② （清）张岳崧：《道光琼州府志》卷20《海黎志·村峒》，第456页。
③ （清）张嶲等纂修，郭沫若点校：《光绪崖州志》卷13《黎情》，广东人民出版社1963年版，第247页；卢宗堂：《民国感恩县志》卷13，《黎防志·黎情》，海南出版社2006年版，第275页。

(二) 从"瑶"到"苗"

在冯虚峒苗黎叙述中，道光府志呼之"苗"。困扰着王兴瑞的问题是：

> 苗、黎两族，无论从哪方面观察，都有很显著的不同之处，是不能混为一谈的。然琼州府志（即《道光琼州府志》）和感恩县志（《民国感恩县志》）俱用"黎苗"之名，把苗族看做黎族的一支，显然是错误的。

从瑶族转变成苗族，属于人为因素造成的话，那么从苗族到苗黎的转变，则带有强烈政治色彩。道光府志指出：冯虚峒组织为黎总1人，哨官2人，具体管辖熟黎、生黎、霞黎。十个苗村由于靠近该峒之故，而附于该峒黎总兼管。

该族群早期落籍海南岛的人口数量不多，所以易于同化，文昌东瑶山版籍化便是一例。弘治之后，一定数量"狼兵"分批次进入海南，因其军事移民特殊性，该族群相应的社会组织和习俗较为完整地保存下来。

三 主要生产生活

明清朝代更替，对海南苗族产生巨大冲击。由于落籍时间晚，本岛沿海台地无其容身之地，腹部山地又为黎族所盘踞，中部地区高山大岭成为其居所①。先前维护地方安宁的统治机器向被统治者身份转换，早期的"药弩手"，入清时已经"性最恭顺"，便是其真实写照。

> 苗性喜居山，往往焚山而耕，既又弃而他徙，几于住无定所。儋州冯虚峒附近，乐会南茂峒，定安思河附近，临高番打、番陈、志远、东门四村，陵水大旗山谷中等处，皆为其火耕区域。其人数远在黎人之下。②

陈氏志指出苗人分布、生产方式，揭示了苗人在岛内的生产生活。认

---

① 王兴瑞：《海南岛之苗人》，《珠海大学边疆丛书》，1938年，第23页。
② （民国）陈铭枢：《海南岛志》，第85页。

为居住山上、迁徙，是因为苗人的爱好，20世纪50年代调查材料否定了陈氏观点。在琼中县二区南茂乡，苗族过去所种山林田地，皆为黎族"头家"所有。20年代前后，"头家"将山林批给汉商，再由汉商转租给苗族，"没有属于自己所有的山林，经济上受到残酷的多方面的剥削"[①]。双重经济压迫、相对恶劣地理环境，为获得山地、逃避剥削，苗人处于流离和迁徙状态中。"种山"是苗人主要的农业生产活动，"刀耕火种"是其主要生产方式。

---

① 中南民族学院少数民族文物陈列馆编印：《海南苗族情况调查》，1957年，第282页。

第三章

汉族聚集与人口的国际流动

历史上，边疆地区版籍数量——汉族人口数量的多寡决定着王朝统治基础强弱，也是衡量其"内地化"① 程度的重要标尺之一。与其他族群比较，汉族移民既有政府行为，也有民间自发性质，具有规模大、持续时间长等特点，他们聚集在海南岛，为边疆社会发展作出重要贡献。

人口的国际流动，主要体现在以下两个层面：一是人口的向外流动——华侨群体，晚清之后出现了新的移民路向，以海南岛为迁出地开始规模性海外移民，今天390多万琼籍华侨分布于世界各地，是推动海南社会发展的重要力量；二是以海南岛为核心，不同历史时期，接纳国际移民。

第一节 政府移民及其分布

不同历史时段，王朝对海南治理政策有所变化，政府移民的形式也不尽相同，主要包括：军事移民、贬谪移民、安辑流民——客家人迁琼等官方手段，以此加强地方社会的稳定。

一 军事移民

军队设置是国家主权的象征，也是保境息民的重要保障。自汉代开

---

① 苏云峰：《海南历史论文集·自序》，海南出版社，第1—2页。苏氏认为，所谓"内地化"是指："中国之边陲地区的原始文化逐渐出现中原同质文化的过程"，主要内容为，"政治上，必须归入中国版图，接受中央政府的直接或间接管理"，"汉族移民之增加，使人口结构发生变化，并产生民族间的血统交流"，"必须发生中原文化的移植、传播与生根作用"。

始，尤其是唐代之后，军事移民成为历代中央政府海南治理的一个常态行为。

（一）汉代临时性军事设置

汉武帝末年，珠崖郡太守孙幸"调广幅布献之，蛮不堪役，遂攻郡杀幸"。其子孙豹自领郡事，讨击余党；遣使"封还印绶""上书言状"。王朝政府诏命孙豹为太守，加大武力统治，使得"威政大行"，孙豹"讨击余党，连年乃平"。

此外，"吏卒皆中国人，多侵陵之"[①]，"朱崖人多长发，汉时郡守贪残，缚妇女割头取发，由是叛乱，不复宾伏"[②]。大量史料揭示了西汉政权在此残暴统治，在这种掠夺型治理理念之下，"数岁一反"成为珠崖郡的常态，海南的政治生态进入了恶性循环的怪圈[③]。

为了确保地方秩序，汉政府"兴兵击之连年"，在付出"护军都尉、校尉及丞凡十一人，还者二人，卒士及转输死者万人以上，费用三万万余"[④] 的代价后，海南之乱仍无法平定。以征剿方式出现在岛内的军队，兼有临时性移民性质，是政府移民中规模最大者。

考古发现为之提供了相应证据。1964、1972 年在临高县城北郊（2个）、调楼区抱才乡（1个），发现的汉代军用炊具铜釜[⑤]；1982 年在今东方市沿海感城区不磨乡[⑥]、1994 年在儋州洛基[⑦]、2003 年在儋州市中和镇何宅村[⑧]等处都发现类似的铜釜。1984 年乐东志仲镇潭培村出土的"朱庐执刲"银印章，这是汉代给立有军功的首领所封之印[⑨]。大量与军事有关

[①] （宋）司马光：《资治通鉴》卷 28，《四库全书》第 304 册，台湾商务印书馆 1983 年版，第 304—511 页。

[②] （宋）李昉：《太平御览》卷 373，中华书局 1960 年影印本，第 1722 页。

[③] 张朔人：《西汉海南置罢郡研究》，《海南大学学报》2011 年第 5 期。

[④] （宋）司马光：《资治通鉴》卷 21，《四库全书》，第 304—384 页。

[⑤] 梁明燊：《广东临高出土汉代青铜釜》，《考古》1964 年第 9 期；杨耀林：《海南岛临高县发现汉代铜釜》，《考古》1979 年第 4 期。

[⑥] 引自司徒尚纪《海南岛历史上土地开发研究》，第 26 页。

[⑦] 王大新、张林彬：《儋州洛基汉代铜釜》，中国考古学会《中国考古学年鉴（2002）》，文物出版社 2003 年版，第 308 页。

[⑧] 郝思德、蒋斌：《儋州市何宅村汉代铜釜》，中国考古学会《中国考古学年鉴（2004）》，文物出版社 2005 年版，第 315—316 页。

[⑨] 海南黎苗自治州：《自治州地方志通讯》1985 年第 2 期。

的考古材料在岛内西部沿海台地及南部宁远河一带出土，证实了汉朝军队在此地活动情况。

汉元帝初元三年（前46年），海南罢郡，军事移民也随之终止。因郡县制存在时间短暂，并未对海南产生太大影响，但其开疆意义不能因之而低估。

（二）唐代至元代的军事移民

自汉代罢郡至梁大同中580年时间内，孤悬海外的海南与中原王朝之间的联系并不紧密，官方移民无甚作为。隋朝及唐初，岭南大族——冯冼家族组织下的俚人南迁，替代了政府行为。唐代之后，一定数量的军队驻入随成定制。

1. 唐代

为遏制冯冼家族势力，加强郡县制建设，唐初在海南设置了一定数量的军队，以控制境内"五州"局面。自武则天时期（685—704），"罢镇兵五千人"①，至贞元五年（789）琼州收复后为界限，分前中后三个阶段，前一阶段即武则天执政之前，有镇守军5000人；中期，无军队驻扎；琼州收复后，"控兵十万，以四将统之""置都督府及五州招讨使以领之"②，军事移民数量较大。

2. 宋代

宋代兵制规定"天子之卫兵，以守京师，备征戍，曰禁军；诸州之镇兵，以分给役使，曰厢军；选于户籍或应募，使之团结训练，以为在所防守，则曰乡兵"③。海南的军队由厢军、乡兵组成，厢军是本书关注的对象。

据正德《琼台志·兵制》所述，太祖建隆（960—963）年间，岛内有澄海、清化二军；仁宗天圣（1023—1032），增设静江（万历《琼州府志》曰"清江"军）。澄海军戍海；清化、静江在黎汉结合带戍守，"诸州戍兵"。神宗熙宁（1068—1077），"三军额并，改曰清化，属广南路统以指挥"。唐胄依据《雷志》军队数额，估算海南驻军数字为816人。此外，"崇宁四年（1105），广南西路经略司请置刀牌手三千人于桂州置营，

---

① （后晋）刘昫：《旧唐书》卷185下《列传》135下，中华书局1975年版，第4814页。
② （明）欧阳璨：《万历琼州府志》卷7《兵防志》，书目文献出版社1990年版，第196页。
③ （元）脱脱：《宋史》卷187《志》第140《兵》1，中华书局1977年版，第4569页。

候教阅习熟，分戍诸州"，宋代的广南西路有 25 个州，琼州平均约有 120 名刀牌手。也就是说，岛内厢军总额为 936 名。

北宋中后期，士兵缺额现象严重，士兵来源值得关注。哲宗元符元年（1096），诏"罪人应配五百里以上，皆配陕西、河东充厢军"①。然而，这一规定竟然与海南产生直接关联。南宋光宗绍熙二年（1191），琼州知府黄揆指出：

> 今中外之奸民以罪抵死而获贷者，必尽投之海外以为兵，是聚千百虎狼而共置之一邱也。今日积者已多，而累累递送者方来未已，一旦稔恶积衅，溃裂四出，臣恐偏州之民，项背不能帖席而卧也。请自今凡凶恶贷死而隶於流籍者，许分之沿江诸屯及其他远恶之地，无专指海外以为凶薮，庶几阴消潜削，不至滋蔓流毒偏方。②

显然，对死刑犯人采用宽恕方式，流放远处充当士兵，是宋代戍边的一种制度。这一群体大量云集于"海外偏州"，黄揆担心因接纳过多的罪犯，恐引起海南社会动荡。为此，他认为将这些"奸民"分别流放至"沿江诸屯及其他远恶之地"，减少该群体在海南的人口密度。这一建议得到南宋光宗赵惇的认可。

3. 元代

元朝 90 年统治中，岛内军事建制在隶属于海北海南道宣慰司都元帅府前提下，有三个互不统属系统：以防海为主的汉军万户府，其中部分新附军承担着屯田事务；以守内为主要任务的黎兵万户府；以满足军队粮食需求的"黎蛮屯田万户府"。"黎兵万户府""黎蛮屯田万户府"由土人构成。元初，由来自"平阳、保定、冠州等翼"1000 名新附军组成的"汉军万户府"，以"三岁交换"的轮差③方式，负责本地区军事管理，并参与王朝的对外战争。

(三) **明代军事移民**

明初，为加强对全国军事控制，洪武七年（1374），申定卫所之制：前、后、中、左、右 5 个千户所组成一卫。每百户所 120 人，每千户所

---

① （元）脱脱：《宋史》卷 189《志》第 142《兵 3》，第 4645 页。
② （元）马端临：《文献通考》卷 168《刑考 7》，中华书局 1986 年版，第 1461 页。
③ （明）唐胄：《正德琼台志》卷 18《兵防上》。

1120人，每卫5600人。到洪武二十三年（1390），共建成内外卫547，所2593①。为稳定社会秩序、保卫边防和海防，海南一卫十一所军事建制，洪武二十年，"添立后所。改中左为前所，儋万为守御所"；二十四年，"置清澜、昌化守御所"；二十八年，南山守御所（陵水境内）建立，该机构正式组建完毕。如表3-1所示。

表3-1　　　　　　　　　海南卫所建设及兵源

时间	兵源	人数	卫所分布
洪武二年	张士诚余部漫散军士朱小八等	1000余	设东西2所。洪武六年，改名左、右所
	续添拨征北溃亡、陈州各处元旧军	1000余	
洪武六年	迁、配者接踵。该年土寇陷儋州，奏准调福建赖正孙收集陈有定军	3000	洪武七年，拨于前所儋州、后所万州
洪武十年	获罪官吏调拨		设中左所
洪武十五年	安置官吏户丁充军		崖州守御所
洪武十六年	勾捕至者，幼小长成，堪应役者	1500余	置军屯
万历二十八年	拨清澜、万州、儋州军	300	立水会所
万历四十三年	调兴长兵、广西弩药手于崖州	396	乐安（兴长兵）
		300	乐定（广西弩药手）

资料来源：（明）唐胄：《正德琼台志》卷18《兵制》；（明）欧阳璨：《万历琼州府志》卷7《兵制》，第197页。

1. 移民数量

据明代军制规定，海南卫所兵实额数应为17920人，而实际卫所旗军数为15927名②。卫所军制又称世兵制、军户制，"自卫指挥以下，其官多世袭，其军士亦父子相继，为一代定制"③。父死子继、兄终弟及，使得该兵制职业化。有"军士应起解者，皆金妻"④规定，所谓"金妻"，即军士携带妻子一同服役。以家庭为基本单位，是海南军事移民史上较为突出的一点。

---

① （清）张廷玉：《明史》卷76《志》第52，中华书局1974年版，第1874—1875页。
② （明）欧阳璨：《万历琼州府志》卷7《兵制》，第197页。
③ （清）张廷玉：《明史》卷76《志》第52，第1875页。
④ （清）张廷玉：《明史》卷92《志》第68，第2258页。

相关资料缺失，移民数量无法精确。明成祖时期（1403—1424），军籍户口变动不大。据永乐十年人口统计，全岛户口总数分别为：337479口、88606户①，每户人口数为3.81，据此军事移民峰值约为6万余人；以每军户夫妇2人计算，其最低值约32000人；取户人口值3计算，机械性移民近5万人。

2. 主要分布

海南卫及左、中、右、前、后五所，皆在府治及琼山县境内，操兵额：4971；屯军额，1120，合计6091人。按每户3人计算，琼山外来军事移民18000人。分布在清澜、万州、南山的东三所，儋州、昌化、崖州的西三所，每地大约接纳7000名军事移民。这一群体，同时密集地分布在府城地区、清澜所城、万州治、陵水南山所城、儋州治、昌化所城、崖州治等地附近。其所携带的中原文化、社会习俗等，经历了200多年的浸染，对海南当地社会产生了诸多影响。

明代中后期，脱离军籍现象严重。隆庆（1567—1572）时期，募兵制取代了卫所兵制，这标志着以家庭为单位的军事移民随之终结。

（四）清代驻军情况

清顺治九年（1652），海南入清。十二年，裁撤前朝卫所军，设置总兵官直辖的绿营（即"标"），属两广总督所辖，标下设营。定"琼镇六营经制，官兵共计六千员名"，中、左、右、儋州、万州、崖州六营，各1000人，分守各汛地。其中，中、左两营"守兵"中土著兵数量分别为106人和108人。随着时间变化，防务重点不同，早期兵制规定到道光时期，有着较大的变动。

表3-2　　　　　清代中前期琼州府驻军情况一览　　　　　单位：人

军营名称	康熙四十五年	乾隆三十九年	道光二十一年
中营	960		
左营	954	843	838
右营	1000	850	849
		琼州水师左右营　1112	海口水营　985

① （明）唐胄：《正德琼台志》卷10《户口》。

续表

军营名称	康熙四十五年	乾隆三十九年	道光二十一年	
儋州营	940	787	陆路营	551
			水师营	320
万州营	958	787		762
崖州营	953	881	协陆路营	917
			协标水师营	277
总额	5765	5260		5499

资料来源：（清）贾棠：《康熙琼州府志》卷5《兵防志》，海南出版社2006年版，第350、335—337页；（清）萧应植：《乾隆琼州府志》卷4《军政志》，海南出版社2006年版，第403—404页；（清）张岳崧：《道光琼州府志》卷17《经政志13 兵制》，台北成文出版社1967年版，第395—396页。

表3-2表明，该时段驻军人数变动不大。原先额定的6000驻军数，就康熙四十五年（1706）统计来看，因214名本地人充当"守兵"的早期规定，故此时的军事移民为5551人。乾隆三十九年（1774）、道光二十一年（1841），海防力量明显加强，但是人数一直维持在5000—5500人。

同治八年（1869），绿营军经裁并仅剩4099名，地方练军开始替代绿营的防务。光绪十三年（1887），在两广总督张之洞的奏请下，地方军队不足之数，"不用外省外府的人补充"①。军事移民数额逐渐减少，直至清亡。

（五）民国时期军事移民

1912年元月至1950年5月1日海南解放的时段内，以1939年2月—1945年8月日本占领海南划分前后两段，前段为军阀交替控制；后段国民党退出大陆进而以海南为战略据点，故而呈现出不同的军事移民色彩。

1. 民初情况

民国时段，海南政局动荡，常驻军额靡定。在民国十七年（1928）之前，"多则一营，少则一排"。1928年春，广东全省划为四个"善后区"，南区善后公署设在海口，管辖高雷钦廉及琼崖等地。广东第8路军

---

① ［日］小叶田淳：《海南岛史》，张迅斋译，台湾学海出版社1979年版，第207—208页。

第 11 师师长陈铭枢率部入驻海南，早期混乱局面才有所改变①。其间，有两股军阀势力入驻②。1916—1918 年，军阀龙济光以"琼崖矿务督办"之名，"率所部振武军，约万余人"，盘踞海南；1920 年底，"琼崖道尹、镇守使俱废，该设善后处，以邓本殷为处长，统理军民两政"③，邓氏率"四旅"④ 兵力入驻海南，到 1926 年 2 月结束。

2. 1949 年驻军情况

1949 年 1 月 21 日，国民政府设立以陈济棠为行政长官的"海南特别行政区"，试图以此为据点，与共产党对抗。陆军第 21 兵团司令刘安琪率第 21 军、第 50 军两部驻防。包括军眷、逃难商民约 10 万人⑤。

二 贬谪移民

所谓贬谪，主要包括庶官因罪流放，高层官员因政见不合而被排斥权力中心的贬谪两个方面内容。海南地处边陲，远离中央政权、地处炎荒、瘴气盛行等诸多不利条件，居然成为极为理想的庶官流放之所和高官贬谪之地。

（一）流放之地

据《正德琼台志》卷 35《罪放》记载，庶官流放至海南，始于唐高宗（650—683）时期交州都督郎余庆，因其"婢父"之故受到辖地舆论声讨，随有"诏放琼州"之命运。唐及宋元时期，这一做法被普遍接受，海南成为庶官流放地。历史上共接纳：唐代共有 6 人；宋、元资料残缺，宋 19 人、元 5 人记录在册。

洪武三年（1370）正月，吏部奏将"广东儋、崖等处"作为"庶官有罪被黜者"安置之所。朱元璋指出："前代谓儋、崖为化外，以处罪人。朕今天下一家，何用如此？若其风俗未淳，更宜择良吏以化导之，岂宜以有罪人居耶？"⑥

---

① （民国）陈铭枢：《海南岛志》，神州国光社 1933 年版，第 110 页。
② 张朔人：《民国初期海南基层社会治理述论》，《安庆师范学院学报》（社会科学版）2000 年第 11 期。
③ 王家槐：《海南近志》，台湾《知止斋丛书之六》，1993 年，第 38、54 页。
④ 陈献荣：《琼崖》，商务印书馆 1933 年版，第 24 页。
⑤ 王家槐：《海南近志》，第 119 页。
⑥ 《明太祖实录》卷 48，第 955 页。

明太祖的诏令，对海南作为庶臣流放之命运，似乎没有带来实质性转变。据《正德琼台志》的记录，即便在正德五年（1510），仍有宁夏右卫纳粟都指挥胡颢，"发海南卫前所从戎"的安排。在明代中前期的140年时间内，陆续有8位庶官流放于海南。后世的方志没有延续唐氏将《罪放》单列的做法，海南作为流放之地，才逐渐淡化①。但是，海南作为高官的贬谪之地，却是另一番景象。

（二）贬谪群体

1. 贬官制度及其流变

唐宪宗元和十一年（816），为加强对抚治百姓官员选拔，"许闻荐，冀得循良"。为防止荐举人"虚陈事迹"，被荐举者德行才能与"节文不同"、官后不称职等事情发生，中书门下省将视情节轻重，"坐其举主，轻则削夺、重则贬谪"②。用"削夺""贬谪"等措施惩罚"举主"，目的在于加强选拔制度建设。

但是，这一处罚手段，在唐宋之后多为朋党、戚宦等群体所利用，他们以此来作为消除、打击政治异己的一种手段，从而形成一种特殊贬谪移民群体。

从史料来看，海南作为贬谪之地，早于唐代"贬谪"制度形成。最早接纳朝廷政治斗争中失意者，始于隋朝的宗室杨纶，以唐代中后期、两宋之交及元代为盛，而止于明代早期。

2. 贬谪人员与分布

海南作为死囚戍边、庶官罪放之地，具有数量较大、持续时间不长等特点，而贬谪人员情况正好与之相反：时间跨度大、总数不多，群体素质极高。

表3-3　　　　　　　　海南接纳贬谪人员及其信息

人物	朝代	身份	贬谪原因	谪地	居琼情况
杨纶	隋	宗室之子	被诬，怨望下狱	珠崖	后迁儋耳

---

① 按：《明代海南文化研究》第7章《文化类型与独特文化现象》以《太祖实录》卷48为依据，得出"至此，海南作为庶臣、罪犯流放之所的历史，才告结束"的结论。这一不严谨之处，将在该著再版时修正。——作者谨识。

② （宋）王溥：《唐会要》卷74《选部上·论选事》，《四库全书》，第126—607页。

续表

人 物	朝代	身 份	贬谪原因	谪地	居琼情况
崔元藻	唐	御 史	武宗时，为李德裕所恶	崖州	司户参军，宣宗擢其武功令
李德裕		宰 相	宣宗大中二年（848），被诬		司户参军，次年卒，在崖著《四十九论》，修所志
薛元龟		京兆少尹	因李德裕之狱，贬		司户参军
卢多逊	宋	中书侍郎同平章事	事宋太祖、太宗朝，与赵普不合，"交通秦王"，削职流放	崖州	雍熙二年（985），卒于流所
丁 谓		真宗朝相	乾兴元年（1022），坐擅改永定陵、刘德妙妖诞等事贬		司户参军。在崖逾3年，"教人读书为文"，"以家财与土人商贩，蠲其息"。仁宗时，徙雷州
苏 轼		端明、侍读二学士	绍圣（1094—1098）初，"讥斥先朝"，连三贬至琼州别驾	昌化	居儋3年（1097—1100），与幼子苏过述，结息桄榔庵，授徒、著书为乐，从父老游。后移廉州
任伯雨		居谏省	徽宗崇宁二年（1103），以党事作，削籍		居3年而归
李 刚		尚书左仆射兼门下中书侍郎	建炎（1127—1130）年间，为汪黄所潜，贬	万安	偕子宗之方至琼，3日遇赦得归。居琼11天
赵 鼎		高宗朝相	为秦桧所陷，贬	吉阳	居3年，无著述。后绝食而死
李 光		高宗朝参政	绍兴（1131—1162）年间忤秦桧	琼州	居8年，后被告与胡铨诗赋唱和，讥讪朝政，移昌化军，居3年。"论文考史，怡然自适"，"军之亭堂，多所题咏"
胡 铨		枢密院编修官	抗疏言和议，忤秦桧	吉阳	绍兴十八年移谪，"日以训传诸经为事"，居8年
图帖睦尔	元	武宗次子，后为文宗	丞相铁木迭尔，构衅骨肉，至治元年（1321），出居海南	琼州	泰定元年（1324），召回；天历元年（1328），登帝位，为文宗
薛 祥	明	工部尚书	洪武十四年"坐累杖死"。四子凯、能、政、宣，发籍	卫所	能子远，举进士，成化间，官至南京兵部尚书
赵 谦		国子监典簿	洪武二十五年，谪任教谕	琼山	造就后进，一时士类翕然从之，文风丕变。著《声音文字通》《造化经纶图》《学范》《历代谱赞》等书

资料来源：（明）唐胄：《正德琼台志》卷33、34、42《名宦》《流寓·谪寓》《杂事》；（明）黄佐：《嘉靖广东通志》卷51、52、53《列传·流寓》，第1320—1372页。

需要说明的是，"崖州"位置。唐武德四年（621），"平萧铣，置崖州，领舍城、平昌、澄迈、颜罗、临机五县"①；唐德宗贞元五年（789）的建置框架中，振州辖县五，宁远、延德、吉阳、落屯、临川②。显然，唐代，振州、崖州在岛内南、北分布。宋开宝四年（973），省振州，迁崖州于振州③。这就是说，从宋代开始，崖州专指本岛南部行政区划，一直沿用至晚清。由此可知，李德裕贬崖州，实指其在本岛的北部一带，而非今天意义的三亚市。

表3-3所列15位贬谪人士，仅是这一群体中一小部分④。由于其位高权重，迁移主体因之而具有独特性，成为海南人口构成中极为重要的类型之一。

三 安辑流民

客家人迁入，是政府安辑流民的重要手段之一。清代以降，两广客家人移入海南，以道光时期为界，早期移民称为"老客"，以后称为"新客"。

（一）客家人分布

民国时期，"客家人"在本岛的活动情况："客语，即粤之东西北三江之客籍人民移家来居者。散布于澄迈之大云、儋县之落居、海头、那大，临高之兰洋、和舍，崖县之三亚，定安之思河，陵水万宁交界之牛岭等处。"⑤ 稍后，陈献荣进一步指出："杂住于琼澄定临儋万陵各县，而那大南尤多，业农。"⑥ 人们不禁要问：他们究竟以何种途径、从什么地方、在什么时间内移入？

"早在北宋时期，先期进入赣闽粤边的客家先民，便已陆续渡琼，其

---

① （后晋）刘昫：《旧唐书》卷21《地理4》，第1761页。
② （宋）欧阳修：《新唐书》卷43下《志》第33下，第1100—1101页。
③ （宋）李焘：《续资治通鉴长编》，《四库全书》，第314—203页。
④ 按：唐胄按照"贬官"（降职）和"谪寓"（以削职、罪放等形式）分层别述。以"流寓"中的"谪寓"来记述贬谪人员：隋1；唐5；五代1；宋14；元12；明23，合计56人。而黄佐通志，合二为一，为：隋2；唐8；五代1；宋13；元3；明5，合计32人。本表兼顾其位高权重、学术渊博、对海南贡献三方面。
⑤ （民国）陈铭枢：《海南岛志》，第75页。
⑥ 陈献荣：《琼崖之居民》，《新亚细亚》1937年第6期。

中不乏朝廷官员和商贾之士。"① 以此来推论客家人在海南的源头，然而地方志记载，与之有出入。尽管，也有专著②为此做出积极的努力，由于史料解读缺乏严谨，结论难以令人信服。

（二）早期入琼

《正德琼台志》卷七《风俗·崖州》，如下记载值得关注：

> 迈人、客人俱在崖州，乃唐宋以来仕宦商寓之裔。迈居附郭二三里，及三亚、田寮、椰根三村，在州治东一百里。其言谓之迈语，声音略与广州相似；客居番坊、新地、保平三村，俱在州治西南三四里，又有多银村、永宁乡，俱在州治东一百里。习尚多与迈人同，唯语言是客语，略与潮州相似。

显然，与"潮州"有着密切关联的客语，将"客家人"渡琼的时间上推到唐宋之际。那么，"迈语"如何解释？语言学相关研究成果认为："迈话是混有客家话和粤语成分的一个特殊小方言。它比较接近粤方言，可以把它看作一个由早期客家话和早期粤语混合成的混合方言，可以把它放在大粤语范围之内。"③ 由此，迈人可以作为早期渡琼的客家人的一部分。

（三）清代客家人迁琼情况

1. "老客"渡琼

乾隆十八年（1753）八月，上谕指出：

> 据广东巡抚苏昌等奏称，"琼州为海外瘠区，贫民生计维艰。查

---

① 陈耿：《身在天涯原是"客"》，《海南日报》2008 年 11 月 3 日，B8。
② 古小彬：《海南客家》，广西师范大学出版社 2008 年。按：该著中问题不少。如："由泉、福、两浙、湖广、广南等地来的商船，皆再金银布匹……而由高化等州来的商船，仅载米包、瓦器、牛畜类"。宋神宗元丰三年（1080），琼管体量安抚使朱初平奏章［(宋) 李焘：《续资治通鉴长编》卷 310，中华书局 1979 年版，第 8 页］。作者据此得出："海口浦是……广东高化两州客家先民商船贸易的主要场所"（第 41 页）。转引误差姑且不论，直接将"高化"之人认定为客家人？此外，"客家人的骄傲——文昌宋氏家族"（同著第 152—158 页），这一说法，已经有人提出不同的意见（参见钟一《宋耀如：祖籍山西还是河南？》《宋耀如祖辈是不是客家人》，《海南日报》2011 年 9 月 5 日，B5-B6），钟氏分析较为理性。
③ 欧阳觉亚：《大家小书：少数民族语言与粤语》，暨南大学出版社 2011 年版，第 154 页。

有可耕荒地二百五十余顷，请照高雷廉之例，招民开垦，免其升科"等语。着照该抚所请，查明实系土著贫民，诏令耕种，免其升科，给与印照，永为世业。仍督率所属妥协办理，庶土无遗利，俾该处贫民得资种植。①

这便是为后世方志所称的《敕开垦琼州荒地》②。研究者多认为这道诏书，是客家人规模迁入海南的开始③。然而，民国王国宪在续前志④的基础上，指出："（客家人）本潮州嘉应人。国朝嘉、道间，因乱逃亡，见祥发、怀集、嘉禾数里地多山谷，遂携眷聚处。"⑤ 也就是说，在祥发、怀集、嘉禾等处居住的客家人是因乱于嘉庆道光年间南来，与乾隆的《敕开垦琼州荒地》没有直接关联。该时段渡琼的客家人，称为"老客"。

2．"新客"南迁

清咸、同时期渡琼的客家人，被称为"新客"。同治六年（1867），广东恩平、开平等地发生"土客之争"（即粤人与客家人之争），广东巡抚蒋益澧"分拨客民安插琼州，散处儋、澄、临交界之区"⑥。此次迁入多少人？《石城县志》（即今之廉江县），曰："同治五年丙寅九月至十一月，广东巡抚蒋益澧三次遣恩平、开平客民四千余往琼州，亦有安插高州各属者。"⑦

四 新中国成立后政府移民

新中国成立之初，由于西方国家对我国采取全面的经济封锁和物资禁运，天然橡胶与钢铁、石油、煤炭等一样，成为国计民生中重要的战略物资。1950

---

① 《高宗乾隆实录》卷445，中华书局1986年版，第798页。
② （清）张岳崧：《道光琼州府志》卷38《艺文志·敕》，第855页。
③ 司徒尚纪：《海南岛历史上土地开发研究》，第151页；陈光良：《海南经济史研究》，中山大学出版社2004年版，第127页；牛志平等：《海南文化史》，海南出版社2008年版，第18页，等等。
④ 按：所谓"前志"，应为光绪儋州人王云清《儋州志》，王氏本仅留下《儋耳赋》及前后《序》，藏于广东省中山图书馆，其他内容已佚。
⑤ 王国宪：《民国儋县志》卷2《地舆志·客俗》，海南书局1936年，第198页。
⑥ （清）聂缉庆：《光绪临高县志》卷3《舆地类·前事》，广东中山图书馆藏本。
⑦ （清）蒋廷桂纂：《石城县志》卷9《记述志·杂录》，清光绪十八年（1892）刻本。转引自廉江县地方志编纂委员会《廉江县志》，广东人民出版社1995年版，第753页。

年5月，有着橡胶种植历史的海南岛解放，从而成为国家主要橡胶生产基地，海南农垦逐步发展起来。以此为发端，开启了海南移民新时代。

据1982年第三次人口普查统计，"解放后从岛外迁入海南的人口达83万人，占1982年海南总人口的15%，平均每年迁入2.6万人"①。农垦为主要接纳单位，到1988年止，共接收16.39万人（此时知青已经大部分返城），复员、转业、退伍军人安置等是其人口主要构成②。全岛性的外来移民还包括分配的大中专毕业生、城镇知识青年等。

（一）农垦移民

军队安置共有三次。第一次，1952年中国人民解放军林业工程第一师（简称林一师）③，官兵7612人参加农垦建设，1954年集体转业时留下2006人；第二次，1958—1960年接收部队转业干部392人、安置退伍军人5.13万人、牡丹江农垦局调来转业干部806人；第三次，1970年安置退伍军人1.71万人。总接纳人口为71600余人④。此外，1959—1960年，招收退伍及转业军人家属共4.64万人。至1988年，农垦移民总数16.7万，占农垦职工总人数46.37万的36%。

（二）城镇知青与大中专毕业生

"文化大革命"前后的1964—1975年间，在"知识青年到农村去，接受贫下中农再教育"的号召指引下，大批知识青年进入海南。其中，农垦系统接收安置了来自广州、湛江、佛山、梅县、韶关、海口等地区及其他省市的知识青年（部分为社会青年），累计约10万人。最为集中的时间是1968—1971年，共接纳8.95万人。1976年之后，因落实国家政策，大部分知青调回原籍工作。

表3-4　　　　　　　　1973年海南上山下乡知识青年人数　　　　单位：人

地区	知青人数及去向			返城数	地区	知青人数及去向			返城数
	人数	迁城镇	去农村			人数	迁城镇	去农村	
海口	1798	—	1798	101	琼山	204	—	204	93

---

① 海南省地方史志办公室：《海南省志·人口志》，南海出版公司1994年版，第42页。
② 海南省地方史志办公室：《海南省志·农垦志》，海南摄影美术出版社1996年版，第73—75页。按：下文叙述中，未标明出处者，皆来源于此。
③ 海南省农垦总局：《海南农垦四十年·海南农垦年记》，1991年，第250页。
④ 按：《海南省志·农垦志》曰："以上（即三批安置军队人口）合计8.1万人"，似乎不准确。

续表

地区	知青人数及去向			返城数	地区	知青人数及去向			返城数
	人数	迁城镇	去农村			人数	迁城镇	去农村	
文昌	71	—	71	12	琼海	78	23	55	3
万宁	90	—	90	1	定安	134	26	108	—
屯昌	103		103		澄迈	457		457	
临高	55	2	53	—	儋县	381	—	381	6
琼中	87	17	70		保亭	123	54	69	3
陵水	156	—	156		乐东	104	36	68	2
东方	194	5	189	8	崖县	115	92	23	—

资料来源：海南省地方史志办公室：《海南省志·人口志》，南海出版公司1994年版，第45页。

这则来自1973年海南区公安局的年度统计数字，缺少昌江和白沙（1987年，成立白沙黎族自治县）两县记录。在4150名海南籍知青中，去城镇为255人，占总人数的6%，而94%的人走入农村，返城的现象已经开始出现，但并没有成为主流。这一岛内人口流动，并不是本书关注的重点，但是透过这一现象，可以窥知岛外知青在海南活动大略。

国家分配的大中专毕业生，并不属于知青系列，但是二者在岛内的生活轨迹相似。据1987年11月9日的《羊城晚报》（第一版）报道统计，自解放初至1980年的30年时间内，国家分配至海南的大中专以上毕业生共13700人，其中有11000人先后离开。

第二节 民间自发移民

较之于官方持续的行为，民间移民则具有明显的阶段性特征。逃避战乱是中原大族迁居海南的主要动因。1988年建省办特区之初，"十万人才下海南"，则是以个体为单位进行的。

一 古代移民情况

（一）五代及其以前的移民

谪居儋州的苏东坡，对宋代以前的移民情况，给出一个大略结论，他指出:"自汉末至五代,中原避乱之人,多家于此。今衣冠礼乐,班班然矣。"① 很明显,在以儋州"伏波庙"为记述中心的语境下,移民落籍于儋州。也就是说,在汉代罢郡之后至五代十国期间的近千年历史中,因战乱之故,中原民众迁居海南。苏氏对于儋州移民史大跨度叙事方法,在晚清文献中得到进一步明晰:

  五季之末,神州陆沉。大夫君子,避乱相寻。海门一带,比屋如林。
  当时中原大家世族,纷纷迁徙,相率而来。居儋者则有羊、杜、曹、陈、张、王、许、谢、黄、吴、唐、赵十二姓,或以仕隐,或以戍谪,挈眷踵至沿海一带。皆由黄沙港上岸,皆以种蔗为业。上自顿积港,下至德义岭,皆系客民住云。②

上引材料来自于光绪十五年（1889）中进士、二十六年辞官归里的儋州士人王云清,在光绪三十年编纂本州"志乘"时所作《儋耳赋》及该赋注释中的一段文字。王云清究竟是通过什么材料推论出近千年前,12大姓在"五季之末"迁居儋州？明代唐胄对位于儋州西部四十里高麻都的"黎晓山",如是说:"环山居民多习儒、登仕。又名'德义山'"。③

通过"德义岭"——"德义山"比较,再结合苏东坡、王云清的认识,那么,五代时期及其以前中原移民落籍本岛是可以肯定的。

(二) 宋元时期的闽籍移民

人口学推拉力理论,为了解是时段福建人移居海南提供可能。两宋交替之际的"靖康之难",金兵南下,中原南迁人口不下百万,"四方之民云集两浙,两浙之民百倍常时"④。大量人口向东南一带移动,使得闽东南这一背山面海的狭窄地区产生了巨大生存压力；是时海南处于待开发状态,于是便有为数不少人落籍海南。

---

① （宋）苏轼:《伏波庙记》,《苏文忠公海外集》卷1《记》,海南书局1934年版,第18页。
② （清）王云清:《儋耳赋》,引自王国宪《儋县志》,台湾成文出版社1974年版,第19、36页。
③ （明）唐胄:《正德琼台志》卷6《山川下 儋州》。
④ 杨子慧:《中国历代人口统计资料研究》,改革出版社1996年版,第762页。

1. 文人笔记及方志相关记载

文人笔记主要内容有："闽商值风飘荡,赀货陷没,多入黎地耕种之"①;"闽商值风水荡去其赀,多入黎地耕种"②。宋代海南的"沉香""槟榔"等地方特产,吸引沿着"海上丝绸之路"东部航线而来贸易的福建籍商人。虽然赵汝适、李心传记录没有明确闽籍破产商人落籍海南的具体位置。东部陵水、万州、乐会等地,既有优良港湾,又与境内黎峒毗邻,故而在此落籍可能较大。

《正德琼台志》卷12《桥梁》中记载,在儋州久寓的福建泉州许珏、许康民父子修建大江桥,召集渡海来琼的泉州工匠,宋高宗建炎二至三年(1128—1129)内完成。③ 如果说这一情况仅具有个案色彩,那么万历儋州志对于本地方言"近村落略似闽"④ 的记载,则表明该地的福建人已经达到一定规模。澄迈亦如此,"多闽人寄居,语类闽音者曰客语"⑤。

语言能形成一定规模,恐非朝夕完成。也就是说,晚明清初,儋州、澄迈的"闽音"形成是需要一定时间的。但是,明代规模性外来民众移入上述地区并无记载。是故,闽籍人士密集落籍本岛的大约时间,可以断定在宋元时期。

2. 地名学研究结论

据统计,在海南岛1:100万的行政区划地图出现的527个地名中,有87个可以在福建省地图上找到,占海南总地名的17%。文昌的铺前、东坡、东阁、南阳、湖山、东郊、蓬莱等,在福建省的福清、莆田、闽侯、晋江、长乐、漳浦等地都可以找到;昌江海尾,儋州海头、光村等港湾,也出现在福建龙溪、莆田、晋江等地;定安县的龙门,在福建的漳平、安溪、长乐等县都有⑥。海南东北及东部沿海地区与福建沿海一带,众多一致的地名分布,足以说明移民在地名学上的反映,也进一步揭示了闽琼两地间关联。

---

① （宋）赵汝适:《诸蕃志校释》,杨博文校释,中华书局2000年版,第220—221页。
② （宋）李心传:《建炎以来系年要录》,《四库全书》,第327—673页。
③ （明）唐胄:《正德琼台志》卷12《桥梁》。
④ （明）曾邦泰:《万历儋州志·民俗志·言语》,第23页。
⑤ （清）丁斗柄:《康熙澄迈县志》卷1《风俗》,第28页。
⑥ 司徒尚纪:《广东文化地理》,广东人民出版社1993年版,第41—42页。

3. 族谱证据

海南诸姓氏的谱牒，对其迁琼始祖的记录，在迁入时间多集中于宋元时期，最早落籍地点集中在文昌、海口、琼海、万宁等地区，可以作为佐证。诸多家乘对迁出地——福建莆田甘蔗园的集体记忆，与之相映成趣的是，今天的海口市琼山区府城也有以甘蔗园命名村落。其移民情结，由此可窥一斑。

表 3-5　　　　　　　　　　迁琼六十五姓氏谱系图

始祖	迁出地	时间	迁入地、原因、事迹	现居地	资料来源
王委周（字子南）		宋景炎丙子（1276年）	定安。洪武六年（1372年）三世祖良公再迁（定安）南九，为南九开基之祖	琼海、定安；有子孙迁居南洋一带	《南九王氏族谱》，1979年续修
王悦（讳居正，字刚中）	河南开封福建莆田	绍兴二十一年（1151年）	抨击宰相秦桧之奸诡，被贬外放。初寄居扬州，继而落籍莆田，后终老琼州	文昌、琼海；有子孙迁新加坡、马来西亚等国	《三槐谱录》（琼崖王氏祠成立六十周年纪念特刊），1986
王斗乾（字星轴）	雷州	元世祖十三年	奉命征珠崖，率兵削平万安，随卜居万州之葵根岗；三世章公，迁居乐会白石之石塘	琼海、万宁；有子孙迁居南洋	《王氏家谱》文魁堂，1984年续修
一世（讳有益）	浙江		太祖：南宋时自浙江会稽仕琼司户，遂乐而居迈汤；一世：失考。旧传葬村六山，宋末元初，以文谟武略著闻。元涎佑初，抚大锡白石莫，授翼千户。配迈汤范氏，范官之女。生卒葬俱失记。生男，德钦	琼海、万宁、澄迈、陵水、琼中	《王氏有益公家谱》，1994年续修
王宗裕（盛德公之子）	山西太原山东琅琊福建	明弘治1487—1505年间	宗裕公进士，弘治间宦万州训导。满任后卜籍于万州后坡村。生男二，有福、有义。	万宁	《王氏族谱》三槐堂，1995年续修
王则琼字萃英号怀州	福建福州府古田县	明洪武戊甲（有误）	与子国珍奉调来琼平黎。钦赐武进士，在珠崖郡与次兄则麟会合，后定居乐会，卒于官，寿七十八。妣郭氏，享年七十二。合葬泊寮村莽山溪圯上，坐北向南	琼海、万宁、陵水、香港、台湾；新加坡马来西亚	《王氏族谱》太原堂，1996年续修
王琳	福建福州	东汉	渡海，总管南黎，卜居澄迈客里乡宝登村，后改为富雄	临高、澄迈、定安、儋州、琼山	《临高王氏宗谱》，1998年续修

续表

始祖	迁出地	时间	迁入地、原因、事迹	现居地	资料来源
王天祥（字瑞五，号辑甫）	福建莆田县甘蔗园	南宋咸淳六年（1270）	宋进士，敕封曙世王佐大真人。兵战不休，渡琼卜居澄迈新安都（今金江镇高山村）。元世祖十六年，诏为琼州路安抚使，赐姓奥里。大德十年（1306）平乱澄临会儋有功，升为慰司都元帅。姚石、李、莫夫人，葬枰栏岭，坐西，有碑。生五子，仁义礼智信。仁智居澄迈，义礼居临高，信宦居高州	澄迈、临高、儋州、昌江	《王氏族谱》（渡琼始祖天祥公谱系），2001年续修

《临高王氏宗谱》（1994年续修），迁琼始祖50位之多，来海南时间、始祖情况无载，迁出地为"福建莆田"，居住地为临高县。其余王姓共12种族谱，以"王悦"为迁琼始祖共6种①，《三槐谱录》（《琼崖王氏祠成立六十周年纪念特刊》，1986年）当属于该族的连宗谱。

表3-6 　　　　　　迁琼六十五姓氏谱系图（续表之一）

始祖	迁出地	时间	迁入地、原因、事迹	现居地	资料来源
孔承思（字圣宇，号鲁亭）	广东省邓岗乡	明正德三年（1508）	卜居会同太平都	文昌琼海屯昌陵水万宁澄迈昌江，港台，韩美德日马来新越加澳洲	《孔氏家谱》，1999年续修
韦执宜②（767—814，字宗仁，号文静）	江苏铜山	唐元和806年	翰林学士，永贞年间，擢为礼部侍郎，参与王叔文政治改革，宪宗即位后贬崖州参军司户摄理郡事，府城西南郑都（今琼山十字路新联乡雅咏村），死于贬所，享四十五岁	琼海 新加坡马来 澳大利亚美国	《韦氏族谱》乐会京兆堂，1987年续修

---

① 按：王氏过琼公——王悦（讳居正，字习之），以下几部族谱有着相同记忆：《王氏族谱》，1979—1981年续修；《王氏族谱》尊三堂，1985年续修；《（孟里）王氏族谱》，1987年续修，该谱指出"建炎己酉（1129年）科第七名举人殿试二甲第一名进士。由南京率长子渡琼。姚李氏，宋丞相李纲长女。生二男，斗魁、斗起（仍住南京）"；《源流集·琼州王氏》，1992年续修。海南大学图书馆周唐工作室藏本。

② 按：《韦氏族谱》，清乾隆三十年续修。该谱指出：韦执谊，"谥文静公"，迁出地为"福建兴化府蒲县"，对韦氏迁琼始祖描述为：唐德宗甲戌年举进士，官翰林礼部尚书，内阁丞相。后贬崖州参军司户兼摄琼郡事，迁琼山郑韦村。娶宰相杜黄裳之女，次娶范氏。并葬郑都迈草地。生子承讽，字子翼。海南大学图书馆周唐工作室藏本。

续表

始祖	迁出地	时间	迁入地、原因、事迹	现居地	资料来源
云海①	陕西巩昌府成州	元至元六十年	宋进士,任陕西总督。元,袭祖荫,镇守海南万户,转安抚使。卜居文昌县头苑(原菟湾)村。娶苟氏,继宋氏。生一子,从龙	文昌、泰国	《云氏族谱》,光绪甲午重修
方进(字德良,号梅轩)	福建省福州莆田坎头村	明朝	明代奉训大夫,加知文御,任龙泉县知县。弘治甲子举人。从粤渡琼,卜居琼府城西门甘蔗园。配诰封五品宜人曹宜人。生五子,大业、大宪、大魁、大造、大成	琼海、临高、文昌、定安、屯昌、澄迈、海口	《方氏家谱》六柱堂,光绪乙未年(1895)续修
文天瑞(号东山)	江西庐陵富田宋末至惠州	宋末元初	信国公文天祥堂弟,宋嘉熙庚子(1240)五月初九生,元大德戊戌(1298)五月初三卒。宋末随堂兄文璧至广东惠州,娶冼氏,生子远,字应麟。元灭宋,只身渡海迁琼万宁梁村(今乐来桥头村一带)。再娶王氏。生子四,举焕炳炜	万宁琼海琼山澄迈屯昌定安陵水文昌保亭中国台湾、新加坡、马来西亚、印度尼西亚	《文氏族谱》,1986年续修
大英公	河北南阳		居临邑(今儋)禄罗村,家业颇丰,田园甚广,未至三代败完。娶妻黄氏,生三男,连玉、明玉、清玉	儋州	《邓氏族谱》南阳堂,1997年续修
海清公(字升平、潮平)	福建兴化府莆田县坎头村	宋徽宗崇宁三年	敕授光禄大夫,钦命宣慰使、珠崖总镇,仁义抚化黎民。任满,立籍琼山独坡都,家居边海之南,村名迈便(今文昌会文镇龙家村)。配庄、戴、田、石二品夫人。生二子,进璋、进昌;义子,日晔、日旺	文昌琼海定安琼山万宁三亚屯昌澄迈陵水临高乐东琼中中国台湾 新 马 来 美法越	《龙氏族谱》来鹤堂,1993年续修
多逊公	河南怀州河内今河南沁源县	982年	后周世宗显德二年(955)进士及第,为宋太祖相,后与宰相赵普有隙,谪迁珠崖,任崖州知事。985年卒于贬所,享年五十二岁	琼海万宁定安屯昌澄迈新 马来 印尼 缅甸 泰国	《海南卢氏族谱》范阳堂,1991年续修

---

① 按:文中"至元六十年"有误,元世祖至元三十一年(1264—1294)、元顺帝至元六年(1335—1340),无六十年之记载。应为元世祖至元十六年(1279)之误。此外,尚有《云漫天涯——琼粤云氏今与昔》,1998年编,见海南大学图书馆周唐工作室藏本;《云氏族谱》(成书年限无载),以"云从龙"为迁琼始祖,曰:云海之子,字无心,号维山道人。"南宋末"迁琼,主要事迹为:景定壬戌进士。历任湖广邑州安抚使、琼州安抚使、海北海南道宣慰使、湖广安南等处行中书省参知政事。殁而赐葬岭南,后嗣因家于琼

续表

始祖	迁出地	时间	迁入地、原因、事迹	现居地	资料来源
时隆公	福建	明初	旧谱失传。宦于琼，因家焉。卜居徐家沙港乡星霜。生三子	定安琼海 新加坡、南洋一带	《史氏族谱》三相堂，民国十五年续修
更生公	广东省蕉岭县黄坑村	1760年	是年南渡，陵水圩居住，做些杂货小贩生意，与当地黎族游氏女结为夫妻。1770年，迁居于儋州南丰地区。生一男，星隆	陵水、儋州	《叶氏族谱》，2005年续修
叶茂公（1231—1322，字实卿）	台州府临海上山村		浙江望族。宦琼紫贝县令而居文昌。原配金氏，被封为孺人。生四男，书、学、正、直甫	海口琼山临高定安澄迈屯昌琼中文昌港台 泰美新加	《琼州叶氏族谱》，2006年续修
丘氏①	河南福建莆田	宋元之际	祖世官千户侯，宋末奉命攻雷城，军溃，随偕李公念七、王公念三等七十三人渡琼。因家为琼山下田之丘（一说为卜居于仃迈上山村）。生子二，恭喜、恭固	定安琼山儋州澄迈陵水	《丘氏族谱》可继堂、依草堂，1980年续修

需要指出的是，在方志记载中，丘氏迁琼始祖丘均禄（丘濬曾祖），来自福建晋江，为元末海南元帅府奏差，后落籍琼山；子，丘普（丘濬祖父），为明临高医学训科；第三代为丘传（丘濬之父）②，这一记载与可继堂、依草堂续修的《丘氏族谱》有所区别。

表 3-7 　　　　　迁琼六十五姓氏谱系图（续表之二）

始祖	迁出地	时间	迁入地、原因、事迹	现居地	资料来源
文俌公③	福建莆田 广东	南宋	祖先闽之莆田涵头村人，先世为高凉太守，其子统兵南征，随家于琼之澄迈。而葬于陶公山。宋南渡，海南卫副将文俌公迁居内义丰卿桥头里。娶赵氏，生子朝璋、真助	澄迈琼海文昌万宁 香港、台湾、新加坡、泰国、马来西亚	《冯氏族谱》笃庆堂，1990年续修

---

① 按：《琼山邱氏家谱》，咸丰九年（1859）修，该谱指出，迁琼始祖为"硕公"，迁出地为"河南固始——福建晋江"，为"丘濬可继堂"。

② （明）唐胄：《正德琼台志》卷40《人物5 封赠》、卷37《人物2 高行》。

③ 按：冯氏谱，现存最早版本为《冯氏家谱》，光绪戊申1908年续修。《海南冯氏族谱》大树堂，1981年续修，与（笃庆堂）本子为同宗谱。

续表

始祖	迁出地	时间	迁入地、原因、事迹	现居地	资料来源
光进公	陕西	宋景德	智戴公长子。宋景德间，因战功封赐银青光禄大夫、国子监祭酒兼御史武骑尉。后同其弟光帝从高凉州渡琼征讨内乱，定居今万安州后安城东排沟屯；光帝卜居乐会龙潭屯	万宁澄迈琼山有子孙迁往东南亚一带	《冯氏族谱》纪善堂，1987年续修
永辉（字昌明，号寿亭）	福建莆田	元朝至顺癸酉年（1333）	进士出身，琼山知县。住中珠乡莫村都二图孝场老埔村，葬琼海朝阳乡教场老埔园。配覃氏，生男普映	琼海定安、中国香港、新加坡	《冯氏族谱》大树堂，1989年续修
细歌	福建	宋淳熙	光地子，宋淳熙三年及第，发迹闽山，官琼州正堂，家琼山墩头村。配王氏，生男佛孥，赐文林郎	琼山万宁琼海陵水	《海南冯氏族谱》大树堂，1992年八修
冯盎（字明达，号朝瑞）	高州	唐贞观	南陈宣帝太建元年（569）生，冯宝、冼夫人之孙，冯仆次子。历封高州刺史、金紫光禄大夫、汉阳太守、八州总管。贞观二十年盎公逝世。唐太宗追赠左骑卫大将军，荆州都督。葬广东阳江县城东门外。生子，智戴、智戣、智彧、智玳	澄迈	《冯氏族谱》（澄迈石矍英公支），2002年续修

上述记载的冯氏族谱中，"大树堂"为堂号，分修《冯氏族谱》及《海南冯氏族谱》，就迁琼始祖来看，不是一个概念。

表3-8　　　　　　迁琼六十五姓氏谱系图（续表之三）

始祖	迁出地	时间	迁入地、原因、事迹	现居地	资料来源
开文公	福建莆田甘蔗园	宋淳熙丁未	由孝廉选授琼山知县，占籍琼山。因久于官，乐其风土，随居于琼	海口琼山三亚香港地区、南洋一带	《孙德秀分族谱》，1989年续修
德美公（号道轩，谥廉毅）	福建莆田孝义里洋尾邨	弘治七年	明赐进士出身，官户曹员外郎。弘治七年任雷琼按察金事，清廉著绩。任满居琼。妣林恭人。葬、派男不考。妣柯恭人，生二男，长克成，次克彦（居海康县迈卢村）	雷州琼山文昌	《李氏家谱》江国堂，光绪戊申年（1908）续修
讳仁（字秉元）	福建福州府（今兴化府）莆田县岸头村	南宋	生于南宋绍定二年，淳佑壬子科举人，应城县、澄迈县知县，宋亡归ого。年五十一归之曾口（今卜罗）。娶林氏（闽同县进士林维蕃公之女）。生七男，世荣、英、雄、奇、豪、杰、标。享寿七十六	琼山澄迈定安屯昌文昌临高海口 新加坡、印尼	《李氏族谱》敦仁堂，1979年续修

始祖	迁出地	时间	迁入地、原因、事迹	现居地	资料来源
材卿公（讳淑灵，字赫濯）	福建莆田	宋	以赐进士而谪琼，任澄迈县令，治吏官。妣郑氏	琼山琼中琼海海口临高澄迈马来、新加坡	《李氏族谱》尊亲堂，1980年续修
三畏公	福建兴化莆田亲庆里	宋至道	宦游于琼。定居万宁琉川	万宁澄迈定安乐东琼海陵水海口台湾、南洋	《李氏族谱》陇西郡敦仁堂，1989续修
讳侃公（号亭山）	福建泉州崩坎村	宋庆元三年	避乱。南游琼海，隶籍官隆图。妣符氏，同葬官隆图。生一男，李庸	海口琼山屯昌陵水澄迈文昌定安，港台，马来等南洋	《李氏族谱》，1987年续修
会霆公（字子精，号电江）	甘肃陇西福建莆田		进士。惰于官，缓客于琼。乐山水之清秀，爱风俗之淳厚，由闽居琼	琼海万宁陵水泰、马来、新	《李氏族谱》青莲堂，1997年续修
日新公	甘肃陇西	宋咸淳间	进士恩荫而为柳州刺史，稍忤旨，帝遣之雷邑郡太守，抵琼，仕文籍	台湾香港新、马来、文莱、印尼、越、澳	《李氏族谱》培桂堂
成公	福建莆田	元元统至元间	唐高祖二十太子元祥（封江国公）后代李崇智长子。元皇庆元年生，与从兄思喧入琼，居文昌官坡村	海口文昌泰国、新加坡、印尼、美国	《李氏后裔溯源纪实》，李诗淑主编

表 3-9　　　　　迁琼六十五姓氏谱系图（续表之四）

始祖	迁出地	时间	迁入地、原因、事迹	现居地	资料来源
吉氏[①]士权公	福建莆田	明初	昌江任儒学正堂。娶妣陈氏。生四子，长邦俊居昌荣村、次邦豪移崖冲坡、三邦祥临高、四邦杰返莆田	东方昌江乐东临高	《东方市吉氏支系总族谱》，2001年

[①] 《迁崖吉氏族谱》（2001年修），指出：迁琼始祖"士诠"，迁出地"福建莆田"，迁琼原因及情况为"由闽来琼，任昌化邑教谕，因家焉。传四子，长子邦俊居昌、次子邦豪居崖、三子邦祥居临、四子邦杰归原籍"，居住地为"昌江、临高"，见海南大学图书周唐工作室藏谱。

第三章　汉族聚集与人口的国际流动

续表

始祖	迁出地	时间	迁入地、原因、事迹	现居地	资料来源
十二公①十三公	河北自汴州而潮（今浙江杭州府）	南宋建炎	十二公，资政大夫，妣张氏夫人，居文昌之观霄；州长兼纲使十三公，妣陈氏安人，居文昌之水吼	文昌琼海万宁儋州屯昌东方香港、马来、新、泰、越、印尼、法	《海南省邢氏家谱》，2001年续修
伍氏②（宗德公，字启象，又字名一，号福琼）	莆田坎头村	明景泰间	落籍府城西门坡居麻园口（今甘蔗园），葬天君庙侧向园东。妣卢夫人，葬文昌东郊邦塘村。生三男，仁、智、勇	琼山文昌万宁屯昌澄迈陵水海口琼海定安昌江三亚临高台、马来、新	《海南伍氏总谱》忠孝堂，1990年续修
朱氏③朱廷玉（字振声）	嘉兴府海盐县西厢朱家巷	北宋	宋咸平四年（1001），苏州太仓县总御千户。景德二年（1005），率兵征讨海盗，在琼娶国民为妻。生八子，圣护、谟、训、甲、诰、诏、奉、保。时称"八龙"	琼山定安琼海万宁琼中保亭昌江东方乐东屯昌白沙文昌陵水台，马来新韩美	《海南朱氏宗谱》万宁卷，1997年续修
刘氏④十一世圣保公	福建莆田坎头村、盖堡村	元	雷琼教谕，家于万州之新泽	万宁	《刘氏族谱》校书堂，彭城郡，1985续修
绩公	山西平阳江苏镇江福州汀州	元	雷琼教谕。圣殊、圣保二公随从兄任，绩公任满告归，殊、保二公爱琼山川，定居新泽，后殊公自迁渭边	琼山万宁琼海文昌定安澄迈屯昌琼中儋州临高	《刘氏族谱》（万州版），1996年续修
许模公⑤（字元范）	福建莆田		乡进士，琼州通判。居文昌东阁。生三子全、金、企。全与父居文昌，金琼山卜正，企临高奇地	琼海万宁陵水	《许氏族谱》高阳郡，月旦堂，1989续修

① 按：《邢氏家谱》海南禄祖万胜系，1988年续修，以"十三公　肇公"为迁琼始祖，迁出地为"河北邢台"，主要事迹为：宁纲使。偕兄十二公南来旋渡琼，居文昌水吼。配陈安人。生一子，允敏。卒于孝宗辛卯（1171）年，同陈安人全葬石鼓尾大劲山之原。

② 按：《伍氏族谱》忠孝堂，洪宪元年续修，德公为迁琼始祖，迁居时间为"明洪武二年"，"以教谕而谪于琼，卜居文邑水北。生三男，仁、智、勇"。为《海南伍氏总谱》之早期版本。

③ 按：《朱氏家谱》（仅存卷首）认为，该支以"细英"为迁琼始祖，迁出地"福建莆田县坎头村"，迁徙原因为"朱淳八年（?）任琼郡蒲于官举"。其他情况不明。

④ 按：《刘氏族谱》黎照堂，彭城郡，1992年续修，仅存第七卷，至于其迁琼始祖等无载。

⑤ 按：《许氏族谱》，1963年续修，迁琼始祖"模公，字圣哲，号宏楷，谥元范，葬文昌五龙港抱虎岭。妣夏氏宜人。生子全、金、企"。

续表

始祖	迁出地	时间	迁入地、原因、事迹	现居地	资料来源
劳氏（讳温敏）	山东	洪武六年	公素习地理，越粤观风来琼州府西门外住，移临高道灵桥伯村。妣王、李氏，同葬居禄（道灵伯村），生男永昌，一女，谥懿惠	海口定安临高澄迈 台湾 南洋一带	《劳氏族谱》茂源堂，松江郡，1980年续修
讳其慎（字谨斋，号敬庵）	福建莆田	元	元至治壬戌年（1322）生，福州海驿长，平海有功，授漳州把总，后授琼海卫清昌新千户侯。致仕籍文昌迈陈都一图严村，洪武丁卯年卒。与曾氏恭人合葬于南托园田头村。配陈氏、曾氏恭人。生五男，明仁、理、义、智、信	文昌万宁琼海临高定安海口儋县陵水琼山澄迈琼中屯昌新 马来美中国香港	《严氏族谱》富春堂，1992年续修
杨氏①观公十五世祖	福建	元至正间	赐进士。由闽莅琼，万安知军，继任郡安抚使，元末因家。恭人范氏太君。生二男，长弘凯，次弘亮	万宁琼海澄迈马来西亚 新加坡 泰国 香港	《杨氏族谱》三鳣堂，1988年续修
希尧公（讳乃文）	福建兴化府莆田县乌石山	元至正十五年	元延佑四年生，洪武二年卒，年五十三。由闽入广东，提举司。至正十五年，奉例安置海南，博鳌多乳坡。妣俞氏，诰封宜人；继妣吴氏	琼海琼山定安万宁文昌保亭琼中临高 香港 新 马来 越美	《杨氏家谱》弘龙郡，戴德堂，1989年续修
仲奎公	福建兴化府莆田县乌石山大蒲村	元大德年间	与弟仲智、仲贤同悙公乃文子。莅广东提举使，闻琼珍宝文物之邦，元大德与弟偕来。智居琼，贤居万，公居文昌永都六图玉尺尾。妣邢氏	临高文昌万宁琼海儋州 泰国	《杨氏族谱》，2001年续修
吴氏②（讳贤秀，字敬之，号壶邱）	福建莆田	唐永贞乙酉年	唐乾元乙亥进士，户部尚书。永贞乙酉，由福建莆田入琼山唐顺宗殊恩，赦赐铜牌四面来琼，居郡城东张吴图都化村。妣王氏，一品夫人。生三子，理、玫、现	琼山琼海澄迈定安文昌万宁儋州屯昌临高	《吴氏合族谱》三在堂，1979年续修

---

① 按：《杨氏族谱》道南堂，1980年续修。迁琼始祖"元至正，十五世祖观公允武公子，字觉由，号南光"，主要事迹为"顺宗丙戌科进士及第，由闽莅琼，万安知军。继任安抚使，元末，家于琼，寿六十八。恭人范氏。子二，长宏凯（万州）、次宏亮（琼州）"。

② 按：《良智公族谱》，1997年续修，迁琼始祖为"吴贤秀公，号壶邱"。《吴氏族谱》至德堂，1985年续修，现居地"台湾 新加坡 南洋一带"；《南洋吴氏宗谱》，1976年续修，迁出地为"江苏"，居住地为"马来西亚 新加坡"，其他情况表不明；《吴氏合族谱》三丰堂，1981年补修，迁琼始祖不明，迁出地"福建莆田"，现居地为"琼海琼山文昌万宁"。

续表

始祖	迁出地	时间	迁入地、原因、事迹	现居地	资料来源
何氏仁德公（字懋昭，号炳南）	福建兴化府莆田县牛田咸头村	宋	宋进士及第。应天府知府，解任雷州府知府，宋多难，与二公子珍、珊择居文邑	琼海万宁屯昌琼山三亚陵水港台以及新马泰	《何仁德公家谱》三英堂，庐江郡，1989年续修

表 3-10　　　　　　迁琼六十五姓氏谱系图（续表之五）

始祖	迁出地	时间	迁入地、原因、事迹	现居地	资料来源
陈氏拱宸①	福建莆田甘蔗头村人	宋淳佑	宋嘉定八年生，宝佑卒。淳佑九年乡试举人。官文林郎，特授文昌县正堂。元乱，遂以官为家，后落户文昌县湖山区溪尾村（溪梅村）。妣余、黄氏。生一男，仲达（余氏）	琼海文昌琼山澄迈万宁陵水香港澳门泰国新加坡越南柬埔寨	《陈梦公族谱》德星堂，1989年续修
讳豪②更名好	福建泉州晋江县杨林里	宋建炎间	宋大学士。游于杨龟山之门，后游太学。建炎间，与太学陈东上书乞留李纲，罢王潜王彦伯，谪琼。赘苍原千户温朝珍女，遂籍而居。生八子，老迈念故乡，与第八子治荣复返晋江归终。	琼山文昌琼海儋州定安 香港泰国	《陈氏家谱》德星堂
张氏天宿谥文端	福建福州府古田县	南宋	万州司训，宁宗年间离任，住琼。妣史氏，封八品孺人。生三男，瑞全、傛、尹	琼山	《张氏家谱》长发祠，光绪甲辰（1904）年重修
有文③名德全字守恭	福建莆田涵头里村	南宋开禧年（1205）	宁宗时举人。奉旨任琼山知县，携带父一经和胞弟有义及夫人陈氏，后继夫人王氏一起在琼定居	琼山屯昌琼海文昌定安儋州澄迈琼中	《张氏师拱公支族谱》清河郡，孝友堂，2004年续修

---

①　按：《陈氏族谱》昌文大宗祠，1987年续修；《陈氏族谱》德星堂，1995年续修，其迁琼始祖皆为"拱宸"。此外，《琼崖陈氏族谱》1960年续修（新加坡），现居地为"文昌"，迁出地"福建莆田 广东阳江"，其他情况不明。

②　按：《海南陈氏族谱》，德星堂，永思堂，1995年续修，迁琼始祖为"豪，字廷俊，号刚峰"。与《陈氏家谱》德星堂为同宗谱。

③　按：以"张有文"为迁琼始祖的族谱有6个，分别为《张氏族谱》，1936年续修；《张氏族谱》孝友堂，1980年续修；《张氏史料汇编》，1990年（第一期）；《高林张氏家谱》孝友堂，2002年续修；《张氏家谱》（高林）孝友堂，2003年续修等。

续表

始祖	迁出地	时间	迁入地、原因、事迹	现居地	资料来源
万户公①（字殷盛，号文帝）	福建莆田县小田村	元延佑元年	特授指挥使。与弟万诚（住文昌栏村）、万里（在琼山莲塘）同来琼，入籍文林图十老里，住冯君村。妣正品吴恭人。生二子，继乾、威乾	定安琼山泰国等	《张氏史谱》清河郡，孝友堂，1984年续修
爔公行六	浙江	元	进义郎。至正间卜居五原都滨涯村。生一子，大	琼山澄迈	《张氏族谱》
昭公	浙江	元	任进义郎，顺帝至正九年卜居五原都滨涯村。生一子，大	澄迈琼山儋州	《张氏家谱》，1992年续修
愢公（字诚之）			生成化乙酉年，卒正德甲戌年。娶大林林氏。生二男，大任、大韶；一女，适陈官寨冯	琼山	《张氏竹墩村愢公支谱》（琼山县）
天卿公 天球公 天炳公			卿、球公，生卒失记，入琼始被水没亡；炳公，生卒失记，配妣氏。生四男，登朝、任、瑾、邦	琼海	《张氏史谱》清河郡，孝友堂，1990年续修
范氏作辉公	广东惠州府陆丰县田心坝村	清乾隆年间	生乾隆壬申年，卒于道光癸卯。乾隆壬申年，独帝来儋洛基乡富豪村。妣彭氏。生二子，天生、天成	海口儋州琼山	《范氏族谱》，2001年续修
暹公② 官邦荣	河南卫辉 福建莆田	北宋	出任琼州安抚使，卒于任。与夫人王氏合葬于琼地权寨岭，俗称交罗岭。生二男，洵武、洵仁	文昌陵水海口台湾越南马来西亚	《林氏族谱》十德堂，1984年续修
裕公③	河南蠡县山东济南徐州福建	唐昭宗光化二年（899）	唐乾宁间进士，初为琼山县知事，后擢升琼州同知	琼山澄迈定安屯昌临高文昌琼海万宁海口香港；泰新马来	《林氏克明谱（谱首）》，2005年续修

---

① 按：以"万户公"为迁琼始祖的还有《张氏家谱》孝友堂。

② 按：以"暹公"为迁琼始祖的还有：《林氏族谱》十德堂；《林氏族谱》九牧堂，1980年续修；《林氏家谱》敦陆堂，民国己巳年续修等3部。其他如迁琼始祖等资料阙如的：《白延林氏族谱——五房通传之一》，1843年续修；《林氏克明祖系大宗主谱》，1990年续修等。

③ 按：以"裕公"为迁琼始祖的还有：《琼州林氏族谱》十德堂，1988年重修；《林氏家谱》忠孝堂（残本）。

续表

始祖	迁出地	时间	迁入地、原因、事迹	现居地	资料来源
欧氏① 达公（字元发，号恢亭）	福建莆田坎头村	咸淳（1265）年	宋乡进士，授职来琼，官紫贝县知县。适宋末元兴之际，俸满卜吉居住籍青一图贯变（今昌实）村。娶邢氏，生一男，旺	陵水文昌琼海澄迈万宁 印尼新加坡	《欧氏家谱》平阳堂，1987年续修
欧阳氏品升公		明洪武年间	渡琼入万州，生三男，弼、浩、先	万宁海口琼中文昌；印尼南洋一带	《欧阳氏族谱》房门仓，1990年重修
二潭公	福建	清晚期	雷州半岛，渡海抵琼，临高乌桀港暂住，迁儋县和庆镇美扶村。生三男，庠生文才，处士文鼎、文炳	儋州 台湾	《卓氏族谱》，1991年续修
卓氏② 昭公（字辉烈）	福建福建县福苍乡	明洪武十二年（1379）	身居都统，奉命来琼，治乱安民。卜居万宁乌场村。娶刘氏，生五子，垂统、绪、裔、典、谟	陵水保亭琼中三亚琼山儋州海口，台港；新马来美	《海南卓氏源流志要》，2002年续修
秀梅公	福建	宋	翰林学士，由南闽迁琼，原居石念之梅里	无载	《周氏族谱》庆观堂，1951年续修
仁浚③	河南 福建莆田	北宋开宝	翰林学士。平岭南有功，为琼州知县。初居甘蔗园，卸任后入琼山，居府城附近上那邑，后移居酒塘（今龙塘镇）石陵、北让村。妣梁氏，生三男，义田、圻、勇	岛内各市县 台湾 香港	《海南周氏宗谱》爱莲堂，2002年续修
竺氏声音（字致佳）		明	入琼籍，居龙袍屯，今改为福兴村娶赵氏，生一子，任隆，字誉庆	海口那大保亭陵水 南洋一带	《海南竺氏族谱》，2002年续修
郑氏	福建兴化府莆田县			文昌儋州澄迈临高陵水 泰国越南	《郑氏联修族谱》书带草堂（残）

---

① 按：以"达公"为迁琼始祖的有：《欧氏家谱》太乙堂，洪宪丙辰年（1916）续修；《欧氏族谱——梁公谱》敦睦堂，1968年续修；《欧氏宗义祠堂族谱》等。

② 按：以"昭公"为迁琼始祖的还有《海南卓氏源流志要》，2001年续修，指出迁出地为"福建莆田"。

③ 按：《岐阳家乘——仁德公裔周氏族谱》，以"仁德公"为迁琼始祖，迁出地"福建"，其他无载。

表 3-11　　　　　　　　迁琼六十五姓氏谱系图（续表之六）

始祖	迁出地	时间	迁入地、原因、事迹	现居地	资料来源
柯氏则公（字孟范）	莆田县安乐里	明	状元潜公孙，迪公郎，任海口分县左堂，宦游为乡，卜居下男陶郎流厚新村三村。娶琼山邱氏。生二子，志善、志昌	万宁定安儋州琼山海口屯昌文昌临高有子孙迁番邦	《柯氏续修族谱》双柏堂，1982年续修
钟氏①明显公	福建莆田	宋	徽宗壬寅年生，孝宗丁未年卒。中进士任知县，镇守琼州。晚年择居琼邑山图头山村（今琼山石山荣堂村）。生三子一女，长维统，拔贡；维信，岁贡；维纶，处士	琼山海口台湾	《始祖钟明显族谱》，1996年续修
始德公行一	福建莆田	洪武四年	同年弟二人，皆参将，统兵安琼。始仁公住文昌、三弟始智公住临高。始德公籍乐邑博鳌缚汀洲村，配卢氏。生三子，旺；明，往崖州；昱公，入赘万州，失偶仍归乐邑	文昌临高琼海三亚 香港马来 新加坡	《钟氏家谱》，2003年续修
姚氏佳文鸿公	福建莆田县坎头村	明初	洪武间赐进士，定安县正堂。任满后定居海南。妣真氏，诰封七品孺人，覃恩晋封六品安人。生一男，士琦（庠士）	定安琼海万宁屯昌马来西亚	《姚氏族谱》，1993年续修
郭氏元吉公	福建	宋孝宗	由闽入琼，官评事。住琼郡东门，公仝京祖迁文邑水一三加村。妣曾氏，生二子，京、亮	文昌澄迈迁居外洋	《郭氏家谱》
洪氏②（念斋，号八公）	福建兴化府莆田县	宋末	进士。自闽渡海卜居琼之琴山村	儋县澄迈琼海文昌定安乐东临高琼山	《洪氏族谱》敦煌堂，1996年续修
恭万公③（字大彪）	福建连宁府莆田县黎山村后移同安	北宋显德三年	调任千户戍琼镇守西南境，置南建州，今定安，卜居建江上里，以姓名名莫村。娶苏氏，生一男，佛生	定安琼山万宁台湾马来西亚	《莫氏族谱》大观堂，1995年续修
大宗（谥用寅公）	江西九江	明嘉靖二十六年	特授乐会县升署万州正堂，肇基于万之西村。生二子，登遗、登选	琼海五指山陵水三亚海外	《夏氏族谱》会稽郡，清溪堂，1993续修

① 按：《钟氏族谱——海口市石山镇美岭典读村》，1987年续修；《钟氏渡琼始祖史谱》，2000年续修，皆以"明显公"为迁琼始祖。此外，《钟氏族谱》颍川郡，至德堂，1979年续修，居住地为"屯昌 定安 琼中 琼海琼山 澄迈 万宁 儋州 南洋一带"，其他迁琼始祖、时间等信息不全。

② 按：《洪氏宗谱》1981年，迁出地"徽州婺源黄荆墩 饶放乐平"，其他不详。

③ 《莫氏族谱》钜鹿郡，成观堂，1993年续修，"恭万公"迁琼始祖，与《莫氏族谱》大观堂为同宗谱。有些差异，如迁出地"福建泉州同安"、时间"宋熙宁"等。

续表

始祖	迁出地	时间	迁入地、原因、事迹	现居地	资料来源
翁氏① 佛生公	福建	元成宗大德七年（1303）	拜职招讨使，统兵渡琼抚黎。隶籍于文而万而乐。生一子，儒公	文昌万宁琼海陵水；台湾新加坡泰国	《翁氏族谱》六桂堂，1987年续修
徐氏 禧公	江西吉安府龙泉县大路坡村	元文宗至顺三年（1332）	同其子渡琼，居澄迈北罗沙尾洋上。妣程氏，子，必达	澄迈定安临高屯昌琼山万宁港，新马来法	《海南徐氏族谱》龙凤堂，1989续修
海答儿公②	番禺	明洪武七年（1374）	从军海南海口之西壮隅（即今老容、白沙等村）。四子，福、宁、宇（乏嗣）、信（乏嗣）	琼山	《海氏族谱》，光绪三十二年续修
宗敏公	福建泉州同安县	宋	由化州官琼，致仕琼郡书院山长。娶下郭杨氏安人，生四子：乐，进士，官知县；芳，恩贡；应，举人，户部主事，升扬州知府；柄，乡官	文昌屯昌琼山儋州；香港泰越新马来美德老挝	《凌氏家谱》六桂堂，1996年续修
唐震公		宋	妣孙氏，生一子，叔建	有子孙迁南洋	《唐氏家谱》特奏堂，1982年续修
陶氏	江南凤阳		以官入琼，遂籍于琼	琼山	《陶氏族谱》翰苑堂
箎公③（号方塘）	河南 福建莆田	宋哲宗	少进士，安抚岭南诸郡，知琼州事。琼地炎荒，瘴气常生，行年三十一而卒于任。妣王氏，抚养其子京	琼山文昌定安澄迈儋州屯昌台 马来 南洋	《黄氏族谱》榕荫堂，2001年续修
峭山公（名嶽，字仁静，号首冈）	河南潢川县西	宋	登宋太祖天德三年乙科进士，官授江夏太守。昭平四年，迁平章、待制直学士兼刑部尚书。配上官、吴、郑，俱封一品夫人，各生七子，共二十一子	琼海文昌万宁海口定安琼山澄迈屯昌临高三亚陵水琼中港台新泰	《海南省黄氏族谱》，1989年续修
良佐公（字奉王）	河南潢川	宋理宗年间	宰琼邑，遂籍调塘图，初住龙窝村，次移港门，后移居江崀内湖村建祠	海口琼山文昌琼海定安万宁陵水澄迈临高儋州东方；港泰新马来美加澳文莱越日英法德	《黄氏族谱》（文昌），2003年续修

① 按：《京兆翁氏族谱》，1994 年续修，始祖缺，迁出地"福建"，现居地"香港、澳门、台湾以及新、印尼、马来、泰"。

② 按：《海答儿公族谱》，1986 年续修，现居地"琼山、南洋"。

③ 按：《临高县黄氏族谱》，1992 年续修，迁琼始祖为"箎公"，与之为同宗谱，迁琼时间"宋绍兴八年"，居住地"卜居烈楼（今长流）"。

续表

始祖	迁出地	时间	迁入地、原因、事迹	现居地	资料来源
中本公	河南潢川 福建莆田 甘蔗村	元末至正年间	万州都司,崖州参将。仕终置产业入籍于崖。生三子:埕,崖州罗马村;琏,崖州白腊根村;瑚,西里黄流村。公二胞弟,本利公万州;本仁公儋州	三亚乐东儋州陵水澄迈临高台湾	《琼南黄氏族谱》,1987年续修
重公 (字孟刚)	福建兴化府莆田县城内东里贡元房	明永乐十年 (1412)	洪武辛亥生,正统六年卒,进士,擢琼州知府。致仕,居府城南门外,籍东河下东岸图。配柯氏,封恭人,遂父赴任,怕海临崖,返莆田。续娶琼山进士王从周女,三子:河清、河济(柯氏生)、河源(汪氏生)	海口琼山定安屯昌澄迈万宁临高文昌琼海	《黄氏重公族谱》,2003年续修
大新 (字振捷)	河南潢川 湖北江夏	清顺治初	公由南海来崖贸易,相土买宅,住起晨坊附籍北厢为崖州民。娶曾氏,子:可观、甲观、乔观	三亚	《南海移崖黄氏族谱》,2003年续修

表 3-12　　　　　　迁琼六十五姓氏谱系图(续表之七)

始祖	迁出地	时间	迁入地、原因、事迹	现居地	资料来源
萧氏开聪 (字颖之)	福建延平府张乐县	清嘉庆	遂父任文主簿,见文治颇淳,居清澜。妣林氏,生二子,宏文、宏毅	文昌陵水万宁港新马来美越泰	《萧氏家谱》鄞侯堂,1990年续修
有辰公① (字克尧,号亮明)	琅琊		宋武略进士,封万户侯。奉诏渡琼抚黎,官署文昌县紫贝山,家住安乐乡安仁里淡水村。妣邢经公大夫之女,谥裕禧。生四子:宗系、宗铭、宗举、宗安	儋州	《儋州市符氏志》义阳堂,1997年续修
符盟公 (字进勇)	福建福州府闽县	宋开宝元年 (968)	官浙江提督,闽配妻陈氏,生八子。968年被横事,携长子慈润渡琼,澄迈美环村立籍。娶妻邱、王氏,又生八子。七子在大陆,九子居琼	澄迈文昌儋州东方定安台湾香港新加坡	《临高符氏族谱》,1995年续修

①　按:《海南符氏族史万宁县本》琅琊郡,义阳堂,1980年续修,迁出地为"福建莆田坎头村"、《符氏族谱》义阳堂,民国二十七年续修,1982重印,与之为同宗谱。

续表

始祖	迁出地	时间	迁入地、原因、事迹	现居地	资料来源
元生公（字安行）	山东河南宛邱	891年	授广东南雄太守，选任中书令。于891年奉命入琼抚黎，有功敕封万户侯，世袭五代，落籍文昌。配陈氏，诰封夫人。生三男，龙养、龙宜、龙本	文昌屯昌琼海万宁琼山澄迈定安琼中东方儋州临高白沙昌江；泰新马来越柬美丹文加印尼澳	《符氏族谱》，2002年续修
梁肱公①	湖北荆州江陵	宋初	进士。官任宋金紫光禄大夫，因谏事触怒皇上，被贬琼州朱崖郡守，居琼山梁陈水东地。生五子：怀思、恩、惠、德、信，分居于梁陈、梁沙、苍好、梁老等村	琼山琼海万宁定安文昌澄迈屯昌临高儋州海口陵水昌江琼中；台港新马来泰美澳	《海南梁氏谱》安定堂，2001年续修
崔氏宏岳（字泰山）	山东章丘福建莆田县黄竹村	明初	以孝廉授陵水知县，任满由陵水入籍万宁东奥衙后村，妣朱氏，例封正七品孺人。生二子，大庆、士庆，均岁进士候选儒学，元末戊子科中试应天举人	琼海万宁文昌琼山，台湾马来西亚新加坡	《海南崔氏族谱》博陵郡，德星堂，2000年续修
辜氏讥（字在以，号洲公）	福建泉州同安县	唐永贞	进士，礼部尚书。渡琼，卜居坡上。妣吴氏，封正二品夫人。生四子，仕举、登、明、科	琼山澄迈文昌定安临高琼海海口；南洋	《辜氏族谱》友益堂，岁次庚申年续修
韩显卿（字灼道）	山西河南	南宋庆元三年（1197）	会稽县尉、廉州太守，时金兵南侵，徙家雷州。再迁琼州，占籍文昌锦山。妣陈氏，封宜人。生一子，废；女，承钦（适文定县尉）	文昌琼山万宁临高定安海口泰国新加坡	《韩氏族谱》书锦堂，1997年续修
温氏仁恩公	福建汀州宁化县石壁乡		妣安氏，生一男，义兴	儋州	《太原堂温氏谱》太原堂，2005年续修
温朝公	广东嘉应州	清乾隆五十六年（1791）	连年旱灾，颗粒无收，饥饿不堪，带妻儿逃荒至海南。起初在儋州南丰墟。生四子，仕容、珍、豪、锦	儋州海口白沙台湾	《温氏家谱》太原堂
有昌公（字仁伯）	福建莆田坎头村	宋	奉旨渡琼，官授琼州府帅，抚艾黎庶，功绩昭然，为海外功臣	琼山文昌定安；香港 新加坡马来西亚 美国泰国 印尼	《海南曾氏重修族谱》鲁国郡，1993年续修
曾氏	福建莆田	元明交替	元季乡进士，明初令尹陵水，因卜而隶籍焉	琼山陵水迁居南洋	《武城曾氏重修族谱》

---

① 按：《梁氏家乘》与之为同宗谱，迁入时间为"唐末"。

续表

始祖	迁出地	时间	迁入地、原因、事迹	现居地	资料来源
仁公	福建莆田坎头村	宋	迁居府城北门街云流坊	琼山 马来 新 越	《曾氏续修族谱》三省堂
蒙鼎臣（字礼行，号文忠）	广东番禺县河南窑头村	宋末	1279年，以商来琼，见气候温暖，土地富饶，遂籍海南。始住海甸岛，继迁海口龙岐。娶林氏，男，元隣	澄迈琼海东方儋县临高定安港 南洋	《定安蒙氏族谱》育德堂，2003年续修
詹氏祥公	广西桂林府灵川县		进士及第，任文昌县知事，职满，士民留公设教于云山。时海寇入侵，公于学生组织兵力御敌。妣朱太孺人，生一男，德润	昌琼山琼海万宁陵水屯昌三亚海口东方乐东定安琼中澄迈；新马泰文	《海南詹氏族谱》，1998年续修
詹氏祥公	广东广西	明弘治二年（1489）	知文昌县，后留居于云山，入籍文昌	文昌万宁琼海深圳；马来西亚	《万宁詹氏族谱》祥德堂，2006年续修
德松公①	福建汀抗邑惠州府归善县白芒花下龙经		迁徙琼州府临高县祥和堡尊宪都，择居尧石村（墩任村），妣李氏，生四男，俊贤、和、安、仁 三世荣开公，于1903年从墩任村迁桃果村居住	儋州海口广州	《桃果村蔡氏家谱》，2003年续修
裴氏②				琼山三亚昌江陵水万宁文昌台湾；泰国美国 越南 南洋	《裴氏族谱》盛德堂
学举公（字汐贤，号鹏山）	福建福州府莆田县	南宋理宗	宋宁宗进士，理宗九年任会同县知县。秩满，卜居会邑之南门。配蔡氏，生三男，士杰、友、桂	陵水文昌澄迈昌江屯昌儋州定安万宁琼海海口；泰国 南洋	《廖氏族谱》
讳麟聘	江西贵溪	元朝	乡荐举人，任丰顺县儒学，后官琼郡乐会县正堂。任满卜居县邑西北龙角村	琼海定安乐东文昌；南洋一带	《禤氏族谱》，1986年续修
汝扶公（字子遵）	福建	南宋	自闽渡琼，受人爱戴，以府城称为颜城，以资永记。妣，卢司务官之女，隶籍琼山颜卢坊，今琼山卢洞郡大林都儒桐村。子，希孔、圣	琼山三亚临高文昌澄迈海口加拿大	《颜屿清族谱》，1993年续修

---

① 按：《蔡氏族谱》1988年续修，迁出地"河南蔡州上蔡县"，现居地"文昌万宁，台湾香港；越南 马来西亚 菲律宾 新加坡"，其他不明。

② 该族谱残缺不全。

宋室南渡、宋元交替之际，闽南人作为自发移民主体大量移入本岛。《海南家谱提要》[①]为此提供了相关信息。该《提要》共收集本岛65个姓氏169种族谱，有名可考的迁琼始祖（又曰：过琼公）计110人。

其中：有36个姓氏、74位迁琼始祖来自福建，分别占总数的54.5%、67.3%；从其入琼时间来看，时间不明者7位、宋以前迁入本岛的9位、清代迁入者2位。宋元明时期迁入本岛52位，占总数的47.3%；74位过琼公中，以福建为迁出地8位，以福州为迁出地2位，其他多来自闽南地区兴化府、泉州等地。闽南地区迁入之数，占过琼公总数的58.2%。

上述数字说明，宋元明时期，是闽南迁入本岛的高峰值。尽管通过相关族谱了解其最初的迁入地点及明代岛内再迁徙情况，十分困难。有理由相信，文昌为迁入重点，基本分布于环岛的沿海台地；随着时间推移，并逐步向腹里扩散，是移民在本岛分布的基本规律。

二 解放海南后移民情况

解放后的海南历年总人口中，均含有一个较为特殊成分——无户口式的自由流动人口，即所谓的民间自由移民。

1960年代初至1985年间，海南自由流动人口极盛。资料统计如表3-13所示。

表3-13　　　　　1960—1985年无户口人数一览　　　　单位：人

年份 事项	1962	1963	1964	1977	1979	1980	1983	1984	1985
人口数	9001	8731	13677	36546	26842	23259	9079	23081	24679
安置				12617	8923	7118			

资料来源：《海南省志·人口志》，第44—45页。按：1983年的流动人口中，缺少海南黎苗自治州的统计数据。1965—1976年的资料，因"文化大革命"，无完整记载。

1984年4月1日，中央将《加快海南岛开发建设问题讨论纪要》转发全国，给予海南诸多优惠政策的《纪要》即为著名的"11号文件"，众多的"闯海人"涌入海南，形成了人口流入的第一波。

---

① 陈虹选编：《海南家谱提要》，海南出版社、三环出版社2008年版。按：该著共收集海南族谱66个姓氏169种族谱，但是丘氏与邱氏实为一姓，故只有65个姓氏。

1988年4月13日，七届全国人大一次会议上，通过了《关于设立海南省的决定》和《关于建立海南经济特区的决议》。4月26日，中共海南省委、海南省人民政府衔碑正式悬挂。在此之前的2月4日，因担心过多人口流入，给特区建设带来不利影响，国务院办公厅发出通知，要求各地做好到海南求职人员的劝阻工作。通知说，目前海南正处于建省筹备阶段，可安排的人员极为有限。将根据实际需要，制订人才需求规划，有计划、有组织地引进所需人才。①

毕竟"椰风挡不住"，劝阻通知似乎并没有发挥效力，一时间内"八方风雨汇琼州，十万人才下海南"。其实，仅海南省负责人才引进的机构——省人才交流中心库存的人才档案就有18万份之多②。与高层次人才涌入的同时，大量的农民工也开始蜂拥而至，据省《人口志》记载，到1990年，此类无户口人数达到11.6万人之多。大量专业技术人才的涌入，短期内难以施展个人才华。此时特区的发展战略尚在探索之中，1991年底，房地产业异军突起，成为龙头产业。随着1993年下半年中央宏观调控力度加强，房地产业开始走向低迷。特区一片萧条，第二波人口流动高峰开始退潮。

第三节　海外移民

安土重迁、眷恋乡土是农耕文化最为本质特征，海南岛内民众也不例外。然而，历史发展的轨迹并没有按照人们的意志而转移，晚清之后的海南成为除广东、福建之外的第三大侨乡，本身就足以说明一切。问题是，什么样的推拉力使得岛内民众移民海外？其规模究竟如何？

一　古代海外移民情况

研究认为，海南的移民最早可以上溯到西汉时期以合浦、徐闻为起点东西走向的海上"丝绸之路"形成之时。此时，因为贸易关系，就有海

---

① 海南省人民政府网，http://www.hainan.gov.cn/data/news/2008/04/50295/。
② 蔡慎坤：《海南：十年反思》，三联书店（香港）有限公司2000年版，第5页。

南人落籍交趾（今越南北部），他们可以称为海南最早的外迁移民①。这种假定是否成立，姑且存疑。据此断定这是海南最早的海外侨民，该地也是海南最早的侨居地，这一结论很值得商榷②。具体来说，古代岛内民众海外移民可分为被动、主动两种不同类型的移民方式。

（一）被动型移民

1. "掳掠"离岛

据史书记载，南宋孝宗（1163—1189）乾道八年（1172），占城（今越南中南部）与真腊（今柬埔寨境内）以大象为作战工具，难分胜负，福建人教占城国王"习骑射"，占城国于乾道七年从海南购马数十匹，获得战争胜利。八年，又来海南买马，"琼州拒之，愤怒大掠而归"，淳熙二年（1175），"严马禁，不得售外番"。淳熙三年，占城归还所掠的见存人口83人③。海南人最早因"掳掠"被迫离开家乡始于此。

这一行径，在明朝中后期至清初再度兴起，尤以嘉靖隆庆之际为甚。海盗海寇是掳掠人口最力者，甚至还有倭寇参与其中；被掳掠者多被卖往"外番"；岛内沿海周边的居民，皆成为被掳掠的对象，只不过程度不同而已。万历时期的府、州志，记录了各地的遭遇。

表 3-14　　　　　　　　晚明岛内被掳掠人口一览

时间	地点	被掠人口
嘉靖元年	昌化盐场	被掳人口，千户王承租等追至鱼鳞洲，夺回
嘉靖十七年	万州新潭	七月，被掳男妇17人，吏目姚汝励、千户周昂追至独州湾，夺回
嘉靖十九年	文昌白延	掠生员林继统家男妇，一女受辱死，妇丁氏赴水死
嘉靖四十一年	临高石牌	二月，被掳99人，遇千户崇军领军哨海，夺回
嘉靖四十五年	文昌	八月，贼苏大潜劫掳米商黄颐等数十人，晚登深坻港，杀生员云某，掳其子材，及抱虎等处子女数十人，去之番
嘉靖四十五年	崖州大蜑港	十二月，贼何乔、林容，掠陵水犯崖州，复攻抱驾村，掠数十人
隆庆元年	文昌	二月，贼曾一本、何乔等，据罗顿、云楼等村，掳百余人去
隆庆元年	琼山白沙	十二月，贼曾一本，掠推官郑廷璋家及颜卢、卢浓等村千余人

---

① 王俞春：《海南移民史志》，中国文联出版社2003年版，第84页；邢益森等：《琼侨沧桑》，南海出版公司1991年版，第12页。
② 张朔人、于苏光：《华侨与海南社会发展》，南方出版社2008年版，导言。
③ （元）脱脱：《宋史》卷489《外国传五·占城传》，中华书局1977年版，第14086页。

续表

时间	地点	被掠人口
隆庆二年	琼山	春，何乔余党陈高番等，杀掠百余人
	临高	四月，指挥高卓督昌化百户李元机等，夺回被林容掳掠蔡贵等45人
		五月，林容夜猝登岸，包那术村，掠百人去
隆庆三年	琼山	闰六月，贼大掠东岸，涌潭等村，贼掠教官谢忠、生员林成、谢有垣等及涌潭、陈村男妇200余人而去
隆庆四年	儋州	贼首李茂登南庄海岸，掳男妇数十
隆庆五年	文昌	春，贼掠木澜（栏），掠百余人
	琼山、文昌	二月，贼掠白沙、铺前百余人去
隆庆六年	万州、会同	闰二月，李茂自万州入博敖港，攻乐会，掠子女
	儋州	白沙叛兵陈六等，掳去男妇百余人并士夫，并以赎金限数收赎

资料来源：（明）欧阳璨：《万历琼州府志》卷8《海夷志 海寇》，第244—251页；（明）曾邦泰：《万历儋州志》之《海境附》，第117页。

显然，被掳掠人口的准确数据无法统计。仅隆庆元年（1567）十二月，琼山便有千余人被掳掠，有理由相信，晚明时期岛内被掳掠人口至少在2000人以上。

至鸦片战争前，这种掳掠活动仍然存在，其频率比起明朝有所下降。

表3-15　　　　　　　　清代中前期岛内被掳掠人口一览

时间	地点	被掠人口
顺治九年	万州	二月，闽贼张士俊等据万州，焚劫杀掠，民无噍类
康熙四年	澄迈	六月，海贼登蛋场村劫掠
康熙十二年	文昌	海贼杨二复寇铺前港，被掠者数百人
康熙十八年	澄迈	海寇杨二等由澄迈石矍港登岸，大掠感恩、昌化
康熙十九年	文昌	海寇杨二、谢昌劫掠文昌铺前港
嘉庆十四年	澄迈	八月，海贼乌石二登石矍港肆掠

资料来源：张岳崧：《道光琼州府志》卷42《杂志一·事纪》。

海盗海寇以及倭寇等肆意掠夺，对沿海经济造成巨大破坏，更是沿海居民被动移民的主要原因。

2. 自然灾害与流民

海南是一个地处低纬、相对封闭的热带岛屿型社会，自然灾害与黎族武装起事等天灾人祸频发。其中，地震、飓风、寒潮、农作物病虫害等自然灾害所引起的粮食短缺，导致流民现象是本书所关注的重点。

宋元以来，岛内生齿日剧，粮食安全问题日益凸显。明代之后，粮食不济而引起民众"流食"至琼州海峡对面雷州，时有发生。天顺二年（1458）七月，"飓风大发飞瓦倒屋，伤人牛马"，"流食"他处现象严重，在雷州得到该州太守任孜十分周到的接济，竟然达到"流民辞归，皆感泣"的程度。

成化年初（1465—1487），"岭南多灾异，琼州尤甚"。海南流民再至雷州，时太守蔡浩"款之亦厚"，竟有"乐土而忘归者"。后经都御史韩雍"委官招抚，还籍复业者凡数百人"①。

到清代，该现象发生频率不高，但是规模较大。据《道光琼州府志》卷42《事纪》的记载，自道光三年九月至四年八月（1823—1824），"久遭旱灾，蝗虫漫天遍野，所过禾麦一空，饿殍载道，鬻男女渡海者以万计"。这可能是海南历史上规模最大的一次外出流民。

（二）贸易型移民

海南多奇珍异产。宋元时期，以闽浙商人为主体的贸易群体在本岛活动极为活跃，在前文有所叙述。海南本土商人，如何出岛进行贸易，而落籍他处？以下的几则史料有助于人们了解其大略。

《明实录》的记载中："吴瑞者广东文昌县人。成化中（1465—1487），与同乡刘求等十三人于钦州贸易，遭风飘至安南海边，罗者得之送本国，求（刘求）等俱发屯田，以瑞（吴瑞）独少，宫之。"吴瑞后来被送还国内"司礼监给役"②，但是文昌12位商人的去处，因史料不载，"屯田"的可能性较大。此次海上"飘风"事件，使海南商人群体性落籍安南。

明清交替，海南商人较为活跃。以南海航线为依托，向南洋一带扩张：

> 海忠介公之孙述祖，……斥其千金家产，治一大舶……濒海贾客三十八人，赁其舟载货，互市海外诸国，以述祖主之。③

---

① （明）唐胄：《正德琼台志》卷41《纪异·灾异》、卷42《杂事》。
② 《明宪宗实录》卷153，第2704—2705页。
③ （清）钮琇：《觚賸续编》卷3《事觚·海天行》，《续修四库全书·子部》，第1177—125页。按：康熙丙午年（1666），广东高僧方趾麟"亲访述祖，具得其详"。文章充满神话、鬼怪之说。

据《觚剩续编》记载，崇祯十五年（1642），海述祖经历海难而生还，此次海外贸易因船沉人亡而终止。类似场景，在清代的方志中也有所反映。大约在道光至咸丰早期，文昌人韩恒丰，置舟航行海外，同行 80 余人。因飓风发作，而遭遇海难，舟随风飘荡至台湾，幸存者 12 人登陆，为"生番"所掳，韩氏两抵番地，12 人始返回海南。①

作为佐证，抗战时期，民国政要、海南文昌籍的宋子文曾把一艘海南岛帆船的模型赠送给美国总统富兰克林·罗斯福，并附上这样一封信：

> 敬悉阁下喜欢帆船。我冒昧通过我们驻华盛顿的公使送您一具精确的海南岛航海帆船的模型，这是在敝国海关监督下，按实物比例精心制作的。海南是广东海岸外的一个岛屿，我家数代居住在那里，岛上勤劳的人民素以乘坐这种小船远航印度从事定期贸易而闻名。②

显然，"远航印度从事定期贸易"，是部分民众长期以来的生活方式之一。

此外，"东粤之货，其出于九郡者，曰广货。出于琼州者，曰琼货，亦曰十三行货"③。琼货与十三行的关联，从某种程度上道出了海南商人的活跃程度。

这种以贸易为主要手段，沟通岛内与周边国家和地区货物有无的举动，为海南的海外移民提供了路径。尽管这一群体数量无法统计，但其落籍海外的可能性不能否定。

二 近代以来的规模性海外移民

第二次鸦片战争之后，英法与清政府签订《北京条约》第五款规定："凡有华民情甘出口，或在大法国所属各处，或在外洋别处承工，俱准与法民立约为凭；无论单身，或愿携带家属，一并赴通商各口，下大法国船只，毫无禁阻"④，琼州被迫作为商埠对外开放。本岛东部沿海地带急剧

---

① （清）张霈：《咸丰文昌县志》卷11《人物志·笃善》，海南出版社2008年版，第434—435页。
② [美]斯特林·西格雷夫：《宋家王朝》，中国文联出版公司1986年版，第25页。
③ （清）屈大均：《广东新语》卷15《货语·黩货》，中华书局1985年版，第432页。
④ 陈翰笙：《华工出国史料汇编》第1辑，中华书局1984年版，第40页。

增加人口、农村经济的残破,正常生计难以维系等所产生的内推动力;资本主义国家加速开发东南亚,劳动力需求量日益增加所形成的外在拉力,吸引着本岛人移民东南亚。海外规模较大的移民集中分布在:早期的诱骗、民国初期、日本侵占海南三个时期。

(一) 诱骗下的海外移民

从现有资料来看,晚清的海外移民多非出于自愿选择,而是在西方殖民者招募、诱骗、掠夺之下进行的。鸦片战争前,出洋人数以岛的东北部文昌、琼山为最;鸦片战争后,随着本岛半殖民地化程度的加深,移民的来源由岛东北部地区向西部、南部地区延伸。

表 3-16　　　　琼海关统计的出洋数(1902—1911)　　　　单位:人

年份	到新加坡	从新加坡	到曼谷	从曼谷
1902	16252	5030	4929	4420
1904	14633	6279	5980	3522
1906	11878	2947	6779	6243
1908	11948	2543	9533	7607
1910	27990	5155	12193	9157
1911	32431	9052	9464	9723

资料来源:[日]小叶田淳:《海南岛史》,张迅斋译,(台湾)学海出版社1979年,第255页。按:这一统计数据包括雷州半岛的出洋人数。仅涉及琼海关的数字,其他方式出洋者未在统计之列。

1912年2月2日,据"荷属侨民曹运郎等,呈请禁止贩卖猪仔及保护华侨各节",南京临时政府饬令外交部禁绝贩卖猪仔、保护华侨令,从中可以发现早期出洋的混乱情形。

> 查海疆各省,奸人拐贩猪仔,陷人涂炭。囊在清朝,熟视无睹,致使被难同胞,穷而无告。今民国既立,亟应拯救,以尊人权,保全国体。又侨民散居各岛,工商自给者,实凡有徒,屡被外人欺凌,含辛茹苦,挚爱宗邦。今民国人民,同享自由幸福,何忍侨民向隅,不为援手?除令广东都督,严行禁止猪仔出口,合亟行令仰该部,妥筹杜绝贩卖及保护侨民办法,务使博爱、平等之议,实力推行。

海南的情况,有过之而无不及。直至民国二年(1913),琼崖镇守使邓铿，"派员将船行（即贩卖猪仔之船行——引者注）封闭，严惩行主，释出被卖者若干人"①，这一局面才有所改变。据统计，在1876—1898年的23年内，通过客运出洋的（包括经香港出洋）的人数就达24.47万人，平均每年1万人。其中，1894、1898年，每年出洋人数达2万余人。② 其他途径出洋者，不在该统计之内。

（二）民国初期的出洋

早年"诱骗"，经过民初整饬，而有所改观。因岛内局势动荡，被迫出洋者仍占据重要成分。从晚清出洋风潮开始，龙济光（1916—1918）、邓本殷（1920.12—1926.2）军阀统治下，出洋人数不断增加。

表3-17　　　　　　　　民国海口出口船客人数一览　　　　　单位：人

年份	香港	新加坡	其他各地	合计
民国七年	7035	—	5830	12865
民国八年	4791	2462	8996	16249
民国九年	4698	3278	8636	16612
民国十年	6208	2420	9153	17781
民国十一年	4751	7069	9995	21815
民国十二年	4738	8894	22917	36189
民国十三年	4807	17400	28134	50341
民国十四年	5490	28678	20907	55075
民国十五年	1710	20411	19190	41311
民国十六年	12213	10329	26202	48744
备考	其历年由各地入口船客人数大略相等			

资料来源：陈铭枢：《民国海南岛志》，第84页。

以海口为中心的琼海关统计资料，对1918—1927年"出口船客"人数记录，无法反映出适时岛外移民整体情况。20世纪上半叶，三亚穆斯林迁徙槟榔屿，20世纪50年代失去联系，其后裔便成为马来西亚公民。曾任马来西亚第五任首相的巴达维（Datuk Abduiiah Haji Ahmad Badawi），

---

① 王家槐：《海南近志》，第22—25页。
② 陈翰笙：《华工出国史料汇编》（第五辑），第361页。

具有海南穆斯林血统①。80年代末，两地才取得联系。

据《民国海南岛志》统计，至30年代早期止，文昌侨民约9万人，居榜首；琼山、琼东、乐会、定安等，皆有数千人；澄迈、万宁、陵水、临高、崖县，各数百人；儋县、昌江、感恩诸地，各数十人。也就是说，本岛东北部、东部及北部，是海外移民的中心地区。岛内人口外流，推动了侨乡的逐步形成。

（三）日本侵占海南前的海外移民

1938年10月，日本进攻大亚湾，广州防务紧张。受广东省政府调遣，张达携陈章一师离琼赴粤，王毅代行守备司令之职，局势一片混乱。

县一级官员已潜行出海，或做逃亡打算者大有人在。"临高县长吴宗泰，万宁县长李懋曾"便是其代表；琼崖师范校长白学初"伪装牛商渡海"。各区乡镇长"人离枪，枪离乡，散漫无纪"。与此同时，金融市场也极度混乱，"稍有资财商民，争购黄金外汇，向外逃避；工罢于肆，农止于耕。社会人心惶惶，大有岌岌不可终日之势"②。稍殷富之家，如文昌一带侨乡"出洋之风"盛行。细民之家，则靠"小木帆船"，黄昏启航，夜间行驶至广州湾一带③（即今之湛江一带），由此赴香港，再转向南洋地区。此时的琼州海峡，逃亡之船不绝于途。

据1940年1月4日的《星岛日报》报道，新加坡、吉隆坡两地琼崖商会主席郭新、王兆松，为了救济琼崖难民起见，于是日从香港至广州湾进行相关调查。随后，王氏公布了该处难民情况。他说：

> 琼崖沦陷后，一般沦陷区内之民众，或为日军恐怖政策之威胁，或慑于日军奸淫屠杀之淫威，冒万险、涉重洋，逃难来广州湾属下之西营、赤坎、硇州等地，苟延残喘于万一者，人数几达五万之众。④

1939年2月10日至13日，日军分别占领海口、三亚，海南沦陷。也

---

① 麻国庆：《文化、族群与社会：环南中国海区域研究发凡》，《民族研究》2012年第2期。
② 海南抗战卅年纪念会：《海南抗战纪要》，文海出版社1975年版，第142—143页。
③ ［泰国］陈颖杜：《三元港币闯天下》，中国华侨出版社2001年版，第23页。
④ 王兆松：《琼崖华侨联合总会救济委员会工作报告书》，见陈永阶、林飞鸾《琼崖华侨联合总会回乡服务团研究史料》，琼岛星火编辑部内部刊行，1993年，第249、269页。

就是说，在日本侵占海南近一年的时间内，仍然滞留在广州湾的人数就有5万。其间，通过其他途径，或者从该处移民至其他地方的人数究竟有多少，尚难以估算。

（四）抗战后的移民

抗战胜利之后，受第三次国内革命战争的影响，出洋人数有所回升。据1948年出版的南洋英属琼州会馆联合会《会报》所载，1946年（缺1—3月）9个月内，出洋1800余名，1947年增至8000余名，1948年的1、2月，约为1500名①。

1950年4—5月，解放海南战役推进，国民党军队开始从三亚榆林港、昌江八所港向台湾撤退。撤退过程中，第二路第三十二军赵琳，"自行扩充队伍，委海南籍团长若干，使招募成团"，"自文昌至万宁，沿途拉夫顶替"。此外，"乡民学生，随者甚众"。以岛内民众为主要构成的保安部队1、2、3师，也同时撤退。后来，台湾"国防部"对海南撤退的士兵进行改编，"得兵约四万余人"②。这些士兵、学生、乡民，成为海南籍台胞的主要来源。

三 新中国成立后的海外移民

新中国成立和海南解放之后，由于国际局势和华侨社会的重大变化，海南出洋仍然存在，但人数已经明显减少。

新华侨是指改革开放后，移居海外的华人华侨。海南省外事侨务办公室与省统计局联合组织了全省第一次大规模的侨情调查，以2003年1月1日为标准时间，相关统计工作于2004年10月结束。此次调查结果为：琼属新华侨总人数为18863人，占总人数的0.64%。家庭团聚类移民人数有13786人，占总人数的73.1%；技术移民2259人，占12.0%；投资移民767人，占4.0%；出境留学485人，占2.6%；其他类别有1566人，占8.3%。琼属海外华侨与港澳同胞有293万多人，分布在50多个国家和地区。在泰国、马来西亚、新加坡等东南亚国家有240多万，占海外琼侨总数的82%以上③。

---

① 《琼州乡音》编辑室：《琼侨史略》，《琼州乡音》1987年第1期。
② 王家槐：《海南近志》，第214页。
③ 张朔人、于苏光：《华侨与海南社会发展》，第167页。

2017年，最新相关统计数据表明，琼属海外华侨与港澳同胞为390万。

第四节 特殊的国际移民

海南岛位于南中国海的西北部地区，与中南半岛一水之隔，处于古代海上丝绸之路的节点上，使之成为接纳国际移民的重要平台。如前所述，唐代，阿拉伯人居住陵水、三亚等地；宋元时期，占城人落籍、偶发性的"飘风"事件。

历史上，中南半岛战争，该地区移民不时涌入。1939年2月至1945年8月，日本侵占海南，大量军队及相关人员入驻。解放后，东南亚独立的民族国家采取排华政策，本岛成为安置归侨、难侨以及接纳国际难民的重要场所。

一 接受中南半岛难民

中南半岛位于中国和南亚次大陆之间，西临孟加拉湾、安达曼海和马六甲海峡，东临太平洋的南中国海，是亚洲南部三大半岛之一。包括越南、老挝、柬埔寨、缅甸、泰国五国以及马来西亚西部。本书所述，主要指历史上越南移民。

（一）历史上占城难民移入

历史上的越南，由北部的交趾和南部的占城组成，二者互不统属，战争时有爆发，流民现象较为突出。海南最早接纳此类移民，始于宋太宗时期，雍熙三年（986）："儋州上言，占城人蒲罗遏为交州所逼，率其族百口来附。"[①]

无独有偶，明宪宗成化二十二年（1486）十一月，"占城国王子古来攻杀交趾，所置伪王提婆苔，交趾怒举兵压其境，必欲得提婆苔，古来惧，率其王妃、王孙及部落千人载方物至广东崖州"。古来至崖州，明宪宗表示出极大关注：

> 古来以残败余息，间关万里，提携眷属，投附中国，情可矜悯，

---

① （元）脱脱：《宋史》卷489外国5《占城》，第14078—14080页。

其令总兵、镇守、巡抚等官,加意抚恤,量与廪饩,从宜安置,毋致冻馁,仍严密关防之。①

为了调解安南与占城关系,二十三年正月,廷臣会议处理方案如下:

> 朝廷悯尔委国远来,劳于跋涉,其勿入朝,恐久暴露于外,占据者渐有固志,客处者各怀异心,不如早归以安国人。仍移文安南,责以存亡继绝之义,若果非王意,宜遣使迎古来,复其国以自解。

是月,专命南京右都御史屠滽往广东谕占城国王古来②。至少在海南行程有3个月之久的古来,以崖州为立足之地,获得了本岛的无偿资助之外,在明王朝的关切之下,使得占城安南事件得以解决。

(二) 20世纪70年代安置越南难民

1975年5月,美国退出越南战争,1976年7月,越南南北统一,建立"越南社会主义共和国"。为实现地区霸权,在苏联的支持下,推行新殖民主义特征的"印支联邦"计划。为了该计划的顺利实施,越南当局开始反华、排华以及清除不同政见的人③,从而波及泰国、老挝、柬埔寨民众,此乃"印支难民事件"。

这股难民自1975年开始,向四周流亡。截至2005年年底,居留在中国的印支难民及其子女数量近29.5万人,分布中国在南方六省(区):广西112268人;广东83538人;云南38009人;海南31475人;福建27409人;江西1715人。其中越南难民占99%,且多为华裔越南人或越籍华人,少数为越南、老挝和柬埔寨人。④ 这不包括在香港以及东南亚各国的印支难民数量。1978—1979年,以海南农垦为重要接受单位,共接收1.45万人。⑤

---

① 《明宪宗实录》卷284,第4806页。
② 《明宪宗实录》卷286,第4836页。
③ 黄慧莲:《越南输出难民问题概述》,《东南亚研究资料》1979年第2期。
④ 李学举:《民政30年(1978—2008年)》,中国社会出版社2008年版,第344页。
⑤ 海南省地方史志办公室:《海南省志·农垦志》,第74页。

二 日本军事占领与移民

晚清之后，日本开始染指南中国海，窥觊海南岛。诸多以探险之名的考察队，纷纷对这一区域进行资源调查。抗日战争爆发后，为了切断中国军队国际援助路线，迫使国民政府屈服，1939年2月至1945年8月，日本占领海南岛，进行殖民活动，大量军队和攫取资源的移民涌入，成为海南历史上最为屈辱的一页。

（一）对南海诸岛移民

1. 东沙岛移民

日本商人西泽吉次在较长时间内对东沙群岛探测后，带领120名工人，乘坐"四国丸"轮船，在光绪三十三年（1907）七月初二正式登岸建筑宿舍①。宣统元年（1909）正月，南洋舰队派出的飞鹰船驶往东沙进行调查，《黄管带报单》指出："岛上并无中国居民，只有日本男女百余名，盖屋居住，并雇有小工五十余名，结庐为居。均徭于前年八月到此，初到时有四百余人，陆续回去，现剩前数。"日方的强占，引起了中方张人骏、端方等疆臣及国人的强烈不满，经过双方外交的反复交涉，是年十月七日，中方接收此岛并派兵驻守。② 日本商人在占领东沙岛三年时间内，赶走中国渔民，自行移民开发，其人数从早先的120人，一度达到400多人。随着中国军队入驻，日本开发东沙第一次移民随之结束。

民国之后，日本掠取东沙岛及其附近海域资源再次浮出水面。民国十三年（1924），全国海岸巡防处派员巡视海疆至东沙岛，"查见该处停有日本渔船一艘。岛中有日本人和台湾人共约三十余名，在该处捕鱼"。每年十一月从台湾出发，次年的六七月返回。捕鱼事件很快被禁止。

1931年，日本组织琉球人、台湾人进行水下偷采东沙岛附近海域所产的名贵药材"海人草"事件曝光。据1935年广东农林局呈广东省建设厅函所称，"有日船大福丸八艘，约有台湾人三百余，来岛采草"③。随着中日关系恶化，日本盘踞该岛，直至1945年抗战结束。

2. 在南海诸岛探险

与东沙事件发生同时的1907年，在日本"水产南进"号召之下，和

---

① 韩振华：《我国南海诸岛史料汇编》，东方出版社1988年版，第144页。
② （民国）陈天赐：《东沙岛成案汇编》，商务印书馆1928年版，第9、69—72页。
③ 韩振华：《我国南海诸岛史料汇编》，第272—278页。

歌县宫崎其人乘船南下，占据南沙群岛。此后，日本船只纷纷南下，以该群岛为活动基地，在南海中四处活动①。最为频繁者，属日本拉沙磷矿股份有限公司。

1918年12月，该公司任命已退伍的日本海军中佐小仓卯之助为队长的15人小组，乘"报国丸"号非法到南沙群岛进行所谓考察、探险。1920年12月，小仓卯之助再次组织探险队，来南沙探险。在尔后的几年中，拉萨磷矿公司不断招员，先后在太平岛、南子岛等地进行肆无忌惮的豪夺。②

（二）向海南岛移民

1939年2月10日，日本侵占海口后，开始对海南进行为期长达六年半的殖民统治。对占领的目的，日方宣称"第一是为根绝以海南岛为中转基地向重庆运输军需物资，第二通过开发本岛弥补日军军需物资之不足，而绝无领土野心"③，随着军事推进，这种言辞纯属欲盖弥彰。日本对法属印度支那军事行动展开后，"海南岛作为南进基地的价值进一步提高"。如此，维护秩序的军队、掠夺资源的劳工等形式的外来移民，为该时段主要移民类型。

1. 军队驻扎

1939年2月，日本陆军饭田支队（台湾混成旅团）在海军护卫下，进攻海口；日本海军的第四根据地队辖主队、水路开启队等进攻三亚，对本岛南北合击。7月，台湾混成旅团撤离，形成日本海军独占局面，驻军人数约为6725人。1940年6月，为增加岛内的警备力量，由三支陆战队和二支防备队构成的日本海军，分别在五个区域（即海口、那大、嘉积、北黎、三亚——引者注）担负警备任务。这一兵力配置，一直持续到1945年8月日本投降④。究竟日本在海南岛驻扎多少军队，是2万人左

---

① 《中国南海诸岛文献汇编之九：海军游弋南沙海疆经过》，台湾学生书局1984年版，第10页。
② 李国强：《南中国海研究：历史与现状》，黑龙江教育出版社2003年版，第222页。
③ ［日］海南海军特务部：《日军侵琼内幕揭秘——海南岛三省联合会议决议事项抄录》，金山等译，线装书局2013年版，译序，第3页。
④ 张兴吉：《日本侵占海南岛罪行研究》，海南出版社2004年版，第79—80、56—57页。

右①还是 1 万—1.5 万人?② 中日双方资料对此有所差异。

2. 劳工移民

1941 年 12 月，太平洋战争爆发后，海南岛作为日本的南进基地仍然发挥着作用。"为了进一步加强、促进（海南岛的）社会治安和经济开发"，昭和十七年（1942）5 月 17 日，海南联络会议第 357 号决定：

> 向海南岛大量迁移有在本岛永住打算的日本农业劳动者，使他们定居本岛，使日本人势力不断渗透至各产业和当地社会，以实现对本岛的实质性掌控，继而实现产业发展，确保社会治安的稳定。

随着产业的迅速开发，劳动力日益紧缺。同年 10 月 31 日，海南联络会议第 435 号"关于设立海南劳工协会之事宜"所称，该年需要劳动力"便已达三万人，岛内无法实现劳动力的自给自足，必须从香港引进一万五千名劳工"③。

至此，"绝无领土野心"之谎言已昭然若揭，随之大量的岛外移民开始涌入。据统计，至 1941 年 5 月 1 日前，日本本土、台湾人、朝鲜人的移民数字分别为 2515、1033 和 278 人。而该年 11 月底统计，日本在海南岛的人数共有 11634 名，其中男性为 10138 名、女性为 1496 名。1945 年 11 月 5 日，在海南岛的日本军队完成了向中国方面的交接，其时日本海军人员 49400 人、日籍侨民 5800 人。在海南岛的台湾人约为 1 万人以上④。

三 安置难侨、归侨

第二次世界大战后，殖民体系下纷纷独立的东南亚民族国家，建立

---

① 海南抗战卅年纪念会：《海南抗战纪要》，台北文海出版社 1975 年版，第 794 页；中共海南区党委党史办公室：《冯白驹研究史料》，广东人民出版社 1988 年版，第 480 页。

② ［日］日本防卫厅防卫研究所战史室：《中国方面海军作战》，朝云新闻社 1976 年版，第 372、440、501 页。转引自《日本侵占海南岛罪行研究》，第 62 页。

③ ［日］海南海军特务部：《日军侵琼内幕揭秘——海南岛三省联络会议决议事项抄录》，第 62—63、158 页。

④ 张兴吉：《日本侵占海南岛罪行研究》，第 88—91、67—69 页。

本国经济、政治等体系，华人在居住国的经济成为其所谓的民族独立障碍；冷战政治对峙，华人被认为是中共"第五纵队"等，排华、反华事件层出不穷。20世纪70年代，因南海领土之争，中越关系恶化，华侨生存艰难①。华侨在居住国因政治恶化，难以生存之际而被迫回乡。为了对归国者进行妥当安排，在国家政策指导下，应运而生的海南华侨农场是集中安置归侨、难侨的主要场所。这一现象，成为本地区人口国际流动的重要组成部分。

表3-18　　　　　　　　1963年海南归侨情况　　　　　　单位：人

地区	归侨户	归侨数	侨眷数	地区	归侨户	归侨数	侨眷数
海口	673	586	1680	琼山	8339	—	24246
文昌	31572	—	162558	琼海	12757	4119	44857
万宁	2388	2436	9226	定安	197		800
澄迈	142		1279	儋县	523		2676
临高	95		282	陵水	49		175
崖县	62		555	保亭	293		912
白沙	122	173	251	昌江	41		511
东方	30	—	125	合计	57283	7314	250827

资料来源：海南省地方史志办公室：《海南省志·人口志》，第48页。

该统计数据说明，1963年本地区共接收归侨7314人。由于受东南亚政局的影响，归难侨胞在不同时期回国，政府针对性地建立了一批专门农场加以安置。在海南，1951年11月，在万宁设置兴隆华侨农场，解决马来西亚排华中的难侨；1960年2月，在琼海建立彬村山农场，用于安置印度尼西亚排华中的归难侨。1979年1月，越南驱赶在其境内的华侨，新建东方、澄迈、文昌三个华侨农场，作为安置难侨的生产基地，详情参见表3-19。

表3-19　　　　　　　　海南华侨农场建立情况一览　　　　　　单位：平方公里

名称	安置对象	归难侨人数及其	厂部地址	占地面积
兴隆	受英迫害马来西亚归侨	700余人。至2005年，有21个国家和地区的7376名归难侨	万宁兴隆镇	110

---

① 张静芬：《战后东南亚华人问题的成因及对策》，《史学月刊》2000年第2期。

续表

名称	安置对象	归难侨人数及其	厂部地址	占地面积
彬村山	印尼、新马泰及越南等8国归难侨	印尼1200多名归侨；1978年越南难民1230余人。至2005年2328人	琼海长坡镇	32
文昌	越南排华的归难侨	至2005年，1027人	文昌谭牛镇	11
澄迈		1112人。至2005年，790人	澄迈大丰镇	104
东方		893人。至2005年，788人	东方新龙镇	67

资料来源：朱华友：《海南华侨农场》，海南出版社、南方出版社2008年版，第15—21页。

归侨，多因年迈或对故土眷恋，主动回国居住，其居所相对分散，时间跨度较大。文昌是海南最大的侨乡，该县仅归侨而言，"1950年为5万多人，1978年为4万多人，1995年为3万多人"[①]。琼海在1950—1954年有10850名华侨定居；1990年，全县共有归侨25007人[②]。据2003年1月1日海南侨情调查统计数据显示，全省共有归侨7.6万人[③]。

---

① 文昌市地方志编纂委员会：《文昌县志》，方志出版社2000年版，第565页。
② 琼海市地方志编纂委员会：《琼海县志》，广东科技出版社1995年版，第699页。
③ 张朔人、于苏光：《华侨与海南社会发展》，第201页。

第四章

人口发展及其相关问题

从人口与环境关系来看,一定自然环境下的区域社会可持续发展,应该有适度规模、一定质量的人口与之相适应。人口数量过少、质量不高,对载体改造力量不足,从而制约着社会的发展进程;反之,过高人口密度之下主体的需求超越周边环境的承受能力,也将影响区域的社会发展。

历史上海南人口数量究竟如何分布?自公元前110年西汉开郡以来,历代中央政府对海南认知不同,控制力度也有所差别,人口数字较为模糊。尤其是西汉贾捐之海南罢郡至梁大同中回归的580年间,以雷州半岛的朱卢县遥领,其治下的户口问题更无从谈起。隋唐以降,这一情况有所改观,相对清晰"编户"数据的则是在海南入明才得以改变。在户籍数据逐步清晰的历史进程中,不服王化、非"编户"、中西部地区的人口一直被排斥在国家统计的范围内。1953年第一次全国人口普查,黎族等其他族群人口数字的神秘面纱才被完全揭开。

可以说,海南人口较为科学的数字始于1953年。那么,如何合理地推算不同历史时期岛内人口数字,再现历史时期人与自然的互动关系,进而描述两千年来的人口发展情形?目前为止,此类研究成果尚处于空白状态。

第一节　历代人口数量统计与估算

人口是社会物质生活的必要条件,是全部社会生产行为的基础和主体。自汉代海南开郡至公元1950年止,机械性的人口迁徙和人口的自然增长,使得岛内生齿日众。出于赋役征调的需要,中央政权历来对地方人口多寡尤为关注。追求"编户齐民"量的最大化,是历代政权加强统治基础的基本手段。

如何看待历史上流传下来的户口数据？史学界出现了完全肯定和全盘否定二种截然不同的态度。前者以"汉初人口约为六百万"问题为典型。梁启超《中国史上人口之统计》的相关判断源自元马端临《文献统考》记载，马氏的数字来源于唐杜佑《通典》，杜氏材料则从西晋皇甫谧《帝王世纪》中获得。葛剑雄认为"这种估计（即汉初人口约为600万——引者注）是很不科学的"[①]。

否定者认为"把中国历史文献为我们留下的历代户口数字，看成是一笔糊涂账，并没有夸张"，"不能希望从那些具体数字中去发现中国人口问题"[②]，王亚南著作甫一问世，其相关论点便受到梁方仲先生的质疑[③]。随后，多数学者难以苟同王氏这一绝对化的态度[④]。显然，上述非此即彼的态度，不是本书的追求。

一 汉代至隋以前的户与口

西汉武帝元封元年（前110年），海南开始正式纳入国家版图，元帝初元三年（前46年）取贾捐之之议罢珠崖郡。汉代海南65年经略中，历史文献为后人提供了岛内最早的人口原始数据："初，武帝征南越，元封元年立儋耳、珠厓郡，皆在南方海洲中居，广袤可千里，合十六县，户二万三千余。"[⑤]

[①] 葛剑雄：《西汉人口地理》，商务印书馆2014年版，第13—15页。按：葛先生认为西晋皇甫谧《帝王世纪》"原书已佚"，这一判定欠妥。（晋）皇甫谧：《帝王世纪》第10《星野·历代垦田户口数》，（清）宋翔凤集校，《续修四库全书》（据光绪本影印），上海古籍出版社2004年版，第301册，第30页。其间葛氏所引（梁）刘昭《续汉书·郡国志》注中之文，与光绪刻本基本一致。

[②] 王亚南：《马克思主义的人口理论与中国人口问题》，科学出版社1956年版，第24、44页。

[③] 梁方仲：《中国经济史讲稿》，中华书局2008年版，第454—456页。

[④] 王育民：《中国人口史》，江苏人民出版社1995年版，第1页；姜涛：《人口与历史——中国传统人口结构研究》，人民出版社1998年版，第11—15页；李世平：《中国人口史的分段研究刍议》，载杨天宏《川大史学 中国近现代史卷》，四川大学出版社2006年版，第83页；尚新丽：《西汉人口问题研究》，线装书局2008年版，第13页；陈春声、刘志伟：《遗大投艰集：纪念梁方仲教授诞辰一百周年（上）》，广东人民出版社2012年版，第211、214页。

[⑤] （汉）班固：《汉书》卷64下《贾捐之传》，中华书局1964年版，第2830页。

(一) 西汉人口估算

儋耳、珠崖两郡户籍数字在《汉书》卷二十八《地理志》中没有体现，而隐于《贾捐之传》中，其真实程度如何？

> 户律者，汉相萧何承秦六篇律后，加厩、兴、户三篇，为九章之律。迄至后周，皆名户律。北齐以婚事附之，名为婚户律。隋开皇以户在婚前，改为户婚律。①

长孙无忌在解释唐代"户婚律"源流时，指出汉代《九章律》内涵及其在中国"户律"中的重要作用。从中可以得出这样的判断，强盛的汉武帝时期在海南有过规模性的户籍调查，也就是说，海南"户二万三千余"并非臆测。

"户二万三千余"，究竟有多少人口？元鼎六年（前111年），汉武帝在岭南地区新置七郡，与儋耳、珠崖二郡设置时间前后相差一年，且都为岭南地区。故七郡户平均人口—家庭规模，对海南二郡家庭人口规模有一定参考价值。

表4-1　　　　　　　　　汉代岭南新置七郡户口统计

郡名	辖县数	户数	人数	户均人口
南海	6	19163	94253	4.92
郁林	12	12415	71162	5.73
苍梧	10	24379	146160	6.00
交趾	10	92440	746237	8.07
合浦	5	15398	78980	5.13
九真	7	35743	166013	4.65
日南	5	15460	69485	4.50

资料来源：（汉）班固：《汉书》卷28下《地理志》第8下，第1628—1630页。

值得注意的是，南海、郁林二郡是秦置郡，后由南越国赵佗统治，至元鼎六年重设，其他五郡以及海南二郡皆为新开郡。

---

① （唐）长孙无忌等：《唐律疏议》第12卷《户婚》，《丛书集成新编》，台湾新文丰出版公司影印，1984年版，第27册，第82—84页。

七郡中，除了九真、日南分别为 4.65、4.50，与适时全国的平均数"4.67"① 相接近外，其他郡在不同程度上皆高出这个平均数，交趾竟然达到每户人口为 8.07 的水平，平均人口规模为 5.57 人/户，每户高出全国平均数 0.9 人。

研究表明，西汉王朝内郡、外郡功能有所差别，"内部郡县其主要功能是以治民为主要任务，而缘边夷狄处的郡县则以守土为主要职能"。如此，岭南地区新置九郡（包括海南二郡）属于外郡，基本职能具有明显军事化倾向②。换而言之，粗放经略模式下的岭南地区户口规模，不可能严格地与内郡保持一致。

按照七郡 6.67 估算，本岛人口数为 127811 口；最为临近合浦 5.13 计算，为 117990 口；全国均数 4.67 计算，为 107410 口。据此，汉代海南罢郡之前的人口数在 11 万—13 万之间。这个数字是否可靠？下面两组数字可供参考。

1. 东汉时期"合浦郡"

《后汉书志》指出，该郡"户二万三千一百二十一，口八万六千六百一十七"③。平均户口数为 3.75。以此为参照，海南人口数约为 9 万人。

2. 《通典》数字

《通典》是见存史料中，较为全面、完整地反映海南五州户口数字的历史典籍。据此推算，唐代本岛家庭规模平均数为 4.25，最高值为儋州的 5.58。以此作为参照，西汉人口总数在 10 万—13 万之间。

表 4-2　　　　　　　　《通典》中海南户口统计

州名	户数	口数	户均人口
崖州	2500	12000	4.80
琼州	640	1680	2.63
振州	815	2820	3.46
儋州	1309	7300	5.58
万安州	720	1600	2.22
合计	5984	25400	4.24

资料来源：(唐) 杜佑：《通典》卷 184《州郡十四》；《四库全书》，第 605 册，第 540—541 页。

---

① 葛剑雄：《西汉人口地理》，第 54 页。
② 张朔人：《西汉海南置罢郡历史研究》，《海南大学学报》2011 年第 5 期。
③ (晋) 司马彪：《后汉书志》第 23《郡国五》，中华书局 1973 年版，第 3531 页。

结合上述五组数据，初步可以断定西汉海南人口在 11 万左右。

（二）"善人"相关问题

《后汉书》记述了汉武帝（前140—前87年在位）末年，岛内民众与地方政府之间一次较大规模的冲突："珠崖太守会稽孙幸调广幅布献之，蛮不堪役，随攻郡杀幸。幸子豹合率善人还复破之，自领郡事，讨击余党，连年乃平。"①

文章第一次提出了"善人"。那么何谓"善人"？同书卷4《孝和孝殇帝纪》载："郡国欲获丰穰虚饰之誉……贪苛惨毒，延及平民"，唐人李贤注曰："平民，谓善人也"②，意味着"善人"与"平民"概念一致，即缴纳国家赋税之人。

> 此善人，乃武帝置郡之初已有三万之数，此皆远近商贾兴贩货利有积业者，及土著受井、受廛者，通谓之善人。在前汉则谨守故郡，挟辅郡守孤儿平服反者，以复官守郡；在后汉则世通招抚，五百余年不绝于中国。③

此乃明代王佐的认识。他认为"善人"由两个层面组成：一是沟通岛内外货物有无的客籍"商人"；二是本地缴纳国家赋税的编户。王氏的判断大略是不错的。这些人是地方秩序的维护者、中央政令的执行者，也是两汉中央政府在本岛统治的基础。问题是，"三万之数"究竟何据，不得而知。

尽管本书重点探讨的是人口总量，不涉及族群属性，但是在今天的研究成果中，仍有两种提法值得商榷。一是，将这三万"善人"的族属划归"临高人"④，同理"远近商贾兴贩货利有积业者"自然也就是临高人，这恐难以令人信服。二是，"从西汉统治阶级对黎族先民的歧视态度可以推知，当时黎族先民不可能被编入西汉政府的户籍"，"11.5万多人"

---

① （晋）范晔：《后汉书》卷86《南蛮传》，中华书局1973年版，第2835页。
② （晋）范晔：《后汉书》卷4《孝和孝殇帝纪》，第198页。
③ （明）王佐：《琼台外纪》（原著已佚），载（明）唐胄《正德琼台志》卷3《沿革考》。
④ 叶显恩、陈江：《主宰海南文化历史一千年——"临高语族群"在海南历史上的地位和作用初探》，载陈江《一个族群曾经拥有的千年辉煌——临高学研究初集》，海南出版社2012年版，第1—14页。

由"秦代以来从大陆迁入的汉人和定居在本岛沿海平原地区的'临高人'先民"组成①。这一解释恐怕难以面对随后隋、唐、宋、元各个历史时期的本岛编户人口日益减少的实际问题。

(三) 东汉至隋朝之前的人口数量

元帝初元三年罢郡后，本岛人口无法清晰。前引《后汉书志》指出，合浦郡下辖"合浦""徐闻""临元""珠崖"四县。这就是说，西汉的珠崖郡到东汉已经降为县一级，国家以遥领的方式加以统治。这一政治设置经历三国、两晋，及至梁大同（535—546）中才有所改变。此时，高州"世为南越首领"家族力量支持，具有"压服诸越"才能的冼氏之女——冼英，在调和不同族属关系中声名鹊起，出现了"海南、儋耳归附者千余洞"②的局面。至此，游离于国家版图580余年的海南再次回归。

从国家"编户"层面来探究东汉至隋朝前的海南人口，因历史原因而无法知晓。这并不妨碍相对科学的估算：该时段海南人口总量应该在西汉人口数字基础上，以低于1%的年增长率运行。那种将合浦郡户口平均分配，求得东汉珠崖郡人口数字③的倾向，未免过于简单化。

二 隋朝的人口

隋初，以山东地区为典型的国家编户，为"规免租税"出现了大量的隐漏户口、诈老诈小等现象，直接影响到国家财政收入和对劳动力的控制。为此，隋文帝于开皇三年（583），在全国范围内推行较为苛严的"大索貌阅""输籍定样"的户籍整理、划分各户等级和纳税标准的办法：

> 令州县大索貌阅，户口不实者，正长远配，而又开相纠之科。大功已下，兼令析籍，各为户头，以防容隐。……乃为输籍定样，请偏下诸州。每年正月五日，县令巡人，各随便近，五党三党，共为一团，依样定户上下。④

---

① 李勃：《西汉时期珠崖编户族别考》，《中国社会经济史研究》2014年第4期。
② （唐）李延寿：《北史》卷91《列传》第79《列女》，中华书局1974年版，第3005页。
③ 林日举：《海南史》，吉林人民出版社2002年版，第39页。
④ （唐）魏徵：《隋书》卷24《食货》，中华书局1973年版，第681页。

史载，此次检查增加了政府控制的人口和赋税收入。梁朝在海南再次设置珠崖郡，在隋的户籍整理过程中，本地"户一万九千五百"，"统县十"即：义伦、感恩、颜卢、毗善、昌化、吉安、延德、宁远、澄迈、武德。① 县数及户数较为完整，但编户人口缺载。按《通典》中平均数4.25、最高值5.58计算，适时编户人口在8万—11万之间。总之，与西汉相比，隋朝户口数有所减少。

三　唐代编户数量变化

除前文所引《通典》外，其他三部官修史书及私家著述中唐代编户数据较为凌乱和不系统，这为人们了解该时段的人口情况增加一定的难度。

表4-3　　　　　　　　　唐代海南户口统计

数据来源	崖州	琼州	振州	儋州	万安州	合计
《旧唐书》	6646 户 天宝 户 11 乡	649 户	819 户 2821 口	3956 户 天宝 3309 户	无户口	11421 户
《新唐书》	819 户	649 户	819 户 2821 口	3309 户	2997 户	8593 户
《通典》	2500 户 12000 口	640 户 1680 口	815 户 2820 口	1309 户 7300 口	720 户 1600 口	5984 户 25400 口
《太平寰宇记》	6646 唐管户	649 唐管户	819 开元户	3300 开元户	121 唐旧户	11535 户

资料来源：（后晋）刘昫等：《旧唐书》卷41《地理四》，中华书局1975年版，第1761—1765页；（宋）欧阳修等：《新唐书》卷43上《地理七》，中华书局1975年版，第1100—1101页；（唐）杜佑：《通典》卷184《州郡十四》；《四库全书》第605册，第540—541页；（宋）乐史：《太平寰宇记》卷169，《四库全书》第470册，第565—571页。

从上述统计数字考虑，终唐一代户籍数没有超越隋朝。由于李吉甫《元和郡县图志》中海南相关资料的缺失，岛内人口分布真实状况究竟如何，上述四部著作各执一词。因此，户籍数据的采集年代及其真实性需要厘清。

（一）统计数据产生年代

两《唐书》和《太平寰宇记》皆是后代为前代写史。由"唐管户"

---

① （唐）魏徵：《隋书》卷31《地理志中》，第885页。

"开元户""唐旧户"等组成，资料来源在时间上的无序性，无法勾画出某一时段的人口静态分布图，因此，《太平寰宇记》开列数字可供参考，结论不足为据。两唐书除崖州、万州外，其他三州数据完全一致，兹将二者相关论述进行比较。

1. 崖州

《旧唐书》："旧领县七，户六千六百四十六。"贞观十三年（639），"临机、容琼、万安三县来属"，使高祖武德五年（622）的"舍城、平昌、澄迈、颜罗、临机"增至七县。因之，"旧"实指贞观年间。

《新唐书》："户八百一十九""县三"：舍城、澄迈、文昌；"有颜城，本颜卢，贞观元年更名，开元后省"。故，此为开元（713—741）后设置。

2. 琼州

《旧唐书》：贞观五年改隋琼山县为州，辖琼山、万安、临机三县。十三年，领琼山、容琼、曾口、乐会、颜罗五县。天宝元年（742），改为琼山郡，肃宗乾元元年（758）复为琼州。"领县五，户六百四十九"，从州名的改、复等判断，此应为乾元后数字。

《新唐书》：贞观五年以崖州之琼山县置，自高宗乾封（666—668）后，没入山洞蛮，德宗贞元五年（789）"李复讨复之"。"户六百四十九""县五"，琼山、临高、曾口、乐会、颜罗。二者区别在于具体辖县"容琼""临高"的分歧。《新唐书》曰：贞元七年省容琼；临高，"本临机，隶崖州，贞观五年来属，州没隶崖州。开元元年更名"。从容琼省并、临高县更名，可知为开元后数字。

3. 儋州

《旧唐书》：武德五年置，领义伦、昌化、感恩、富罗四县。贞观元年，分昌化置普（吉——引者注）安。天宝元年改为昌化郡，乾元元年复为儋州。"旧领县五，户三千九百五十六"。据此，"旧"指贞观年间。

《新唐书》：天宝元年更名昌化郡。"户三千三百九""县五"：义伦、昌化、感恩、洛场、富罗。县数一致，区别在于"吉安""洛场"。《新唐书》对此解释为：乾元后省吉安县、置洛场。很明显，该统计数据为乾元后。

4. 振州

《旧唐书》：武德五年置，天宝元年改为临振郡，乾元元年复振州。

"户八百一十九,口二千八百二十一","领县四":宁远、延德、吉阳、临川及新置县——落屯。此数据应指乾元时间。

《新唐书》:天宝元年由临振郡(亦宁远郡)更名振州。"户八百一十九,口二千八百二十一","县五":宁远、延德、吉阳、临川、落屯。同著指出,落屯县为天宝后置。二者区别在于,究竟是乾元还是天宝年间恢复振州。乐史《太平寰宇记》持"乾元元年"说。由此,这组数据应为乾元年间。

5. 万安州

《旧唐书》:唐置万安州,天宝元年改名万安郡,肃宗至德二年(757)为万全郡,乾元元年复为万安州。领万安、陵水、富云、博辽四县,无户口。

《新唐书》:高宗龙溯二年(662)以崖州之万全置万安州,至德二年更万全郡,贞元复万安州,"户二千九百九十七","县四":万安、陵水、富云、博辽。该著在万安县注释:本隶琼州,贞观五年析文昌置,同年置富云、博辽二县,贞观十三年属崖州,后来属。建制变动频繁,导致早期户籍无稽。然龙溯之后已常态化,户口无载,似乎无法解释。

通过对两《唐书》相关梳理发现,海南入唐之后,高祖承隋制,置崖州、儋州、振州;太宗贞观置琼州;高宗置万安州。德宗贞元五年,琼州从"山洞草贼"占据百余年中恢复,这标志着,五州二十二县建制才正式运行。从史籍中可以发现,在贞观、开元、天宝及贞元有四次规模性编户统计。其中,贞元时期较为完备。《旧唐书》由贞观、乾元等数据组成,时间跨度较大;《新唐书》则相对集中于开元之后、多为贞元时期,时间相对集中。

《通典》数据。作者杜佑(735—812),字君卿,出身于长安一门第显贵的士族官僚家庭。为唐中叶政治家、思想家、史学家,开创中国典志体先河①。

史载,德宗兴元元年(784)三月,前饶州刺史杜佑"为广州刺史、岭南节度使";贞元三年(787)五月,杜佑为尚书右丞,"以容管经略史李复为广州刺史、岭南节度使"②。

---

① 郭锋:《杜佑评传》,南京大学出版社2004年版,第3—4页。
② (后晋)刘昫等:《旧唐书》卷12《德宗纪上》,第341、356页。

至于"岭南节度使"管辖范围，肃宗至德元年（756）："升五府经略讨击史为岭南节度使，领广、韶、循、潮、康、泷、端、新、封、春、勤、罗、潘、高、恩、雷、崖、琼、振、儋、万安、藤二十二州，治广州。"①

有着岭南三年为官履历的杜佑，其记录下的海南州县建制是怎样的情形？

表 4-4　　　　　　　　　《通典》中的海南州县

州郡名称		辖县数量及名称	
崖州	珠崖郡	4	舍城 澄迈 文昌 临高
振州	延德郡	5	宁远 延德 吉阳 临川 落屯
儋州	昌化郡	5	义伦 昌化 感恩 洛阳［场］富罗
琼州	琼山郡	5	琼山 曾口 容琼 乐会 颜罗
万安州	万全郡	4	万安 陵水 富罗 博辽

《通典》中海南户口，前文已有引述，文章没有交代数字采集年代。通过两《唐书》与之比较，可发现这样的线索。

"临高"归属。"山洞草贼"据琼州前后，临高隶属的关系在崖州和琼州之间变化。贞元五年琼州收复，七年，临高改隶琼州；"容琼"并省，发生在贞元七年；省吉安县、置洛场（四库版《通典》为洛阳，恐误），乃乾元后之事。

由此观之，杜氏所记录的时间下限应该在其为岭南节度使期间。仅此一点，比"采《五经》群史，上自皇帝，至于有唐天宝之末"②断定，要延后近20年。

综上所述，表4-3所列的四部著作中，资料相对完整、数据采集比较集中的数字当属于杜佑《通典》。

（二）编户数量估算

《通典》十分清晰地记载了德宗初年，海南五州二十三县的户口总数，分别是5984户、25400口。

----

① （宋）欧阳修：《新唐书》卷69《表》第9《方镇六》，第1934—1935页。

② （唐）李翰《通典·序》；《四库全书》第603册，台湾商务印书馆1983年版，第6—7页。

宪宗元和二年（807），岭南节度使赵昌进"琼管、儋、振、万、安六州《六十二洞归降图》"①。按照每"洞"40人口计算，此次"归降"约为2400口。至此，宪宗人口在3万之谱。这一数字与唐前期的数据，有着不小的距离。

在《旧唐书》中，贞观时期崖州"户六千六百四十六"、儋州"户三千九百五十六"，两州编户数达到10602户。按《通典》中海南的家庭规模平均数4.25、最高值儋州的5.58计算，人口规模应在4.5万—5.9万之间。

贞观至贞元的150年间，编户人口数字出现大幅度减少，似乎不合常情。诚然，经过安史之乱，唐代人口总量有着较大的减少。但是这场战乱对海南基本上没有影响，且此时岛内也没有大规模战争。对于杜佑数字较为合理的解释是：其一，户口隐匿现象严重，但这个数字不可能超越一定的维度；其二，羁縻州县在岛内广泛存在。

唐代在海南州县设、废变化频繁，官方意志与民间自愿选择之间对抗强烈，此时段内人口数字与州县建立并没有形成正相关关系。② 贞元五年（789）十月，岭南节度使李复奏称："琼州本隶广府管内，乾封年（666—668），山洞草贼反叛，遂兹沦陷，至今一百余年。……今已收复旧城。"③ 太宗贞观年间（622—649），将琼州纳入版籍的政治设计，在不到30年的时间内就被"山洞草贼"所颠覆，充分表明国家以版籍为基础的郡县制在海南推行艰难。自然，户籍数字不完整、统计数据中人口减少等现象也在情理之中。

四　两宋时期的编户

宋代户籍簿，全国人口分为"主户"和"客户"两大类。主户是指城市有房产或乡村有田产应纳税服役的人户（也称税户），分坊郭、乡村主户。客户是指城市无房产或乡村无田产的人户，分坊郭、乡村客户。此外，还有以主户中的大小官僚（亦称官户）、州县吏员、乡村办事人员等组成的"形势户"。

---

① （后晋）刘昫等：《旧唐书》卷14《宪宗上》，第421页。
② 张朔人：《试论隋唐王朝海南治理政策变迁》，《海南大学学报》2011年第1期。
③ （后晋）刘昫等：《旧唐书》卷41《地理四》，第1762—1763页。

(一) 宋代海南的主客户

史料记载国家户籍制度在海南落实情况。元丰六年(1083)五月,因海南盐业配额,在地方的上报材料中揭示了本岛主客户大致情形。

> 户部言:知琼州刘威相度琼州、昌化、万安、朱崖军民户,乡村、坊郭第一至第三等,每丁逐月盐一斤,第四、第五等及客户、僧道童行,每丁逐月半斤,不以月日为限,岁终买足。遇有死亡,开落;进丁,收上。看详所配卖盐数太多,欲乞两等盐各减半,余依刘威所定。①

上述材料揭示本岛一州三军的主户划分共有五等,其中主户中第四、五等与客户配盐相同。

南宋高宗绍兴五年(1135)十二月,全国户口统计材料中,"(广南)西路税户三十一万余,客户十一万余"②。尽管此时岛内户口数字不明确,毫无疑问,从属于广南西路的海南仍然以"主户(税户)""客户"方式登记造册。

宋太祖开宝四年(971)三月,海南入宋;元世祖十七年(1280)十一月,琼州安抚使赵与珞及冉安国、黄之杰等战死白沙口,海南入元。两宋政权在海南经略310年时间内,其统治基础的编户数字,《宋史》以神宗元丰年间(1073—1085)一州三军户数体现。因此,其编户实情有待厘清。

(二) 相关统计数据

宋代本岛户籍,在官修和私人著述的海南史籍中有如下记载(见表4-5)。

表4-5 宋代文献中的海南户籍数据

一州三军	领县	宋史	元丰九域志		太平寰宇记		
		户	主户	客户	丁	主户	客户
琼州	5	8963	8433	530	3515		
南宁军	3	833	743	90	685		

---

① (宋)李焘:《续资治通鉴长编》卷335,《四库全书》第319册,第627页。
② (宋)李心传:《建炎以来系年要录》卷96,《四库全书》第326册,第351页。

续表

一州三军	领县	宋史	元丰九域志		太平寰宇记		
		户	主户	客户	丁	主户	客户
万安军	2	270	120	97	289		
吉阳军	2	251	240	11	340		12
合计	12	10317	9536	728	4200	629	12

资料来源：（元）脱脱等：《宋史》卷90《地理六·广南西路》，中华书局1975年版，第1761—1765页。（宋）王存：《元丰九域志》卷9《广南西路》，《四库全书》第471册，第221—223页。（宋）乐史：《太平寰宇记》卷169《岭南道十三》，《四库全书》第470册，第565—571页。

关于数据采集时间，《宋史》源自神宗元丰年间（1078—1085）；以"元丰"命名的《九域志》，其采集时间应该在元丰及其以前。成书在太宗雍熙（984—987）、端拱（988—989）年间的《寰宇记》，政区建制变化以太平兴国（976—984）后期为主，故其采集时间为北宋早期。上列仅为北宋户籍，没有涉及南宋。

（三）人口估算

以主客户为统计基准，"丁"数多寡载入户簿，与其赋役制度相匹配的户籍制度，是宋代特定产物，并非今天广义上的人口簿。其中，"女口"是否纳入户籍成为学术界争论的焦点之一①。此外，只记户数，总人口数量无法知晓。

宋金战事对海南影响甚微，故其户均人口数字变化不大。以唐《通典》平均数4.25、最高值5.58计算，元丰年间编户人口在4.5万—5.8万之间。

海南户籍数在宋徽宗（1101—1125在位）前期，曾经出现过一个高峰值。崇宁（1102—1106）中，在知桂州王祖道经略下，"抚定黎贼九百七峒，结丁口六万四千，开道路一千二百余里"②。在此基础上，王氏于大观元年（1107），上疏朝廷"请于黎母山心立镇州，为下都督府，赐军

---

① 按："不计女口"代表为，穆朝庆：《两宋户籍制度问题》，《历史研究》1981年，第1期；"计女口"代表为，[日]加藤繁：《中国经济史考证》（第二卷），商务印书馆1963年版，第261页。

② （宋）周去非：《岭外代答》，《四库全书》第589册，第406页。

额曰靖海,知州领海南安抚都监"①。四年之后的政和元年(1111),因"出差货物不多,并深在黎峒,中间别无人旅往还",罢镇州。② 北宋末年,在昌化江流域中部设立镇州,是王朝经略海南的一次失败的探索。③ 尽管如此,四年间编户数量有着巨大的增长。

那么,南宋人口情况如何?元丰三年,在毕仲衍《中书备对》中"天下四京一十八路户口主客数目"中,广南西路 24 州 60 县的数目为:主户 163418、口 584641;客户 78691、口 470946。南宋时期,天下户口"莫盛于宁宗嘉定之时"。嘉定十六年(1223),广南西路户 528220、口 1321207④。两相比较,嘉定十六年户、口数分别是元丰三年的 2.18 和 1.25 倍。

南渡之后,偏居一隅的南宋政权为加强统治基础,对赋役制度进行改革,全国户口有不同程度增加,广南西路情况便是其代表。此时段本岛户籍阙载,按广南西路增长率,该时段本地区编户人数在 5.6 万—7.3 万之间。该数字是否恰当?在随后的论述中,元初人口在 16 万人,应是南宋本岛治理的结果。如此看来,这一估值过于保守。

关于两宋的编户,可以得出这样的结论:北宋编户数量在 5 万—7 万的变量中运行,高峰值出现在镇州存废的大观年间,约 12 万人;宋室南渡,大量的闽浙人口向本岛迁徙,宁宗时期,至少在 7 万人以上,此后 50 余年时间内在 10 万以上运行,最高值达到 16 万以上。

五 元朝户籍统计

元世祖至元十五年(1278)七月,阿里海牙对海南用兵,南宁、万安、吉阳诸州县皆附元⑤。十一月,以原宋南宁军管帅马成旺之名,购买内应,将聚集在白沙口一带的抗元力量——琼州安抚赵与珞等裂杀⑥,海

---

① (元)脱脱:《宋史》卷 345《王祖道传》,第 11041 页。
② (清)徐松:《宋会要辑稿·方域七》,上海大东书局 1936 年版,第 7438 页。
③ 张朔人:《宋代海南王化治理的实践路径》,《琼州学院学报》2013 年第 3 期。
④ (元)马端临:《文献通考》卷 11《户口考二》,《四库全书》第 610 册,第 266、268 页。
⑤ (清)毕沅:《续资治通鉴》卷 181,《续修四库全书》第 346 册,上海古籍出版社 1995 年版,第 258 页。
⑥ (明)唐胄:《正德琼台志》卷 33《名宦》,上海古籍书店 1964 年版。

南入元。明洪武元年（1368）六月，"海南分府元帅陈乾富亦相继归附"①，海南归明。元朝在本岛统治时间 90 年，其编户数字在官修史书中有所记录。

表 4-6　　　　　　　　　《元史》中的户籍数据

建制名称	辖县	户数	口数	户均人口
乾宁军民安抚司	琼山 澄迈 临高 文昌 乐会 会同 定安	75837	128184	1.69
南宁军	宜伦 昌化 感恩	9627	23652	2.46
万安军	万安 陵水	5341	8686	1.63
吉阳军	宁远	1439	5735	3.99
合计	13	92244	166257	1.80

资料来源：（明）宋濂等：《元史》卷 63《地理志六》，中华书局 1976 年版，第 1538—1539 页。

近 10 万户、16 万以上的人口，实为开郡以来编户数量所仅见。然而，《元史》中的相关记载，数据采集时间较为模糊，据此而整理出来的户均人口数量也偏少。自然，人口总量也会有不小的变化，有进一步厘清的必要。

（一）数据来源

据史料记载，元代有四次大规模户口统计：窝阔台汗七年（1235）"乙未括户"，蒙哥汗二年（1252）"壬子括户"，至元七年（1270）和二十六年（1289），此后没有进行系统户口统计。从海南入元时间判断，本岛户籍统计为第四次。

至元十九到二十一年、二十四至二十六年，元政府以海南为主要后方基地，发动对占城和安南的军事行动。随后，对岛内开疆拓土，至元二十八年十月，到三十年正月 3 年内，"勒五指山""勒黎鹜岭"战事结束，岛内政治生态随之产生了颠覆性改变。"得峒六百二十六，户口四万七千

---

① 《明太祖实录》卷 32，台湾"中央研究院"历史语言研究所校印，第 565 页。

有余……置定安、会同二县"①。新县设置、编户增加，是此次战争的最直接后果。问题是，新附户口是否包含在此次括户之中？

有元一代，海南"一路""三军"分隶"海北海南道宣慰司"，岛内统一的行政机构缺失。② 其中，"琼州路安抚司"；成宗大德二年（1298），"琼州路军民安抚司"；天历二年（1329），"乾宁军民安抚司"；元统二年（1334），"乾宁安抚司"等，主要涉及"唐以崖州之琼山置琼州，又为琼山郡。宋为琼管安抚都监"这一区域，辖县如表4—6"乾宁军民安抚司"之七县。

如前所述，定安、会同置县，为世祖至元三十年（1293）之事。"定安县"户籍却附在"乾宁军民安抚司"（存在时间：天历二年至元统二年，即1329—1334年）名下。与此同时，天历二年十月，"升定安县为南康（建）州，隶海北元帅府"③，岛内行政建制变动后的南建州，既没单列又无户口。《元史》的此段叙述时、空较为混乱，括户完成时间无法明晰。江南地区结束于至元二十七年，可以作为参照。至此，至元三十年新附4.7余万人，在国家统计数据之外。

从1278年海南入元到1290年统计结束的12年时间内，户口达到16.6万，应该是建立在南宋编户的基础上。

（二）户平均规模与人口估算

据梁方仲先生统计，中书省每户2.72口，岭北、云南、征东三行省阙载，其余7个行省均在5口左右，包括海南在内的湖广行省户平均数也

---

① （元）邢梦璜：《至元癸巳平黎碑记》，（清）张岳崧：《道光琼州府志》卷38《艺文》，台湾成文出版社1967年版，第875—876页。按：《元史》认为：（至元二十九年六月）"敕以海南新附四州洞寨五百一十九、民二万余户，置会同、定安二县，隶琼州"（《元史》卷17《世祖十四》）；嘉靖《广东通志初稿》载：（至元三十年春）"得峒六百，户口二万三千八百二十七，降户一万三千四百九十七……奏置屯田府，立定安、会同县，万全寨"（《四库存目》，史部189，第584页；（明）欧阳璨：《万历琼州府志》卷8《海黎志·平黎》，书目文献出版社1990年版，第266页）。方志、正史及文人笔记在归附的峒户数字、二县设置时间的相关记载皆有明显的差距。邢梦璜：海南文昌人，宋咸淳间，由"举文学"而授"崖州金判"升"万安知军"，入元之后，"有出尘之趣"，著《平黎》《磨崖》二记（参见邢益儒《海南省邢氏家谱》卷3，2001年续修）。邢氏为宋末地方官员、战争经历者，故其记录真实性可能更大一些。

② 张朔人、詹兴文：《元代海南王朝治理政策述评》，《海南大学学报》（人文社会科学版）2015年第6期。

③ （明）宋濂：《元史》卷33《文宗二》，第743页。

达到 3.53①。然而，海南的统计户均人口最高值为 3.99、均值 1.80，数值偏低。

以唐代平均数 4.25、最高值 5.58 参照，92244 户，应该在 39.2—51.4 万之间，如果再加上至元三十年新附人口，至少有 44 万人口，最高值为 56 万。

六　明朝编户

明朝 270 多年统治中，琼州府是最高一级地方政权，洪武三年一府三州十三县的建制格局，到正统四年（1439），因"三州地狭民少"之故，经知府程莹奏请"省广东琼州府儋州附郭宜伦县、崖州附郭宁远县、万州附郭万宁县俱入本州"②，一府三州十县随成定制。

"户口之数，增减不一"，其可考者有，洪武二十六年（1393）、弘治四年（1491）、万历六年（1578）三次规模性人口统计。广东布政司"领府十、直隶州一、属州七、县七十五"，其编户数字明确，包括琼州府在内其他各府州县数字没有细化③。见存的明代方志为此弥补了空缺。

（一）编户数量

据《明史·食货志》，洪武十四年诏告天下编赋役黄册，"每十年有司更订其册"。按此规定，自洪武二十四年（1391）至万历四十五年（1617）的 226 年间，海南"大造黄册"应有 22 次之多，而见存的数据仅为洪武二十四年、永乐十年（1412）、成化八年（1472）、弘治五年（1492）、正德七年（1512）及万历四十五年（1617）6 次。在正德七年至万历四十五年的 100 多年中，没有统计数据。其中，万历六年黄册再造，事关张居正一条鞭法的实施，居然无载，可能与方志编纂者的简繁取舍有关。六次统计结果如表 4-7 所示。

---

① 梁方仲：《中国历代户口、田地田赋统计》，甲表 49《元代各省路府州户口数及每县平均户数和每户平均口数》，上海人民出版社 1985 年版，第 178—184 页。
② 《明英宗实录》卷 56，台湾"中央研究院"历史语言研究所校印，第 1070—1071 页。
③ （清）张廷玉：《明史》卷 77《食货一·户口》、卷 45《地理志六》，中华书局 1974 年版，第 1880—1881、1132—1133、1145—1147 页。

表 4-7　　　　　　　　　明代琼州府户口统计

分项	洪武二十四年	永乐十年	成化八年	弘治五年	正德七年	万历四十五年
府户数	68522	88606	54485	54705	54798	56892
府口数	298030	337479	266304	227967	250143	250524
户均人口	4.35	3.81	4.89	4.17	4.57	4.40

资料来源：（明）唐胄：《正德琼台志》卷 10《户口》，上海古籍出版社 1964 年版；（明）欧阳璨：《万历琼州府志》卷 5《赋役志户口》，书目文献出版社 1990 年版，第 141—142 页。

琼州府编户在 22.7 万—33.7 万的数字上变动，正德之后 100 多年人口数维持在 25 万以上，这是王朝统治的基础。然而，其高峰值不是在正德、万历时期，而出现在明初的永乐年间，这与"土官制度"政策置、废关系密切①。

永乐时期，"峒首管黎"的土官制度盛行，州县"黎人向化"数量有着不同程度的增加，详见表 4-8。

表 4-8　　　　　　　永乐十年府州县熟黎户口统计

州县	户	口	州县	户	口
琼山	2169	5306	澄迈	2169	6244
临高	2707	6338	定安	954	2329
文昌	308	739	乐会	433	998
宜伦	3417	7421	昌化	960	1931
万宁	84	180	陵水	73	168
宁远	4020	4857	感恩	1995	4875
总数	户 17394			口 41386	

其实际情形究竟如何？郡人王佐在其《进〈珠崖录〉奏》中指出，永乐四年，广西梧州府通判刘铭为琼州府抚黎知府时的所作所为：

（刘铭）私自奏讨本府三州十县②，附近黎山、版籍称为熟黎者，以招抚生黎为由，就便纷落所属，据为本管，诱以不当差役，多增所

---

① 张朔人：《明代海南文化研究》，第 498—507 页。
② 按：原文如此。一府三州十县正式确立自英宗正统四年。见《明英宗实录》卷 56，第 1070—1071 页。

属部武,以敌偶州县。小人志在投闲,多背本府,去投抚黎知府部下躲差。永乐十年,造册又将熟黎各户未报丁口,报作新招归附黎户。……未几,奸弊显露。①

"不管府事"底线为刘铭所突破,以生黎向化数量为指标的土官制度置废反复在所难免。这是成化、弘治、正德、万历等四次黄册再造,熟黎户没有单列的主要原因。4万多熟黎人口归附,成就永乐年间编户高峰值,此后户籍徘徊在22万—25万之间。国家在本岛强势经略,编户数量居然停滞不前,令人匪夷所思。

(二) 户均人口与实际人口估算

六次黄册统计中,户均人口在3.81(永乐)、4.89(成化)之间变动,总平均数为4.37口/户,相对稳定。然而,其中的问题也很明显。

以正德七年的统计数据为例,全岛人口总数为250143人:男子179524(成丁121147,不成丁58377)人;妇女70619人。以全岛男子和妇女为对象,其人口性别比为254:100;即便成丁与妇女之比也达到172:100。男女性别比,至少是170。如此严重失调的性别比,必然给社会带来严重的动荡。

可能的解释是,大量未成年女性在此次统计中被遗漏。如果以全岛男丁为参照,按照人口学理论中男女性别比的正常值106计算,统计数字至少增加近10万女性。相应地,户人口平均数也将增至6.20②。由此可知,编户总人数应该在34万—55万的数量上变动。最高值在永乐年间,中后期相对稳定在35万以上。

七 清代的人口

自清顺治四年(1647)四月,总兵黄恩、客兵阎可义等统兵入琼③,海南入清;到1911年武昌首义,广东相应,琼崖兵备道刘永滇④闻风向义,宣布独立,进入民国,清朝在海南统治264年。

---

① (明)王佐:《进〈珠崖录〉奏》,载(民国)王国宪《海南丛书》第3集《鸡肋集》,第3—4页。
② 张朔人:《海南疍民问题研究》,《安庆师范学院学报》(社会科学版)2007年第2期。
③ (清)潘廷侯:《康熙琼山县志》卷2《沿革志》。
④ 王家槐:《海南近志》,台湾日报承印部,1992年,第2—4页。

（一）统计数据

清代户籍政策，在承袭明制的基础上有所变化，并对编户数量尤加留意。地方志有所记载，兹将相关数据摘录如下（见表4-9）。

表4-9　　　　　　　　　　清道光以前琼州府人口统计

年代	原额数	实编数	新增数
顺治九年（1652）	133232	121831	实编内成丁，男：50797 女：71034
康熙三十一年（1694）		101516	康熙六年至五十年，新增1255丁；五十五年，新增5丁
雍正十年（1732）	109348		雍正八年至十年，黎人归化，新增4410黎丁
乾隆二十六年（1761）			乾隆元年至十六年新增6753丁、二十一年1089、二十六年899丁。滋生115386丁
嘉庆二十三年（1818）			雍正九年至嘉庆二十三年，滋生728889丁
道光十五年（1835）			滋生1250854丁

资料来源：（清）萧应植：《乾隆琼州府志》卷3《田赋志·户口》；（清）张岳崧：《道光琼州府志》卷13《经政志·户口》；（清）蒋廷锡：《雍正初修大清一统志》卷286《琼州府》，北京图书馆藏本。

严格地来看雍正十年黎人归化、乾隆元年至二十六年新增丁口及雍正九年至嘉庆二十三年滋生丁数，这三组跨越数年数据，不能视作年度性人口统计。岛内年度性统计有三次：顺治九年、康熙三十一年和道光十五年。此后，郡志修纂工作停顿，人口数量变化不明。鸦片战争后，尤其是1858年《天津条约》签订，"琼州"被迫作为十处通商口岸，英国的贩卖"猪仔"活动在华南沿海一带盛行，海南也是受害地区之一，大量的青壮年男丁开始"下南洋"，人口外流。所以，道光十五年人口统计应该是有清一代岛内人口的高峰值之一。

在方志的叙述中，清代更多关注丁口实数，家庭人口规模相对模糊。明清交替之际，海南编户人口从25万锐减到13万，除死亡等自然因素外，战争对人口减少不能低估。出自对明朝感情和新政权抵触，顺治四年（1647），儋州、万宁、陵水及临高等州县皆乱，尤以"乐安""黄流"（今乐东境内）等地为最。与民间进行一年多的较量，崖州知州只好默认当时现状；十六年（1659），民间抗清力量再次爆发，十七年始平①。大量编户因此消亡，可以想见。此外，"薙发令"导致民户逃亡以及隐匿户口，占据一定的比例。

（二）人口急剧增长的原因

康熙五十一年规定，"将见今钱粮册内，有名丁数，勿增勿减，永为定额。其自后所生人丁，不必征收钱粮"②，即将康熙五十年人丁数固定下来，赋税征收按照"盛世滋丁，永不加赋"原则进行。

这一重大政策调整，在海南该年人口数字没有确载，雍正的《大清一统志》中"原额"丁数109348可供参考。此外，该政策与地方人口增长也不明显，康熙五十五年"新增五丁"便是最好的说明；乾隆早期的26年内，新增8741丁，年平均增长数为3.15‰，也为之提供佐证。

问题是，11万左右基数的人口规模并不庞大，在乾隆二十六年至嘉庆二十三年的57年时间内，达到72.9万人，增幅是此前的6.5倍；道光十五年为125万，17年内净增52.1万，是基数的11.4倍。

乾嘉道是中国人口发展的高峰期。人口数字在康熙五十一年1亿，乾隆五十五年已突破3亿，嘉庆时期为3亿几百万，道光十五年超过4亿③。按照这一速度估算，道光十五年海南人口约50万。如何解释海南井喷式的人口增长？

过分地从移民角度来解释道光年间125万的数字，值得商榷④。《道光琼州府志》卷22《海黎志·抚黎》记载，道光十三年大饥，耕种黎田客民获得丰收，儋州黎人黎亚义率"生熟黎匪千余人"，对来自"雷、廉、潮、嘉诸郡州"的客民进行劫掠与杀害。显然，该处客民数量不宜过高估计，约在千人规模之内。

可能的解释是，清初"薙发令"及近三十年"迁海令"影响，民生凋敝。民众对新王朝的态度从抵触到适应，有一个较长时段的心里调适期。近百年承平日久，经历几代人的逃亡、隐匿户，开始进入国家统计中。

---

① （清）宋锦：《乾隆崖州志》卷5《海黎志·平乱附》，广东省中山图书馆藏本。
② 《圣祖康熙实录》卷249，康熙五十一年二月王午条，中华书局1985年影印本，第490页。
③ 吴慧：《中国经济史若干问题的计量研究》，福建人民出版社2009年版，第281—282页。
④ 司徒尚纪：《海南岛历史上土地开发研究》，第103—104页。

八 民国时期的户与口

海南在 1911 年独立到 1950 年 5 月解放,近 40 年为民国时期。岛内的行政建制在承袭清制的基础上有所变化:一是海口市置废(1926—1931)[①];二是民国二十四年(1935)乐东、保亭、白沙三个民族县的建立[②]。

(一) 户口统计数字

民国时期规模性人口调查有:十七年即 1928 年 8 月,南京国民政府"为筹办自治之准备","知户口统计之实数",限各省民政厅于是年 12 月前"一律办竣呈报"[③],南区善后公署对海南人口进行统计;民国十九年(1930),黄强调查数据;民国二十二年(1933)"邮政局调查";民国二十五年(1936)"琼崖绥靖委员会公署之统计"及民国三十六年(1947)五月调查[④]。兹将 1928 年、1933 年及 1947 年三组数字整理如下(见表 4-10)。

表 4-10　　　　　　　　民国海南人口统计

市县	1928 年				1933 年		1947 年
	户数	男丁	总数	总数	户数	人口	
海口	4502	2600	19454	45454	4493	45454	
琼山	58328	182539	158340	340879	64057	376274	387848
文昌	67302	234470	205719	440189	68187	425657	415653
定安	33134	110970	81698	192668	35430	191415	172181
澄迈	35009	106882	71281	178163	74870	75488	152680
临高	41164	92612	73276	156888	41165	164341	135376
陵水	9072	34463	29584	64047	16423	102568	50583
儋县	38224	108122	99563	207685	38224	207691	167585
昌江	9826	24092	21797	45924	9612	45695	40170

---

① 海口市人民政府网站,http://www.haikou.gov.cn/rshk/zrhk/lsyg/201103/t20110306_224004.html。

② 陈植:《海南岛新志》,商务印书馆 1949 年版,第 55—56 页。

③ 侯杨方:《中国人口史》(第六卷),复旦大学出版社 2001 年版,第 62 页。

④ 陈植:《海南岛新志》,第 90—91 页。

续表

市县	1928 年				1933 年		1947 年
	户数	男丁	总数	总数	户数	人口	
万宁	22471	91950	73560	165510	22471	165510	101211
乐会	18603	62113	57163	119276	18382	118307	105760
感恩	7321	18328	16803	35131	7321	35113	42928
崖县	15266	50511	46906	97417	14469	93383	93465
琼东	12678	50054	47360	97414	13725	105267	88438
白沙							56770
保亭							65320
乐东							53072
合计	373900	1193106	1002539	2195645	426829	2160203	2130980

资料来源：陈铭枢：《民国海南岛志》，神州国光社 1933 年版，第 74—75 页；陈献荣：《琼崖》，商务印书馆 1933 年版，第 16—19 页。按：民国二十二年昌化县代替昌江县；陈植：《海南岛新志》，商务印书馆 1949 年版，第 91—92 页。

由表 4-10 可知，该时段的人口已经突破 210 万。

（二）统计数据与总量估算

1. 性别构成

《中国人口史》（第六卷）揭示了 1928 年全国 21 个省市人口性别比平均数为 124.67，1931 年广东地区为 119.67。如此，海南 119.01 的平均数偏低（参见表 4-11），高于同时台湾的 103.4[①]。

表 4-11　　　　　　　民国十七年海南人口性别比

市县	性别比	市县	性别比	市县	性别比
海口	133.65	琼山	115.28	文昌	113.96
定安	135.83	澄迈	149.95	临高	126.39
陵水	116.49	儋县	108.60	昌江	110.53
万宁	125.00	乐会	108.66	感恩	109.08
崖县	107.69	琼东	105.69	平均数	119.01

岛内性别比的区域分布有着明显的不均衡。澄迈接近 150，也就是说

---

① 苏云峰：《海南历史论文集》，海南出版社 2002 年版，第 14 页。

150 个男人对 100 个女人，男女性别比例严重失衡。

2. 数字质疑

民国二十二年人口总数，因统计之误，在"总共"一栏中，户数应为 428829、人口 2152183。在分县市户数、人口栏中，万宁的统计数十七年和二十二年完全一致，皆是 22471、165510；二十二年临高户数为 41165，比十七年增加 1 户、人口减少 1547 人。该年陵水户 16423、口 102568，比十七年猛增 7351 户，人口增加 38521 人。类似问题，不一而足。

3. 人口估算

民国二十二年"澄迈县"户数 74870，人口 75488，户均人口 1.008 人。此时，海南汉人（除澄迈）户人均数为 5.867 人；十七年户人均数 5.888 人。以此为据，民国时段汉族人口高峰值应介于 260 万—270 万之间①。

第二节 民族人口估算

考古表明，在岛内中西部地区，有一定规模的族群人口存在。西汉开郡之后尤其是唐宋以降中央政府的户籍登记制度围绕着"编户齐民"及"向化"的"熟黎"人口展开，非"王化""生黎"等被排斥在统计数据之外。民国二十二年（1933）第一次正式将黎苗人口纳入统计中，这一情况才有所改变。

以编户数量多寡来衡量岛内人口数量，成为目前为止相关研究成果②的共性判断，对该群体数量缺少足够关注。显然，历代户籍人口统计数据与岛内实际人口之间存在着较大悬殊。那么，该族群的人口数在不同的历史时期，究竟多少？本书将在岛内史前时期、地处中西部地区的坡地台地

---

① 张朔人：《民国时期海南人口问题研究》，《新东方》2007 年第 3 期。

② 按：20 世纪 40 年代，日本学者从国家治理的角度论述唐、宋、元、明、清等朝"户口"，旨在为此时日本侵略者长期占领海南服务（［日］小野田淳：《海南岛史》，张迅斋译，学海出版社 1979 年版，第 17—18、42—45、83—84、104—107、209—212 页）；从移民与土地开发的视角解读海南人口变迁（司徒尚纪：《海南岛历史上土地开发研究》，海南出版社 1992 年版）；从海南岛开郡至 1950 年解放 2000 多年的跨度中，在历史典籍中搜寻各朝的"编户"（林日举：《海南史》，吉林人民出版社 2002 年版）。上述文章，基本上都在"编户"的基础上探讨本岛人口的变化，而一直存在于中西部地区的民族人口，没有进入研究层面。

遗址进行科学估算，在此基础上勾勒出族群人口大致数量。

一 两汉非"王化"族群人口估算

考古遗址发掘也为复原西汉人口提供可能。至 2004 年止，共发现近 300 处的石器时代遗址，每处为一个原始村落，按每村落 40 人①计算，岛内居民约为 1 万人。从文昌凤鸣坡新石器遗址距今 4000 年推算，该遗址到汉代开郡有 2000 年历史。这些村落在 2000 年历史长河中，人口再生产情况如何？

一般认为，"高出生率、高死亡率、低自然增长率"两高一低型的人口再生产，是中国封建社会人口增长的总体概括。其中从西汉平帝元始二年（公元 2 年）至 1840 年的 1839 年间，全国人口年递增 0.1%②。尽管文章限于"封建社会"，但这对新时代石器晚期 2000 年来，地处遐荒、炎天涨海、瘟疫、台风、瘴气等生存条件极为恶劣的海南社会同样适合，其人口增长率甚至比全国还要低。理论上来讲，经过 2000 年自然发展，到汉代，海南人口规模在 20 万左右。

西汉以沿海台地为重点的人口统计中，国家"编户"人口在 10 万—13 万，这是后代中央政府统治基础。即便将文献中三万"善人"全部看做外来移民，未列入此次统计的族群人口至少有 10 万。既有森林茂密、瘴气盛行等客观原因阻碍，也有"介鳞易我衣裳"的恐惧因素，导致中西部地区人口被排斥在此次编户之外。他们在相对封闭生活圈内，一方面以"刀耕火种"方式与自然界互动，从而获得自身生存资料；另一方面，则从事着自身人口繁衍。

编户齐民最大化是王朝努力的目标。国家试图以"生黎→熟黎化→熟黎→编户齐民"运行模式，加强对黎族社会有效控制。③ 族群与地方政府之间围绕着正向——愿服王化、负向——武装起事等层面展开长期互动。在历史记忆中，零星黎人走入编户不绝于史书，互为表里的是武装暴

---

① 按：村落人口数量如何界定，有以下可供参考。(1) 北宋王祖道"九百七峒，结丁口六万四千"，每峒人口约 70 人；(2) 元朝《平黎策》"得峒六百二十六，户口四万七千有余"，每峒 75 人；(3) 司徒尚纪认为，每峒 40 人左右，本书取其中最小值。

② 宁可：《试论中国封建社会的人口问题》，《宁可史学论文集》，中国社会科学出版社 1999 年版，第 256 页。

③ 张朔人：《明代海南文化研究》，第 431 页。

动也不时发生，而一大批藏于深山的所谓"生黎"则被遗忘。随着王朝治理力度加强，黎汉交界线逐渐内推，对"生黎"的分布也日益清晰。

二 "生黎"聚集地逐步清晰

国家政权在边疆地区运行，编户齐民是其经营的重心，自汉代开郡之日起，族群的汉化现象便开始产生。史料表明，至迟到南宋，是否服王化的地方标准把黎族分为"熟黎""生黎"。因应国家治理力度强弱，熟黎在汉化和黎化中徘徊。生黎则是王化主要对象，随着历史演进，其聚集地、人口数量逐步清晰。

（一）冼夫人汤沐邑

隋初，岭南大乱，夫人"亲载诏书，自称使者，历十余州，宣述上意，谕诸狸獠，所至皆降"。冼氏的作为，为其赢得了隋高祖所赐临振县（今三亚市、乐东县、东方市一带）1500户汤沐邑①。《礼记·王制》曰："方伯为朝天子，皆有汤沐之邑于天子之县内。"源自周代封邑制度，到汉初有所变化：

> 天下初定……量吏禄，度官用，以赋于民。而山川园池市井租税之入，自天子以至于封君汤沐邑，皆各为私奉养焉，不领于天下之经费。

唐司马贞《索隐》解释曰，以汤沐邑为私奉养，故不领天子之常税，为一年之费。② 至此，封邑成为食邑，邑中民户便是受封者赋税征收对象。从性质来看，冯冼氏食邑大略如此，因此 1500 户、6000—8000 丁口不属于国家编户。

高祖仁寿初（601—604），冯冼氏离世，谥为"诚敬夫人"。炀帝大业（605—617）中，"析朱崖延德、宁远县"置临振郡③，可以说，在临振县基础上设置的临振郡，直接动因就是将冯冼氏汤沐邑之民（即生黎）纳入国家编户之中。

---

① （唐）魏征：《隋书》卷80《列传》第45《谯国夫人》，第1800—1803页。
② （汉）司马迁：《史记》卷30《平准书》，中华书局1959年版，第1418—1419页。
③ （明）唐胄：《正德琼台志》卷2《郡州邑沿革表》。

(二) 明清生黎聚落

宋代开始用生、熟黎来区别族群内部"王化"程度，自然其聚集地也成为关注对象。"岛之中有黎母山诸蛮，环居四傍，号黎人。其去省地远，不供赋役者，名生黎；耕作省地者，名熟黎。……熟黎之外，始是州县。大抵四郡各占岛之一陲。其中，黎地不可得，亦无路通。"① 此乃南宋绍兴三十年（1160），岛内生熟黎分布情况。显然，这种模糊的认识无法展示"生黎"的实际情形，随着朝代更迭，这一情况有所改观。

1. 明代生熟黎聚集地

方志纂修者不断呈现出治黎的阶段性结果，黎人居住地随之逐步清晰。

表 4-12　　　　　　　　　　明嘉靖时期生熟黎分布

州县	熟黎峒	生黎峒	备注
琼山	东黎都县东南 210 里：清水峒，21 村。西黎都县西南 120 里，7 峒，43 村。沙湾、居碡、居林 3 峒，属西黎都，分别为 350 里，25 村；380 里，15 村；435 里，21 村	岭脚下 3 峒	沙湾、居碡、居林峒，叛服无常
澄迈	南黎一、二都，17 峒 89 村。西黎一、终二都，无峒，286 村	南黎 18 村、西黎 4 村	版籍者十九；不附者十一
临高	生、熟黎共 8 峒，熟黎 47 村	34 村	3 峒无载
定安	光螺峒距县西南 400 里，58 村。思河峒距县南 300 里，45 村。南间峒距县南 300 里，熟黎 115 村	光螺 32 村、思河 24 村	顺化者少，梗叛者强半
乐会	西北熟黎 11 村；西南 12 村	33 村、26 村	与万州、定安诸黎交通
文昌	斩脚峒，县北 40 里，熟黎 13 村	无	咸附籍白延都
儋州	抱驿都一、四图，州东 40 里，俱熟黎；二、三图西南 60 里，熟黎。五图，州南 70 里，嘉靖九年（1530）由生黎转为熟黎，有 114 村。弘治十五年（1502）后，七方峒 25 村熟黎。嘉靖十五年，招抚为熟黎，52 村。	有南不埒、落洒、可潺、可赛峒等。不知其名，不能入者为岐黎	山极深广，黎族盘踞其中，最为繁盛
万州	龙吟峒，州北 50 里，天顺间归附	鹧鸪峒，州西 120 里，49 村	多黎患，涣不与外群，无土舍

---

① （宋）李心传：《建炎以来系年要录》，《四库全书》，商务印书馆 1986 年版，第 327 册，第 672—673 页。

续表

州县	熟黎峒	生黎峒	备注
陵水	黎亭峒，县北20里，8村；岭脚洞，县南30里，8村	黎亭，14村；岭脚，66村	诸黎盘踞其中，最为众多，属土舍者十之二三
崖州	距州东北15里2142家；北100里210余家；东130、66里455家、东100里1千余家；东60—23里765家；北20里35家；东北60里420家；南20—10里60家；东南20—9里315余家。西50—20里64家；西北60—200里365家。	州东北120里3710余家；西北130里3100余家；北35里45家；东南10余家	生熟黎最悍且繁
感恩	黎附版籍者十九，不附版籍者十一	抱道、德遢、多涧等7村	居民鲜少与诸黎杂处

资料来源：（明）顾可久《琼管山海图说》，光绪庚寅，如不及斋校刊，国家图书馆藏。

嘉靖十六年（1537），整饬琼州兵备广东按察使副使顾可久《琼管山海图说》，从黎防和海防着手，加强岛内防御，生熟黎峒分布是其主要内容。会同"无深山峻岭，故无黎"；昌化"无深山大岭，弥望皆斥卤，黎与民杂居，久附版籍，与吾民并供邑之赋役"。比起南宋"四郡各占岛之一陲"，明中期有着较大改观。

儋州生黎，"有南不埒、落洒、可潺、可赛峒等。不知其名，不能入者为岐黎"；琼山西南境距府城120里；崖州北部生黎距州治120里；万州管辖范围到州西120里等，表明以五指山为核心的中西部地区，仍处于未知状态。

2. 清代对生黎认知的加强

康熙三十一年（1692）五月，康熙认为："阅琼州舆图，周围皆服内州县，而黎人居中。如果此处应取，古人何为将周围取之，而在内弹丸之地，反弃而不取乎？不入版图，必有深意。"① 这表明中部生黎区仍然无法进入"版图"。

道光二十一年（1841），《琼州府志》在"确勘"基础上，将大约分布在今天屯昌、保亭、五指山、琼中及白沙五个市县境内的生黎村峒名称及数量，予以记录并载入黎情之"村峒"中，这在地方史中尚属首次。

道光府志以定安县为依托，指出该县属"生黎峒五、熟黎峒三，广

---

① 《清康熙实录》卷155，中华书局1986年影印本，第713页。

袤约五六百里",东与会同相接、南和陵水县保停汛黎接界、西至崖州乐安汛黎相交、北分别同儋州和琼山之黎接界。其间生黎主要分布:加钗峒25村、十万峒21村、喃唠峒17村、红毛峒(上、下)38村、水满峒22村①。与此前相比,地方政府对中部生黎区认识、管理都有所加强。

光绪十二年(1886),冯子材率兵入岛平定黎乱,"以利军事转输",命黎人割除路旁林箐蔓草,开通了"粗具路形"的"十字路"。据《民国海南岛志》的观察,东西走向的路"南陵路"自儋州南丰始,经薄沙(今白沙境内)入红毛峒、过五指山,南下保亭、陵水县治,约520里;南北向"崖岭路",自崖州治所北上乐安、潘阳(今乐东境内),过五指山、出红毛峒,至营根(今琼中境内)、岭门(今屯昌境内),约600里。②尽管该志没有记载黎人村峒分布情况,有理由相信,对该区域认识有所加强。

3. 定安五峒生黎人口估算

交纳赋税而渐次走进国家编户中的熟黎,其户口数逐步清晰。深居五指山内不服王化的生黎,因其聚落不明,人口数无从知晓。明清时期,随着生熟黎线的不断内推,中西部的情况有所改观。

如前文所述,道光定安县加钗、十万、喃唠、红毛、水满5个生黎峒,共有123村,其人口数量缺载。明嘉靖统计数据,为之提供参照(见表4-13)。

表4-13　　　　　　　　明嘉靖临高黎峒与人口统计

峒名	生黎				熟黎			
	村数	户数	人口	户均	村数	户数	人口	户均
坡头、略远、番溪、那律	22	460	570	1.24				
重达峒	5	31	56	1.81	2	15	22	1.47
番吉峒	7	45	67	1.49				
坟营峒	4	50	120	2.4	27	250	920	3.68
松柏峒					6	110	150	1.36

---

① (清)张岳崧:《道光琼州府志》卷20《海黎志六·村峒》,台北成文出版社1967年版,第454—455页。

② 陈铭枢:《民国海南岛志》,神州国光社1933年版;第260页。

续表

峒名	生黎				熟黎			
总计	38	586	813	1.39	35	375	1092	2.91

资料来源：（明）顾可久：《琼管山海图说》之《临高县山海图说》，第19—21页。

临高生黎户均人口数要低于熟黎户，除坟营峒熟黎户3.68和明永乐本岛的家庭规模3.81较为接近外，其他均户规模皆在1—2之间徘徊。根据常识，该项人口统计并没有反映出黎人的实际人口数。

以生熟黎成年男性为对象，可能是顾氏统计标准。表4-13中各峒所辖村、户数多寡不一，以明代海南6次黄册家庭规模总平均数4.37参照，相应地临高7生黎峒38村586户约2560人。据此，定安5生黎峒123村约8286人。

（三）民国黎族人口数量与聚集地

民国中期以前，继续沿用历代的编户政策，黎苗不在统计之列。如民国十七年（1928），应广东省编办保甲之法，南区善后公署对全岛进行清查户口，中部五指山的"黎、苗、侾、岐四族"被排除在外①。

1. 首次全岛性黎苗人口统计

民国二十二年（1933），琼崖绥靖公署调查数字公布之后，黎族人口数量才从"20万人"的推测数字中逐步清晰起来。

表4-14　　　　　　　　　1933年黎族人口统计

州县	人口	占地	种别	州县	人口	占地	种别
琼山	100000	20	熟黎	定安	41000	30	生熟黎苗
临高	20000	20	黎苗	澄迈	4000	未详	熟黎
乐会	50000	30	黎苗岐	万宁	18000	30	黎苗岐侾
陵水	23500	20	侾黎岐苗	崖县	60000	未详	黎侾苗岐
儋县	30000	20	苗顽苗	昌化	40000	70	生黎熟黎
琼东	10000	20	熟黎	感恩	6000	60	黎苗

资料来源：陈献荣：《琼崖》，第19页。按：占地以县为单位、百分法表示。文昌无黎，故未列入。

调查结果表明，黎（侾、岐为黎族分支）苗人口总数为402500人，

---

① 陈铭枢：《民国海南岛志》，第74页。

这一数字应该是历史以来首次全岛性黎苗人口统计。据稍后的《海南岛新志》记载，抗战期间本岛人口散失、辗转、死亡者达 234481 人，胜利后族群人口总数 25 万（黎 20 万、苗 5 万）[①]，这似乎无法解释黎苗人口比此前减少 15 万。

2. 因建制而清晰的聚集地

民国二十二年琼崖绥靖公署公布的黎苗人口数并不完整，但此次调查为随后二十四年（1935）"乐东""保亭""白沙"黎区的三县建制提供了参考。

乐东县由昌江县属黎峒七义；感恩县黎峒东方、马隆、鸡叨、峨义、峨逆、抱由、田冲、峨沟；崖县之黎峒乐安、多涧、抱善、抱柱、龙鼻、谭寨、多港、头塘、万冲、番阳等黎区构成。

保亭县由崖县之黎峒北打、六罗、首弓、抱龙、同甲、水满；陵水县黎峒保亭、五弓、六弓、七弓、乌鸦、白石团、岭门团、五指山、七指山、分水岭、吊鸡山；万宁县属税司、南桥、西峒、北峒；乐会县属黎峒竹根、太平、茄槽、合水团；定安县属之船埠、南引团、加冬团、母瑞山等黎区构成。

白沙县由儋县之雅叉、白沙、元门、龙头、炳邦；昌江县属南流、十万；定安县属之新市、营根铺、加钗、小水、思河团；崖县之红毛上、下峒，道栽、红茂村，琼山县之加泉、淋湾等黎区构成[②]。西汉海南开郡近 2000 年历史中，黎区村峒模糊记载，至此才初步厘清。

第三节　新中国成立以来的海南人口

人口普查（Census），是一个国家获取人口资料、掌握国情国力的一种最基本的调查方法。现代意义的人口普查始于 1790 年的美国，至今有 200 多年历史。其主要方法为：在国家统一规定的时间内，按照方法、项目、调查表和标准时点等统一，进行全国人口调查登记。这是当今世界各国广泛采用的搜集人口资料的几种最基本的科学方法，是提供全国基本人口数据的主要来源。

[①] 陈植：《海南岛新志》，商务印书馆 1949 年版，第 90—92 页。
[②] 同上书，第 55—56 页。

中华人民共和国成立后，先后于 1953 年、1964 年、1982 年 7 月 1 日，进行过三次不定期的人口普查。根据《中华人民共和国统计法实施细则》和国务院决定，自 1990 年始，每 10 年一次、定期进行人口普查。第 4 次，1990 年 7 月 1 日；第 5 次，2000 年 11 月 1 日；第 6 次，2010 年 11 月 1 日。新中国成立以来的六次全国人口普查，为了解海南人口情况提供了资料支持。

一 新中国成立以来的人口变化

历史地看，不同时代海南人口数一直为"编户齐民"数量所取代，因而与实际人口总量差距明显。新中国成立后，这一情况得到了根本性改变。

（一）人口总量

表 4—15　　　　　　　第 1—6 次人口普查数据　　　　　单位：人

普查时间		总人口数	性别比		民族人口分布	
			男	女	汉	少数民族
第一次	1953.7.1	2656923	1318590	1338333	2280691	376232
第二次	1964.7.1	3470445	1756747	1713698	3000873	469207
第三次	1982.7.1	5667669	2906720	2760949	4789344	878135
第四次	1990.7.1	6557482	3418689	3138793	5442386	1113304
第五次	2000.11.1	7559035	4002445	3556590	6245329	1313706
第六次	2010.11.1	8671485	4592283	4079202	7246067	1425418

资料来源：海南省人口普查办公室：《海南省第四次人口普查手工汇总资料》，1991 年，第 184 页；海南省第五次人口普查办公室：《海南省 2000 年人口普查资料（一）》，中国统计出版社 2002 年版，第 202—203 页；海南省统计局 海南省第六次人口普查办公室：《海南省 2010 年人口普查资料（上）》，中国统计出版社 2012 年版，第 299 页。

据统计，1950 年解放之初海南人口数为"2281225 万人"[①]。1953 年增加 37.57 万；1964 年比 1953 年增加 81.35 万；1982 年比 1964 年增加 219.72 万；1990 年比 1982 年增加 88.98 万；2000 年比 1990 年增加

---

① 海南省地方志办公室编：《海南省志·人口志》，南海出版公司 1994 年版，第 50 页。按：该书第 13 页载 1953 年人口为 267.19 万，这比第一次人口普查数字多了 1.5 万人，不知何据。

100.16万；2010年比2000年增加111.25万，至此，总人口数为867万。

２．人口快速增长原因

2010年统计人口是1950年的3.8倍，60年间人口快速增长，是机械变动和自然变动共同作用的结果。

（１）机械变动。随着国家对海南战略地位认识，大量人员开始迁至海南岛：20世纪50年代，作为国内橡胶原料供应基地，复员军人及其家属迁入；60年代，作为反帝国防前线的"垦荒热"，农垦大军及"上山下乡"大批知识青年来到海南；70年代，在"以粮为纲"的指引下，海南岛成为全国育种基地，大批农民入岛服务国内大农业；1988年建省办特区前后，"十万人才下海南"；2010年，"国际旅游岛"战略。不同时段移民纷至沓来，是人口机械变动主要表现。

（２）自然变动。人口基数随着机械变动而增大，在此基础上人口数量随着自然变动而产生变化。新中国成立后，人们的生活得到改善，尤其是医疗卫生事业发展，死亡率下降，出生率提高，形成了"高出生率、低死亡率、高增长率"的增长模式，这是海南人口快速发展的主要原因。1973年以后，海南全面落实计划生育国策，人口发展过快的势头得到有效控制，到80年代，发展速度开始放缓。

（二）少数民族聚集地与人口

历史上中西部地区行政建制空缺，黎苗等族群归属游离，如加钗、十万等5个生黎峒属定安管辖便是一例。1935年白沙、保亭和乐东三县设立，建制方面有所变化，但人口统计数据仍不甚清淅。海南解放后，有着根本性改变。

１．行政建制中的民族聚集地

海南解放至1988年，岛内建制为北部汉区和南部自治区（1952.7—1955.10）、自治州（1955.10—1988.4），南部自治区（州）为黎苗等族群主要生活区域。通什市，即今天的五指山市为民族地区的首府所在地。

1988年4月，新成立的海南省撤销此前黎汉双轨制管理模式，直接对岛内统一管理。其中，通什市及东方、乐东、陵水、白沙、昌江5县为黎族聚集地；苗族主要分布在琼中、保亭2县为黎族苗族自治县中。

２．主要少数民族人口

据六次普查数据，少数民族总人口数及几个主要民族人口数如表4-16所示。

表 4-16　　　　　　　主要少数民族人口构成　　　　　　单位：人

普查次数	黎族	苗族	回族	壮族	瑶族	总人口
第一次	358086	16331	1706	23		376232
第二次	437586	20829	2116	8090	143	469207
第三次	809319	40909	4131	18662	776	878135
第四次	1019503	52044	5695	31017	2134	1113304
第五次	1172181	61264	8372	50570	6984	1313706
第六次	1262262	74482	10670	45909	7302	1425418

资料来源：海南省地方史志办公室：《湖南省志·人口志》，南海出版公司 1994 年版，第 68 页；广东省海南行政区人口普查办公室：《海南行政区第三次人口普查手工汇总资料汇编》，广东省立中山图书馆藏 1982 年版，第 13—14 页；海南省人口普查办公室：《海南省第四次人口普查手工汇总资料》，海南大学图书馆藏 1991 年版，第 137 页；海南省第五次人口普查办公室：《海南省 2000 年人口普查资料（一）》，中国统计出版社 2002 年版，第 202—237 页；海南省统计局、海南省第六次人口普查办公室：《海南省 2010 年人口普查资料（上）》，中国统计出版社 2012 年版，第 117—130 页。

总人口数量快速增长的同时，少数民族人口有着一定增加。就黎族而言，第一次人口普查为 35.8 万，时隔 29 年的第三次普查翻了一番，第四次普查超过 100 万，即在 37 年内增加了 74 万，是 1953 年的两倍。

以第四、五次普查结果为例：2000 年汉族和少数民族分别占总人口比重为 82.6%、17.4%，与第四次相比，汉族下降 0.4 个百分点；就人口年平均增长率而言，汉族为 1.7%、少数民族为 1.9%，比汉族快 0.2 个百分点。其中，第五次普查数据中，黎族比第四次增加 15.27 万，年均增长 1.5%；苗族比第四次增加 0.96 万，年均增长 1.8%；壮族比第四次增加 1.96 万，年均增长 6.3%。

3. 少数民族人口增长原因

少数民族人口与全省增长原因基本一致，其机械性增长为族群如 20 世纪 50—60 年代壮族、瑶族等移入。此外，还有以下几点值得注意：

第一，海南解放后，民族地区医疗卫生事业巨大改变，长期以来所形成的高出生率、高死亡率模式逐渐过渡到低死亡率，人口随之进入高增长阶段。1981 年南部自治州 68 个黎族公社人口统计，该年的人口出生率为 39.5‰，死亡率为 7.48‰，人口自然增长率达到 7.48‰。

第二，民族地区早婚习俗在海南解放后有所改变，但仍高于全省平均水平。1982年第三次普查，自治州15—19岁育龄妇女113029人，已活子女3.87万①。

第三，1973年计划生育工作全面展开，《海南省计划生育条例》规定，居住在农村的少数民族可以生二胎，特殊情况可以生三胎。前文第四、五次人口普查黎族人口出生增长率放缓，与计划生育政策的推行密不可分。

二 人口分布

自1950年以来，海南人口分布在地理、市县分布及人口密度等诸方面有着较为准确的数据支撑，这为了解海南人口分布提供可能。

（一）地理人口分布

海南为穹窿山体海岛，由山地、丘陵、平原及沿海台地组成的地理空间，是岛内人们赖以生存和生活的基本场所。海南解放后，依地势层状垂直分布、环状水平分布的地理人口数量开始清晰。

历史地看，中西部地区人口密度较低，西部沿海人口密度次之，北部、西北部、东部及东南沿海平原台地人口密集。随着热带橡胶、农垦事业的发展，中西部地区机械性人口数量增加，加上70年代计划生育政策对本地区相对宽松，地理分布不均衡的状况有所改变，但是在1—6次人口普查结果来看，各类地形人口比重变化不大，地理人口分布格局基本稳定。

（二）市县人口分布

如同地理人口不均衡一样，各市县人口分布悬殊。据《海南省志·人口志》统计，1953—1988年，汉区各市县人口密度均大于黎苗自治（区）州各市县，前三次普查中人口密度最大、最小值一直是琼山、琼中所占据，"两者相差几十倍"。民族地区人口发展较快，第2—3次调查，乐东、东方、琼中发展最快，"18年间上升了4倍多"。这一情况，在1990—2010年中变化如何？第4—6次各市县数据与全岛总数比较，有助于了解市县人口的升降。

---

① 海南省地方志办公室编：《海南省志·人口志》，第69页。

表 4-17　　　　第 4—6 次人口普查全省与分市县人口分布　　　单位：人、%

行政区	1990 年		2000 年		2010 年	
	总人口	比重	总人口	比重	总人口	比重
全省	6557482	100	7559035	100	8671485	100
海口	410068	6.25	830192	10.98	2046170	23.60
琼山	560232	8.54	678149	8.97	—	—
三亚	370275	5.65	482296	6.38	685408	7.90
五指山	94124	1.44	100836	1.33	104119	1.20
文昌	491735	7.50	509271	6.74	537426	6.20
琼海	417926	6.37	449845	5.95	483217	5.57
万宁	481659	7.35	513604	6.80	545597	6.29
定安	278758	4.25	279335	3.70	284614	3.28
屯昌	240042	3.66	251121	3.32	256931	2.96
澄迈	427500	6.52	434598	5.75	467161	5.39
临高	347535	5.30	389734	5.16	427873	4.93
儋州	696976	10.63	835465	11.05	932356	10.75
白沙	163745	2.50	164494	2.18	167918	1.94
昌江	205538	3.13	219502	2.90	223839	2.58
东方	312842	4.77	358318	4.74	408309	4.71
乐东	421383	6.43	447382	5.92	458875	5.29
陵水	284438	4.34	303272	4.01	320468	3.70
保亭	155583	2.37	139506	1.85	146684	1.69
琼中	195878	2.99	171598	2.27	174076	2.01
西南中沙	1245	0.02	517	0.01	444	0.005

资料来源：《海南省第四次人口普查手工汇总资料》，第 35 页；《海南省 2000 年人口普查资料（一）》，第 22 页；《海南省 2010 年人口普查资料（上）》，第 2 页。

20 世纪 90 年代，为应对 1988 年海南建省局面，市县名称和行政区划有所变化，如：黎苗自治州首府通什市改为五指山市；儋州、琼海、琼山、文昌、万宁和东方 6 个撤县设市。为加强省会城市海口发展，21 世纪初，琼山为海口市辖一区等举措。对表 4-17 分析，可以得出如下结论。

1. 百万人口城市

经国务院批准，2002 年海口市与琼山市合并，成立新海口市，在 2010 年统计中，该市人口数为 2046170 人，至目前海南省唯一人口超百万的城市。

就 4—6 次普查而言，以前一次为基数，后两次人口增幅分别为 100 万、111 万，各个行政区划与全省总人口所占比重，海口、三亚、儋州三市持续增长。从中可以看出，即便没有合并之举，已有 83 万人口的海口在第六次普查中或许会达到百万人口，第六次普查中儋州已接近百万人口。

2. 中西部地区人口稀少

毫无疑问，随着全省总人口增加，各市县人口总量增加程度不一。但是，除了海口、三亚、儋州三市外，其他各市县皆逐年下降。比重低于 3% 的有白沙、琼中、五指山、保亭等四个地区，其中，五指山比重分别为 1.44、1.33、1.20。从而成为全省人口最小值，在第六次人口普查中，与最高值的海口市悬殊 20 倍。

3. 西南中沙人口

西南中沙人口普查数字，始见于 1990 年。从三次统计数字来看，在此渔业群体人数呈递减趋势，这一情况与适时国家南海政策变动有着极大关联。

第五章

自然力与生态环境演变

生态环境是人类生存和发展的基础。自然力对环境改变主要通过如：气候异常变动、地震地陷、台风及大量降水、河流含沙量增高、河流改道与断流、土壤沙化等形式呈现，多重自然力叠加而形成的外在合力，使得生态系统正常秩序遭到破坏，环境问题随之开始产生。

第一节 生态环境基本情况

自"三亚人"之后，岛内生态环境中的气温、降水等基本要素相对稳定，较之地质时期气温的大幅度起落，有着相对稳定性，呈现出明显的热带亚热带风光。西汉海南郡县设置，外来人口不断向岛内迁徙，他们与岛内先住民一道，在这一共同环境下进行着物质资料的生产和人类自身的繁衍。

一 气候环境

（一）气候

海南气候资源丰富，四季不明显，夏季和冬季温差不大。明代唐胄指出："琼州气无定候，夏不甚热，遇西北雨则寒；冬不甚寒，遇东南风则暖。"[①] 稍后，顾岕如是说："地多燠少寒，木叶冬夏常青，然凋谢则寓于四时，不似中州之有秋冬也。天时亦然。四时晴明，则穿单衣，阴晦则急添单衣几层。谚曰：四时皆是夏，一雨便成秋。又曰：急脱、急着，胜如

---

① （明）唐胄：《正德琼台志》卷4《气候》。

服药。"①

较为科学的描述是：海南岛地处热带，热带季风气候，年平均气温23.8℃，1月份平均气温17.2℃，7月份27.4℃。夏无酷暑，冬无严寒。

(二) 降水

年均降水量1600毫米，降水丰沛，但是呈现出两方面的不均衡。

1. 地区分布不均衡

琼海、万宁、陵水一带等地，在2000毫米左右，五指山向风坡超过2400毫米；而西部地区在1200毫米以下②。

2. 季节分配不均

旱季（11月至翌年4月）、雨季（5月至10月）分明。干旱现象多发生在旱季，西部地区较为严重。雨季里，盛行西南风和东南季风，日照多、热量丰富，热带气旋（台风）多，雨量充沛。根据本区农业气候特征，可分成三个气候区。

(1) 湿润地区。主要分布在东部沿海平原、中部及北部内陆。降水丰沛，但季节分配不均，全年仍有一半时间干旱。

(2) 半湿润地区。东北部文昌地区、北部沿琼州海峡地区、西北部临高、儋州地区及西南部感恩等地，降水量次于湿润地区，具有明显冬春干旱、夏季时间较长等特点。

(3) 半干旱地区。主要分布在西北、西南沿海台地，降水量少、蒸发量大。

(三) 台风

受台风、热带风暴等影响明显，每年6—10月是台风等天气较为活跃期。东部及东北部地区是台风登陆的主要地点，因而也成为台风重灾区。台风等天气带来危害，也同时产生大量的降水，对农业生产发展起到较为积极的作用。

二 地形地貌与河流分布

(一) 地形地貌特征

海南岛是一个穹形山体的海岛，中部高、四周低平。位于中部偏南地

---

① （明）顾岕：《海槎余录》，中华书局1991年版，第12页。
② 何大章：《海南岛气候特征》，载林业部调查规划局、广东省林业勘测设计院、海南行署林业局编《海南岛林业资料汇编》，广东林业勘测设计院印刷厂1981年版，第23页。

区的五指山，海拔 1867 米，是岛内最高峰。

以五指山和西南部鹦哥岭为隆起核心，向四周逐级递降：山地、丘陵、台地和平原组成环形层状①。中南部为 500 米以上山地；其次，为 500—100 米的丘陵；以及集中分布在岛北部和沿海地带的 100 米以下台地平原。在山地和丘陵中，河谷与盆地交错其间。在山地、丘陵、台地平原的三类地貌类型中，分别占全岛面积的 25.4%、13.3% 和 61.3%。

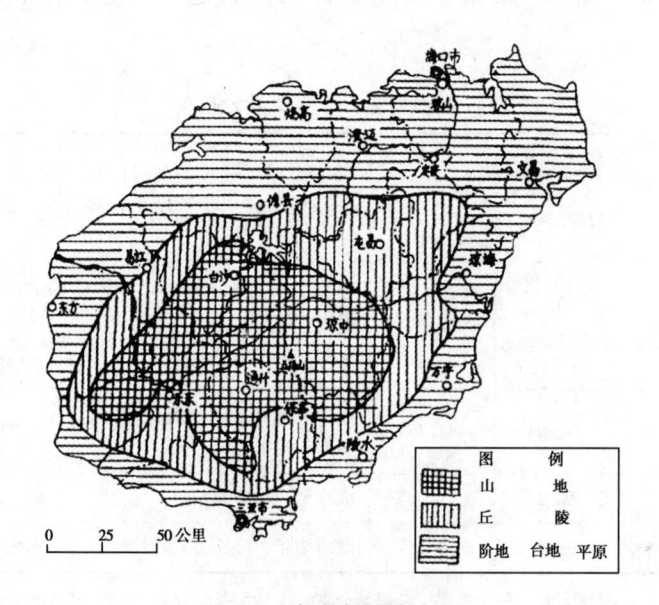

图 5-1　海南岛圈层地貌

资料来源：广州地理研究所编：《海南岛热带农业自然资源与区划》，科学出版社 1985 年版，第131页。

（二）河流分布

受中部高、四周低的地势影响，河流多发源于中部，且"成辐射状独流入海"，最长的河流南渡江流程 331 公里②。这种独流入海的河流，共 154 条。其中，南渡江、昌化江和万泉河为海南岛的三条最大河流，流域面积占全岛总面积的 47%。各大河流具有"流量丰富、夏涨冬枯"的水文特征。

---

① 颜家安：《海南岛生态环境变迁研究》，科学出版社 2008 年版，第 19 页。
② 国家测绘局海南测绘资料信息中心编制：《海南省地图集》，广东省地图出版社 2006 年版，第 4 页。

三 土壤类型及其分布

以地质地貌为基础,在生物与气候等条件共同作用下,形成了环状分布、不同类型自然土壤带。本岛土壤资源丰富、类型较多,据1979—1985年全国第二次土壤普查,有15个土类,27个亚类,87个土属,170个土种。根据《海南土种志》的记载,主要土类分布如表5-1所示。

表5-1　　　　　　　　海南岛主要土类及其分布

土类	面积（万亩）	比重	分布	植被
砖红壤	2721.8	63.85	各市县海拔400米以下丘陵、台地与沿海阶地	热带经济作物
赤红壤	510	10.93	垂直分布于400—800米高丘低山	常绿阔叶林为主。次生林、灌木丛
黄壤	181	6.51	中部山区,海拔700米以上	常绿阔叶林
燥红土	131.9	4.75	西部、西南部沿海海拔10—60米的台阶地	热带稀树灌木丛
新积土	58.2	1.36	大小河流中下游两岸	矮草群落
风沙土	91.7	2.15	滨海地带10米下沙堤沙滩	木麻黄

资料来源:海南省农业厅土肥站:《海南土种志》,海南出版社、三环出版社1994年版,绪论第3页;第1—111页。

岛内土类从滨海至中部山地,依次:滨海地区为潮砂土、燥红土或热带砂土;阶地、平原为水稻土;低丘、台地为砖红壤;山地、丘陵为砖红壤或者黄壤。土壤垂直分布,以砖红壤为基带。由低往高的分布规律为:砖红壤—赤壤—黄壤—山地灌木丛草甸土,构成我国热带较为完整的土壤垂直带谱。从土类的平面分布来看,多以半径递减的同心圆方式分布。

受地表植被种类、人类开发利用影响,土壤肥力处于中下等水平。如利用不当,将会向不利方向转化,如:砖红壤、相对肥沃的冲击土和黄壤等土种,土壤肥力会随着开发利用而逐渐衰退,这是本岛土种系统相对脆弱的表现。

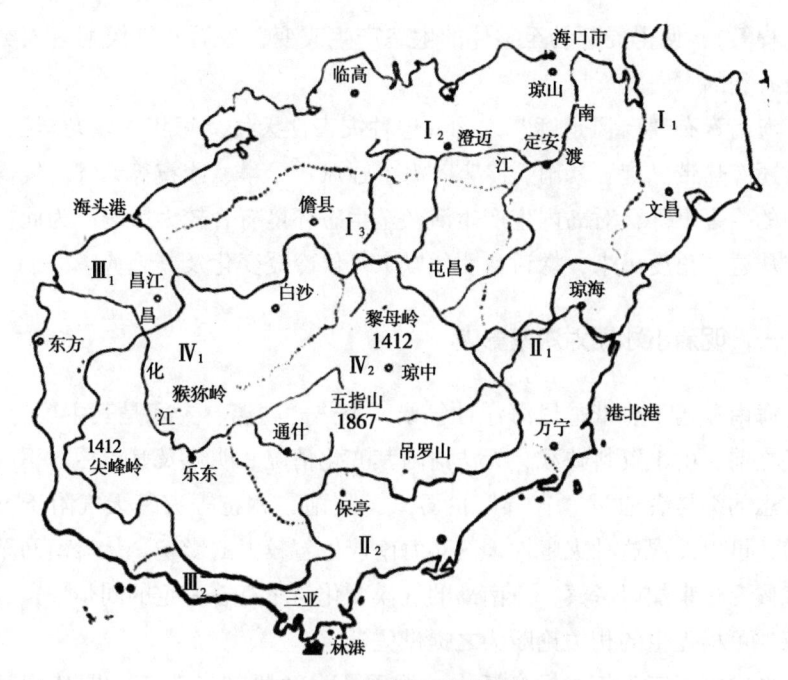

图 5-2 海南土壤区划图

说明：I. 琼北白地、丘陵砖红壤、铁质砖红壤土区；I_1 文昌滨海阶地砖红壤、黄赤土田亚区；I_2 琼山、临高台地铁质砖红壤、砖红壤性土、赤土田、潮坭田亚区；I_3 儋县、屯昌丘陵砖红壤、沙坭田亚区。

II. 琼东南丘陵、滨海阶地黄色砖红壤土区；II_1 琼海丘陵、滨海阶地黄色砖红壤、潮砂坭田亚区；II_2 保亭、陵水丘陵、盆地黄色砖红壤、潮砂坭田亚区。

III. 琼西南阶地丘陵、燥红土、褐色砖红壤土区；III_1 东方丘陵、阶地燥红土、砂质田亚土；III_2 崖城丘陵、台地褐色砖红壤、潮沙坭田亚区。

IV. 琼中山地赤红壤、黄壤土区；IV_1 中西部中山赤红壤、黄壤亚区；IV_2 中东部中山黄色赤红壤、灰化黄壤亚区。

资料来源：高素华等：《海南岛气候》，气象出版社 1988 年版，第 6 页。

第二节 气候的历史变迁

气候与人类的关系密切。人类的生产方式和风俗习惯与相应的气候类型相适应，从这点来看，人类为被动的接受者；另一方面，人类通过自身活动对自然界的生物圈施加影响（如砍伐或培育森林、人工建造大型水利工程等），使得局部乃至整体的生态产生改变，进而对气候朝着人类不利或有利的方向发展。

海南素有"台风走廊"之称，这种灾害性天气，每年一发乃至数发。此外还有热带气旋、暴雨、冷害、海上强风、干旱、冰雹等天气。气候骤降中的冷害事件，对岛内生产生活乃至生态环境有着较大影响。为此，文章将从这一角度出来，探讨自明代以来气候冷暖变化及其趋势。

一 明清小冰期对海南影响

海南岛属于热带季风海洋性气候，炎热、高温、少寒是其主要特征。明代之前，由于资料缺载，无法清晰其变化情况。明代及其以后，不同时期方志的编纂者通过"灾异"的方式，将雨雪冰雹等灾害天气附于方志之后，可以发现这种灾害性天气对海南产生着较大的影响。从岭南乃至全国气候变化来加以考察，海南岛的气候变化与之有着一定的同步性，气象学家竺可桢先生的相关论断为之提供佐证。

在中国近五千年气候变迁中，竺氏认为"最初二千年，即从仰韶文化时代到河南安阳殷墟时代，年平均温度比现在高2℃左右。在这以后，年平均温度有2—3℃的摆动，寒冷时期出现在公元前一千年（殷末周初）、公元四百年（六朝）、公元一千二百年（南宋）和公元一千七百年（明末清初）时代。汉唐两代则是比较温暖的时代"。并通过大量的资料，得出在1400—1900年明清500年间，异常气候下"寒冷冬季"年代分布集中在"1470—1520，1620—1720和1840—1890年间"[①]。海南气候所受的影响，在岛内不同时期的方志中有所反映。

（一）小冰期在明代海南活动

表 5-2　　　　　　　　　　明代海南岛寒冷天气记载

时间		受灾地区	受灾情况	资料来源
1469	成化五年	琼山	闰二月，雨雹，大如斗	《明史》卷28《五行志一》，第429页
1506	正德元年	万州	冬，雨雪	《正德琼台志》卷41《祥瑞》

[①] 竺可桢：《中国近五千年来气候变迁的初步研究》，樊洪业主编《竺可桢全集》（第4卷），上海科技教育出版社2004年版，第444、461页。

续表

时间		受灾地区	受灾情况	资料来源
1525	嘉靖四年	乐会	大雨雹	《万历琼州府志》卷12《灾祥志》
1540	嘉靖十九年	临高	大雨雹，小者如弹，大者如舂臼，压死人畜无数	
1606	万历三十四年		冬，大寒。异，百物凋落，六畜冻死	
1608	万历四十六年	琼郡	三月初四，未至申时，雨雹大如鸡卵，小如龙荔	
1636	崇祯九年	临高	十二月，雨雪三日夜，树木为之尽槁	（清）樊庶：《康熙临高县志》卷1《灾祥》
1641	崇祯十四年	澄迈	二月，大雹如鸡卵、弹子，碎屋瓦，毙耕牛，飞鸟多死	（清）李光先：《嘉庆澄迈县志》卷10《纪灾》
1643	崇祯十六年	会同定安	雨雹大如斗	（清）萧应植：《乾隆琼州府志》卷10《灾祥》 （清）张文豹：《康熙定安县志》卷1《灾异》

成化五年（1469）至崇祯十六年（1643）174年寒冷天气，共有9起。按照竺氏第一时段的"寒冷冬季""1470—1520"年代分布，海南情况与之基本吻合，并有向后推延的趋势；第二阶段，开始时间比竺氏预计得要早。

九起寒冷事件中，有六起为雨雹。这种强对流天气，按照今天的解释即是：地面冷高压中心气压强度是这种天气形成的主要原因，当该中心气压达到1060百帕以上，便形成雷雨大风、冰雹、龙卷风等恶劣天气。①

"越中自古元无雪，万州更在天南绝"，但是正德元年（1506）冬，远在岭之南的海南东南部万州，突然之间遭遇雨雪天气。万州所人，弘治壬子科（1492）举人，有宣化知县履历的王世亨②将其家乡的这场灾害以"长篇歌"的形式记录下来。兹据《正德琼台志》卷41《祥瑞》记载，引录如下：

>撒盐飞絮随风度，纷纷着树应无数。
>严威寒透黑貂裘，霎时白遍东山路。
>老人终日看不足，尽道天家雨珠玉。

---

① 海南省史志工作办公室：《海南省志·气象志》，海南出版社2004年版，第45页。
② （明）唐胄：《正德琼台志》卷38《人物》3《乡举》。

世间忽见为祥瑞，斯言非诞还非俗。
越中自古元无雪，万州更在天南绝。
岩花开发四时春，葛衫穿过三冬月。
昨夜家家人索衣，槟榔落尽山头枝。
小儿向火围炉坐，百年此事真稀奇。
沧海茫茫何恨界，双眸一望无遮碍。
风冽天寒水更寒，死鱼人拾市中卖。
优渥沾足闻之经，遗蝗入地麦苗生。
疾厉不降无夭扎，来朝犹得藏春冰。
地气自北天下治，挥毫我为将来记。
作成一本长篇歌，他年留与观风使。

"沧海茫茫""无遮碍"，表明此场降雪之大；槟榔也"落尽山头枝"、水中"死鱼"之多，乃至人们拿去卖掉，温度骤降幅度之大，实为历史仅见。

万历三十四年冬天，海南"百物凋落，六畜冻死"，受灾程度之大，由此可见。尽管方志没有确定其范围，可以肯定的是，琼北是灾情重点地区。

(二) 冷空气对清代岛内天气影响

有清一代，岛内受寒冷天气影响较为严重，相关史料为记录如下，参见表5-3：

表5-3　　　　　　　　史料中的清代寒冷天气记载

	时间	受灾地区	受灾情况	资料来源
1662	康熙元年	文昌	十一月，寒雨大作。余椰尽脱，椰树枯死，此从前所未有者	(清) 马日炳：《康熙文昌县志》卷9《灾祥》
1683	康熙二十二年		冬，大寒，雨雪。河、海鱼冻死，椰子尽脱，椰树枯死	
1684	康熙二十三年	琼山	十一月，雨雪。卉木陨落，槟榔、海棠死者多半	(清) 吴南杰：《康熙琼山县志》卷12《灾祥》
1690	康熙二十九年	临高	十二月，霜。菱椰殆尽	(清) 樊庶：《康熙临高县志》卷1《灾祥》
1701	康熙四十年	澄迈	冬，阴雨连绵，伤禾失收	(清) 高魁标：《康熙澄迈县志》卷9《纪灾》

续表

时间		受灾地区	受灾情况	资料来源
1703	康熙四十二年	琼山	冬,大雨雾,似霜,着树皆萎,槟榔海棠死者过半	(清)关必登:《康熙琼山县志》卷9《灾祥》
1707	康熙四十六年	陵水	三月初四日,雨雹,小如拳,大如盘,海外罕见	(清)瞿云魁:《乾隆陵水县志》卷10《物异》
			三月初四日,雨雹	
1711	康熙五十年	定安	正月,淫雨浃旬,飞霜陨草,牛羊冻死无算	(清)张文豹:《康熙定安县志》卷1《灾异》
1713	康熙五十二年	文昌	春,大寒,牛马冻毙,槟榔陨落,民大饥	(清)马日炳:《康熙文昌县志》卷9《灾祥》
1737	乾隆二年	万州	冬大寒,陨霜遍地,椰子尽崩	(清)胡端书:《道光万州志》卷7《前事略》
1763	乾隆二十八年		九月,寒露节陨霜,迟禾不收	
1767	乾隆三十二年		冬,陨霜,晚禾无收	
1768	乾隆三十三年		冬,陨霜	
1796	嘉庆元年		二月,雨雹	
1799	嘉庆四年	乐会	四月,大雨雹	(清)张岳崧:《道光琼州府志》卷42《事纪》
1812	嘉庆十七年	万州	二月,大雨雹	(清)胡端书:《道光万州志》卷7《前事略》
1815	嘉庆二十年		冬旱严寒,树木枯死其半	
		澄迈	冬,十一月,天降大雪,椰树木多伤	(清)李光先:《嘉庆澄迈县志》卷10《纪灾》
		定安	冬,寒雨连旬,陨霜杀秧。草木椰椰多枯	(清)王映斗:《光绪定安县志》卷10《纪事》
1817	嘉庆二十二年		雨雹,大如碗,伤民居甚重	
1819	嘉庆二十四年		三月二十七日,大雨雹,伤禾破屋	
1821	道光元年	万州	二月,大雨雹	(清)胡端书:《道光万州志》卷7《前事略》
1823	道光三年	崖州	十二月大雨雹,大者如斗小者如拳。黄流、赤岭、赖洋诸村庐舍多击毁。初雹堆积如山,俄而化大水,冲决村田无算	(清)张隽:《光绪崖州志》卷22《灾异》,郭沫若点校,广东人民出版社1963年版
1833	道光十三年	儋州	三月,雨雹	(民国)王国宪:《民国儋县志》卷18《事纪》
1836	道光十六年	琼山	三月,雨雹	(民国)王国宪:《民国琼山县志》卷28《事纪》
1846	道光二十六年	定安	十二月,霪雨连旬,严寒陨霜。黎明,茅屋尽白,用盆盛之,凝结如盐	(清)王映斗:《光绪定安县志》卷10《纪事》

续表

时间		受灾地区	受灾情况	资料来源
1856	咸丰六年	文昌	正月初、廿旬（日），寒，有霜，着物多枯	（清）林燕典：《咸丰文昌县志》卷16《灾祥》
1862	同治元年	定安	正月初旬，天冻，灯油凝成白脂	（清）王映斗：《光绪定安县志》卷10《纪事》
1864	同治三年	琼山	四月，雨雹。大者重二三十斤，打伤人畜	（民国）王国宪：《民国琼山县志》卷28《事纪》
1876	光绪二年	文昌	十一月至次年二月，寒雨，棠树尽枯，海鱼多死	（民国）李钟岳：《民国文昌县志》卷10《灾祥》
1878	光绪四年	定安	正月，寒雨连旬	（清）王映斗：《光绪定安县志》卷10《纪事》
1892	光绪十八年	琼山 屯昌 定安	十一月，大雨、霜，寒风凛冽，前所未有。贫者冻死，溪鱼多死浮水面，箣竹尽枯	（民国）王国宪：《民国琼山县志》卷28《事纪》（清）王映斗：《光绪定安县志》卷10《纪事》
1908	光绪三十四年	感恩	二月，南区天雨雹，小如指大	（民国）卢宗堂：《民国感恩县志》卷20《灾异》

清代，海南现存的府州县方志（府志4、琼山6、澄迈4、临高3、定安4、文昌3、会同2、乐会3、儋州2、昌化2、万州2、陵水2、崖州4、感恩1，共42种），共记录上述的31起寒冷事件。其主要时空分布为：

文昌，1662、1683、1713、1856、1876年，共5起；

琼山，1684、1703、1707、1836、1864、1892年，共6起；

定安，1711、1815、1817、1819、1846、1862、1878、1892年，共8起；

万州，1737、1763、1767、1768、1796、1812、1821年，共7起；

澄迈，1701、1815年，共2起；

临高（1690）、崖州（1823）、儋州（1833）、感恩（1908）等州县各1起。自康熙元年（1662）至光绪三十四年（1908）246年间气温有几点值得关注：

第一，除了昌化县外，寒冷天气基本上侵扰到全岛沿海台地的各个地方，中部地区是否受到影响，因资料缺载无法断定。其中，对东部定安、琼山、万州等地为影响较大，西部相对弱小。

第二，万州为重灾区。乾隆二十八年（1763）至三十三年（1768）五年，三次降温；嘉庆十七年（1812）至二十年（1815）二次降温，开历史先河。

第三，连片受灾。嘉庆二十年，澄迈、定安、万州，三州县同时受灾；光绪十八年（1892），琼山、定安、屯昌，气温同时骤降。

第四，道光三年（1823），位于本岛最南端的崖州，发生雨雹灾情，是岛内气温骤降的最低值。

崖州灾情可作为岛内寒冷事件的转折点。在嘉道50年内，全岛共发生灾情11起，波及范围自北部琼山起至南部崖州和西部儋州等地，这一时段属于岛内小冰期活跃时期，光绪十八年琼山、定安、屯昌同时为灾，算是其影响的余波。这与竺氏的估算有着不小的差距。

总之，对明清时期43起寒冷事件进行梳理，可以发现：明代中后期，时隔100年的二次大幅降温，清代嘉道50年间的寒冷期，这表明，明清小冰期在"炎天涨海"的海南岛上较为活跃。

（三）民国余波

1912年民国成立以来，早期军阀割据、1939年2月至1945年8月，日本侵占海南，动荡地方局势使得方志纂修缺少制度性保障，仅存几部方志对该种天气记录多语焉不详。长时段空缺，使得该时期发生灾害情况难以复原。

感恩，1917年"闰二月廿七八，天雨雹，黎峒亦有"[①]；文昌，1920年"二月十八日夜，雨雹下降，小者二三方寸，大者可满方尺。北区一带屋瓦多被破坏，有致椽桷露出者。庭间大雹堆积，水沟为之不通。一切墙壁花碎，痕如斧琢。至草木、薯芋尽无完叶，其鸟蛇动物亦间有击毙者。自来雹灾，此为特甚"[②]；屯昌，1935年"重霜8天，杂草枯死如火烧，槟榔幼果脱落光"[③]。澄迈，1940年冬至次年春，有"冷湿4个月不见阳光"[④]的记录。

[①]（民国）卢宗棠：《感恩县志》卷20《灾异》。
[②]（民国）李钟岳：《文昌县志》卷10《灾祥》。
[③] 屯昌县地方志编纂办公室：《屯昌县志》，方志出版社2007年版，第119页。
[④] 澄迈县史志编纂委员会：《澄迈县志》，海南出版社2007年版，第215页。

二 冷空气南下路径及小冰期时期冷事件成因

在历史记述中，东南部万宁、南部乐东、东方等市县，皆有不同程度冷事件发生。如此，冷空气如何穿越北部、中部山区且未留下痕迹而到达上述地区？这些冷事件究竟是如何形成的？

(一) 冷空气南下路径

1. 北方冷空气南下路径

相关研究表明，以东经110°为分界（大致澄迈与海口二市县分界的经度一致——引者注），北方冷空气对海南岛入侵，可分成"偏西""偏东"两条路径，即：增压中心在"偏西"地区，冷空气将经过川黔桂等地南下；另一条则是，冷空气经过湖南、广东南下[①]。主要通过以下三种形式对岛内气候产生影响：

冷锋，北方的冷空气南下，主动向暖气团移动，扫过海南岛上空。

静止锋，冷暖气团强度相当，锋面在雷州半岛和海南岛南部沿海间静止或摆动。

冷锋锋消，所谓锋消即指促使锋面减弱或消失的过程。此对海南岛的影响主要是锋面南移至华南沿海后消失，冷空气扩散南下。

2. 岛内冷空气通道

中部五指山和西南部鹦哥岭为隆起核心，海拔超过1000米的高山81座，超过1500米的有五指山（1867.1米）、鹦哥岭（1811.6米）、鹅鬃岭（1588米）、猕猴岭（1655米）、雅加大岭（1519.1米）及吊罗山（1519米）等，这些山岭大致构成了东北—西南走向、相互平行的三列山脉。1500米以上的山峰数量少且彼此分离，是故"气流窜穿少阻，屏障作用不十分明显"[②]。冬季北方冷空气南下，受中部地势影响，岛内东西、南北温度产生明显的差异。其中，强冷空气，将会穿越中部山地直接影响到南部地区；较弱冷空气只能徘徊在北部，南北气候迥异。

(二) 对几次冷事件的解读

1. 万州雪事件

理论上讲，降雪天气主要是大气中"有较冷的冰晶核；充分的水汽。

[①] 海南省史志工作办公室：《海南省志·气象志》，第44页。
[②] 颜家安：《海南岛生态环境变迁研究》，第20页。

3.0℃（冰点）以下"等条件构成，云中的温度过低，小水滴结成冰晶，落到地面为雪花，这一过程即为降雪。如该冷空气相当强烈，并带着湿气，1—10℃的气温同样可以降雪。一般而言，降雪集中分布在气候区属中纬度至高纬度的地方，低纬度中海拔2000米以上的高山或高原也有降雪的可能。

在唐胄的记述中，正德元年万州降雪，对海南岛而言，并不具有普遍性①。寒冷空气对琼山、文昌、定安、会同、乐会等地没有产生太大的天气变化，却在万州降下大雪。究竟何种原因造成的？

万州地处东南部、东临南海、海拔高度在100米以下的沿海台地上，按照上述解释，该地似乎并不具备降雪条件。但是，"海洋气流也能间接影响该区下雪的机会率，如果在高纬度地区一带有较多暖流支配，会减低该区下雪的机会（例如日本本州至九州一带）"②。那么，地处低纬、有寒流经过的地区，其下雪的几率有可能增加。如果这一推测成立，万州降雪事件似乎可以做出这样解释：

海南岛东部地区的南海海区，冬季（每年10月至次年4月）主要受东北信风的影响，沿台湾海峡南下是本海区冷空气南下的主要路径③。正德元年冬天，北方强冷空气在"偏东路径"上，以"冷锋"的形式迅速影响海南岛东部地区，前锋到达万州；而自台湾海峡一路南下过程中增加了水汽、逐渐变弱的寒冷空气同时抵达。二者交汇于万州上空，于是便产生此次降雪。

2. 崖州、感恩冰雹极端天气

清道光三年（1823）十二月，在今天的乐东黎族自治县滨海地方的黄流、赤岭、赖洋诸村，一场大冰雹袭击事件；民国六年（1917）闰二月底，一场雨雹在西南部地区感恩县（即今天的东方市）及其纵深的黎

---

① 按：万州降雪事件。"'长篇歌'所描述的万州降雪表明，正德元年南方地区经历着一次较大规模的寒潮。此事发生在唐胄丁父忧后的第三年，而此时的唐胄仍居于家中，也就是说唐胄也经历了这场突如其来的气候变化。但是自北而南的寒潮，对琼北地区究竟有着怎样的危害，《正德琼台志》的纂者唐胄不可能不知晓，该著对此着墨无几。相反，该著承继了万州举人王世亨的观点，将其纳入'祥瑞'项下。可能的解释是，献给新皇帝的祥瑞，是吉祥之物，为此避讳所致"（张朔人：《明代海南文化研究》，第133页）。

② 中国气象局网页：http://www.cma.gov.cn/2011xzt/20120816/2012081601_2_1/201208160101/201210/t20121023_188091.html.（2015.10.23访问）。

③ 海南省史志工作办公室：《海南省志·气象志》，第40页。

族居住区内落下。如同正德万州降雪事件一样,岛内其他地方并没有类似降温记录。如何解释这一现象?陆海冷空气交汇于此,而形成极端的天气现象,是这二起冰雹产生的主要原因。

陆地上,北方冷空气沿着岛内"偏西路径",从临高、儋州、昌江等地一路南下。西部水域上空,由广西东部经北部湾入南海冷空气团,在南下过程中逐渐变暖,二者在西南部地区上空相遇从而形成"静止锋"。由于北方冷空气的强盛,使得锋面南压,从而产生了道光三年、民国六年的崖州、感恩恶劣天气。

三 1950年以来的冷害与天气变化趋势

(一) 1950年后的冷天气事件

1950年海南解放后的寒冷天气,在20世纪80年代开启各市县新一轮纂修的志书记录中有所反映,然而,明清时期方志中"以年纪事"的风格不见,代之而起的是对"冻灾""冰雹"等灾害性天气繁简不一的记录。现据此整理如表5-4所示。

表5-4　　　　　　　　1950年以来的寒冷天气及其危害程度

市县	受灾年份及基本情况
海口	1955年1月12日,气温骤降至2.8℃,为百年来最寒冷的一天。到20世纪末,海口市出现"冰雹""霜冻"等灾害,给农作物、经济作物和蔬菜生产带来了一定的影响
文昌	自1959年以来,共出现8次冰雹。其中,1980年3月5日的冰雹,从西南向东北的路径袭击抱罗镇。冰雹直径一般为2—5厘米,最大达20—30厘米;重量约15—20斤。全镇瓦房子破坏较大,打伤5人,重伤4人。低温阴雨天气,在1960—1980年间,共发生30多次,其中1968年2月,持续时间24天,引起烂秧死苗现象
琼海	共出现低温阴雨天气51次。其中,1966年冬至1967年春,影响较大。
定安	至20世纪末,共有3次冷害。1989年1月中旬4天、下旬至2月初9天,2次日均气温分别小于13、15℃;1993年1月15至2月3日,天气寒冷,日均气温小于15℃,极端最低温度5.8℃;1996年2月19—27日,日均气温小于15℃有9天,极端最低温度为7.6℃。全县的耕牛、秧苗及瓜菜等皆受到不同程度的影响
澄迈	1950—1998年,低温阴雨天气共81次,年均2次;9年出现霜冻天气,霜日累计19天;冰雹集中在中南部山区,该天气共有11天。1964年4月、1984年4月及1987年3月,三次冰雹危害较大。1962年1月、1967年1月和1975年12月的三次霜冻中,以1967年影响最大,全县普遍出现霜冻,局部有重霜,县城金江日最低气温为1.1℃,为县32年来最低值

第五章　自然力与生态环境演变

续表

市县	受灾年份及基本情况
万宁	至90年代初，较大的寒灾5次。其中，1963年12月9日始，出现了为期19天的低温寒冷天气。其间，各溪塘、小海、田洋都有大批鱼虾冻死，漂浮水面；水稻损失种子40万斤，占总播种的65%；12月30日，县城所在地万城最低气温为6.9℃
儋州	本县78%年份在12月至翌年2月，出现中等以上程度低温阴雨天气。1954年12月31日至次年1月13日，持续低温阴雨，极端最低气温0.4℃，大量橡胶苗、耕牛冻死
昌江	1966—1988年23年中，低温阴雨天气严重影响1次、中等7次、轻等11次。其中1975年12月11—23日，最低气温6.1℃，日均气温7.8℃，烂秧、损失种子60万斤
乐东	1955年1月初，全县气温急剧下降至1℃，出现严重的霜冻灾害。沿海白沙（岭头）、丹村、望楼、中灶等港水面，有鱼冻死；山区的山茶、志仲、抱由等地，冻死200头牛，番薯苗大面积受损。1963年1月15日，重霜冻，气温急剧下降至1.1℃；1967年1月17日，全县气温下降至4.6℃，有霜冻；1974年1月2日，气温1.6℃。
白沙	1959—1980年间，低温阴雨共出现50多起。1963年1月中至下旬，最低气温为-1.4℃，损失谷种160吨；橡胶被冻死9.8万株
保亭	1961、1963、1974年皆出现极端最低温度天气，其中，1963年为0.5℃、1974年1月2日，为-0.2℃。冰雹天气在1976、1989年发生
通什	1974年，境内出现霜冻4次，其中1月2日，极端气温0.1℃，出现霜冻，为历年最低值。1999年12月23—26日，出现霜冻，最低气温1.8℃
琼中	1955—1985年间，出现霜冻14次
屯昌	1950—2000年间，"烂冬"天气共发生76次。其中，1965年该天气长达35天；1970年10月下旬至11月底，连续29天；1972年11月16—30日为烂冬天气。霜冻天气，在1955年1月12日，最低气温为-0.8℃，有薄冰，橡胶苗冻死、秧苗枯死、椰子槟榔幼果脱落及死鱼等；1974年1月1日，最低气温-0.8℃，有薄冰，灾后一片枯黄色，三个月后才见新绿；1976年1月，最低气温1.4℃，大部分秧苗被冻死

资料来源：海口市地方史志编纂委员会：《海口市志》，方志出版社2004年版，第176页；文昌市地方志编纂委员会：《文昌县志》，方志出版社2000年版，第90—91页；琼海市地方志编纂委员会：《琼海县志》，广东科技出版社1995年版，第65页；定安县地方志编纂委员会：《定安县志》，海南出版社2007年版，第127—128页；澄迈县史志编纂委员会：《澄迈县志》，海南出版社2007年版，第214—217页；万宁县地方志编纂委员会：《万宁县志》，南海出版公司1994年版，第93页；儋州市地方志编纂委员会：《儋县志》，新华出版社1996年版，第65页；昌江黎族自治县地方志编纂委员会：《昌江县志》，新华出版社1998年版，第116页；乐东黎族自治县地方志编纂委员会：《乐东县志》，新华出版社2002年版，第120页；白沙黎族自治县地方志编纂委员会：《白沙县志》，南海出版公司1992年版，第60页；保亭黎族苗族自治县地方志编纂委员会：《保亭县志》，南海出版社公司1997年版，第64—65页；五指山市地方志编纂委员会：《通什市志》，方志出版社2009年版，第147页；琼中黎族苗族自治县地方志办公室：《琼中县志》，海南摄影美术出版社1995年版，第136页；屯昌县地方志编纂委员会：《屯昌县志》，方志出版社2007年版，第119页。

需要说明的是，至目前为止，全省18个市县中（未包括三沙市），位于西南部的东方市（即民国时期的感恩县），新一轮志书在2011年由新华出版社出版。余下的《三亚市志》（中华书局2001年）；《临高县志》（广东人民出版社1990年版）；《陵水县志》（方志出版社2007年版），三部方志皆无寒冷天气记载。位于本岛东南部、南部的陵水、三亚，不难理解。在1950—1990年的40年内，与临高相邻的东西两县——澄迈、儋州，皆遭遇不同程度的寒冷事件，而位于"偏西"路径前锋的临高，居然无一例寒冷天气记载，可能的解释是方志编纂者的疏忽或遗漏。

根据表4-3的记录，较冷天气的年份分布为：1955、1963、1967、1974、1976、1993年及1999年，也就是说这些寒冷天气多集中在90年代以前。

1. 1955年的冷事件

1954年年底至1955年年初，全岛经历了较强冷空气袭击，影响范围较大。1月12日，海口、屯昌受灾；乐东全县骤降气温；在1954年12月31日至1955年1月13日，儋州持续低温阴雨，极端最低气温为0.4℃。"偏东""偏西"路径上，两股寒流差不多同时到达海南岛上空："偏东"路径由海口—定安—屯昌—五指山（通什）—乐东；"偏西"路径，则是对儋州等地施加影响。

2. 1963年的极端天气

此次主要影响在中南部地区，降温幅度大：1月15日，乐东县出现重霜冻，气温急剧下降至1.1℃；白沙县1月中至下旬，最低气温为-1.4℃；保亭最低气温为0.5℃。此外，由于北方冷空气的强弱不一，影响的范围主要在局部地区，大范围温度骤降天气并不多见。

(二) 80年代气候变化趋势

20世纪90年代，全球气温变暖已成为全人类关注的重大环境问题。多数气象学家认为，CO_2及其他温室气体的增加是气候变暖的主要原因。研究表明，受CO_2排放量增加的影响，自世界工业革命前以来的100多年间，全球年平均气温已增加0.3—6℃，90年代后的40—100年间，全球气温的增幅可能在1.5—4.5℃[1]。对国内160个有代表性的气象台站资料进行分析，在1951—1989年间，年平均气温增暖0.23℃，39年内变暖

---

[1] Houghton J T. Jenkins G J and Ephraums J T (Eds), *Climate change*, Cambridge University Press, The IPCC Scientific Assessment, 1990: 365.

0.78℃[1]。这说明，我国气候变化与世界的趋势基本一致。

海南岛的气温如何？研究者从海口、琼海、琼中、东方、三亚五个气象站开始有记录的时间算起，取"24.1℃"平均值，来考察80年代及其以前近30年两个时段平均气温变化情况。

如下图所示，1959—1977年中，1959、1961、1966、1973年高于平均值外，其余14年温度皆≤24.1℃，1971年比平均值要低0.7℃。这表明，该时段气温没有变暖的迹象。自1978年开始，平均气温呈上升趋势。除1984年外，80年代其他年份皆高于平均值。这说明，80年代气温确实处于上升期。

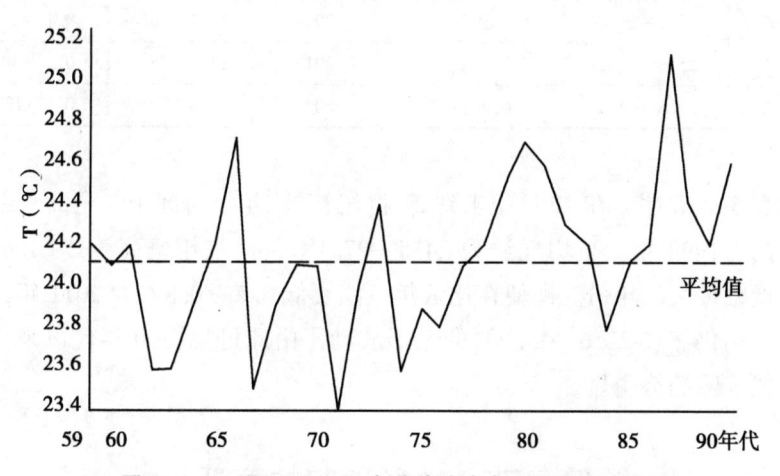

图5-3 20世纪60—90年代海南岛年平均温度变化图

资料来源：陶忠良：《海南岛80年代气温变化及其对热带作物的影响》，《热带作物学》1997年第1期。

（三）90年代以后的气温变暖

在1991—2014年24年中，每年出版的《海南年鉴》"概况"一栏中，皆有对前一年全省气候变化情况作一小结，兹征引如下：

表5-5　　　　　　　　1990—2013年海南气温变化

年份	平均气温/℃	比往年偏高/℃	年份	平均气温/℃	比往年偏高/℃
1990	23.1—26.0	0.2—0.7	1991		0.7—1.0

---

[1] 邓根云：《气候变化对中国农业的影响》，科学技术出版社1993年版，第19—35页。

续表

年份	平均气温/℃	比往年偏高/℃	年份	平均气温/℃	比往年偏高/℃
1992	24	0.1（澄迈—0.1）	1993	22.8—26.0	0.4—0.6
1994	23.2—26.3	0.4—1.0	1995	22.8—26.0	0.2—0.4
1996	22.9—26.0	0.2—0.5	1997	23.2—26.1	0.3—0.8
1998	24.5—27.1	1.2—1.6	1999	23.0—26.1	0.1—0.8
2000	23.2—26.3	0.4—0.8	2001	23.5—26.6	0.4—0.9
2002	23.5—26.3	0.4—0.9	2003	23.6—26.8	0.4—1.2
2004	23.1—26.2	0.1—0.6	2005	23.5—26.4	0.4—0.8
2006	23.7—27.0	0.5—1.3	2007	23.3—26.3	0.1—0.8
2008	22.7—26.2	正常	2009	23.3—26.4	0.1—0.9
2010	25.1	1.0	2011	22.6—25.9	-0.2—-0.8
2012	23.8—26.2	0.4—1.2	2013	24.6	0.6—1.3

表5-5表明，在20世纪末到21世纪初的24年时间中，全岛气温持续偏高。1998年，平均气温为24.5—27.1℃，比常年偏高1.2—1.6℃，属于增幅最大的年份。即便在比常年气温要低0.2—0.8℃的2011年，其平均气温仍然在22.6—25.9℃的上下波动。由此可见，90年代以来，海南气候变暖趋势明显。

第三节 地形地貌的变迁

由于人类对生存环境不合理的开发和利用，使得地表覆盖物遭到破坏，裸露的土壤在水力、重力、风力侵蚀及人力等多重因素的叠加影响下，"有机质加速分解，土壤流失严重"①，从而使地形地貌产生改变。

海南岛地形变化体现在以下方面：一是中西部山区因刀耕火种和人为砍伐，茂密的植被在垂直分布上分别出现次生林、灌木丛，处于放射状河流源头的赤红壤，随雨水流入河流。河流携带的泥沙在入海口的海水助推下，呈现大小不一的冲积扇沙洲。二是离海岸线较近的半固定沙丘，为半脱离海潮影响的沙滩，主要分布在琼山、琼海、临高、澄迈、儋州、东

---

① 龚子同等：《海南岛土系概论》，科学出版社2004年版，第73页。

方、昌江、乐东、三亚、陵水等 10 个沿海市县；处在海平面涨潮水平线之内的流动沙土，受涨落潮水及河流注入海流水影响，其沙滩随流水而移动，分布在儋州、乐东、陵水等三个沿海市县。二者总面积约为 20 万亩，占本岛自然土总面积 0.71%[①]。三是以地震为主要表现形式的自然力，对地形作用不容忽视。岛内地形地貌随之产生相应的变化：河流三角洲不断扩大、土地沙化、海岸线内退等形式出现。

一　南渡江三角洲——海口地貌变迁

海南岛中西部高、四周低的地势与放射状的河流分布，各条河流因水流量大小不同，在下游入海口处皆产生大小不一的冲积扇。这一现象在北部地区南渡江入海口处表现得特别显著。

海口，地处南渡江入海口而得名。其北部沿海及南渡江西岸一带，由河流携带泥沙、海沙壅塞而形成，属于典型的海岸、河流三角洲堆积平原。最新测绘表明，海口市位于东经 110°10′—110°23′、北纬 19°57′—20°05′；在市区图中，府城至白沙门直线距离约为 10 公里。这就是说，南渡江历经数千年以来的年积月累，将地质时代海岸线直接向琼州海峡中持续推进，三角洲随之不断扩张，沧海桑田的海口地貌究竟如何形成的？

（一）地质时期的海口

据地质"构造体系"解释，在北纬 21°30′—19°30′雷州半岛和琼北地区，属"雷琼东西向构造带"，具有"纬度每隔一至半度就会均匀地出现一个次一级的东西向构造带"[②] 特征。也就是说，地势在海拔逐渐下降至海平面下总趋势中，随着纬度变化，有着明显高低起伏，这为泥沙堆积、三角洲形成提供了可能。

海口地处这一构造带上。琼州海峡形成时期，南渡江下游西部海岸线"东起五公祠，经龙歧村、大英山、秀英村，西至后海角（今荣山寮）""攀丹村、下洋、九村等为海港"[③]。现代方志这一结论，在 1980 年代地下发掘中得到支持，埋藏在海口市人民广场地下船板得以重见天日，经过

[①]　海南省农业厅土肥站：《海南土种志》，第 109—110 页。
[②]　中国科学院南海海洋研究所：《华南沿海第四纪地质调查研究报告》，中国科学院南海海洋研究所海洋地质研究室，1977 年版，第 8—9 页。
[③]　海口市地方史志编纂委员会：《海口市志》，第 4 页。

^{14}C 测定为 1560±130 年①。这表明，大约在南北朝时期今天人民广场及其附近为一片汪洋。

（二）历史上海口地貌变化

文献对南渡江下游三角洲形成历程记载有限。港口位置变化，是三角洲向琼州海峡推进的重要标志。按照这一线索，可以推论出公元 6 世纪末至 12 世纪初，即隋唐和北宋 500 年间，是其快速增长时期。

> 神应港，琼州白沙津，蕃舶所聚之地。其港自海岸屈曲，不通大舟，而大舟泊海岸又多风涛之虞。王帅光祖欲直开一港，以便商旅。已开，而沙复合，人亦难之。忽飓风作，自冲一港，尤径于所开者，神物所相如此，遂名神应港。时淳熙戊申也。②

此乃南宋中后期婺州金华（今浙江磐安）人王象之在其《舆地纪胜》中，记载"淳熙戊申"即宋孝宗淳熙十五年（1188）飓风再次冲刷成港的情况。文中"王帅光祖"即王光祖，北宋熙宁间（1068—1077），琼管安抚司"管帅"③。

这段文字透露出这样的信息："白沙津"在北宋王光祖主持修浚后，成为琼州重要对外通商港口。120 年之后，逐渐淤塞的港口在飓风所带来的雨水冲击下再次疏通而更名为"神应港"，其重要推手即是泥沙淤积。从另一个角度来看，此时的海岸线已经移至"白沙津"一带。那么，"白沙津"抑或"神应港"究竟在什么位置？下图将给人以参考。

《明洪武海口所城位置图》展示了明初海口"所城""白沙门""饲马堆""海田村（海口浦）""外沙（新埠）""通津村""白沙（街）"与主要港口"白沙津""海口港"及"水巷口码头"之间位置关系。从今天海口市地图来看，该港口范围大致包括海口市委党校及其以北地区。

该图绘制年代。《海口市志》在征引此幅地图时，未加任何注释，也没有告知该则资料来源，便认定为明代早期。现存明清府志及琼山县志中未见该幅地图。据考证，该图是 1980 年代，海口城建档案馆工作人员陈

---

① 曾昭璇、曾宪中：《海南岛自然地理》，第 22 页。
② （宋）王象之：《舆地纪胜》卷 124《琼州》，《续修四库全书》第 585 册，上海古籍出版社 2004 年版，第 136 页。
③ （明）唐胄：《正德琼台志》卷 29《名宦》。

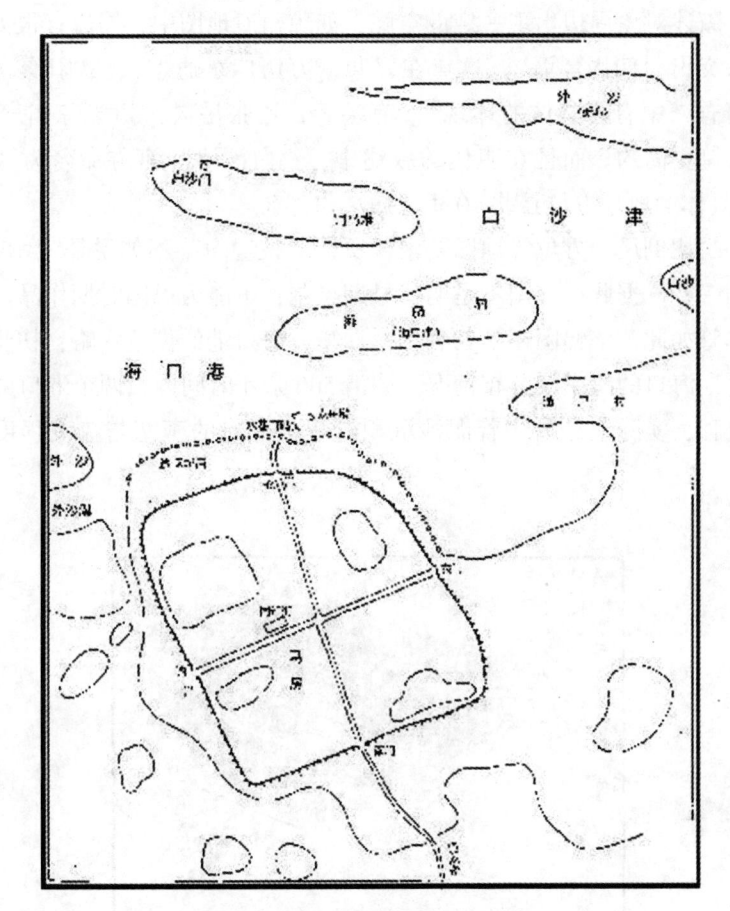

图 5-4　明洪武海口所城位置图

资料来源：海口城建档案馆藏。清末民初海口图，亦藏于该馆。

德胜从民间收集，包括《清末民初海口图》等资料①中的一幅。

海口千户所城，据《正德琼台志》记载，建于洪武二十八年（1395），城东北临海，城东南向西北挖有壕沟。永乐十六年（1418）筑石城；成化间再修。这便是《明洪武海口所城位置图》的历史背景。为此，笔者认为可供商榷如下：

研究发现，明代海南方志的绘图理念以万历中后期为界，前后有着较大的变化。前期，将绘制对象填满一图中，与该图的东南西北四至全面对接，以唐胄《正德琼台志》、顾可久《琼管山海图说》为典型代表；后

---

① 阎杰：《扎根海南》，《特区展望》1991 年第 6 期。

期,在叙述对象周边出现一定的空隙,如琼州府地图中,周边有很大的空间用来突出"四周环海",这点在郭棐《万历广东通志》、欧阳璨《万历琼州府志》中有着具体的体现①。有甚者,比张岳崧《道光琼州府志》②中的绘制更简约。而且在明代的叙述中,"白沙津"官方命名为"神应港",具体的地理方位县北10里,属滙州都③。

缺少比例尺、方位等地图要素,所谓"位置图"不如说是"示意图"更贴切一些。据此,该图不是明代早期绘制,可能为民国时期作品。

尽管如此,该幅图还是勾勒出白沙津、海口港的位置大略,初步显现明清时期海口的海岸线分布情况。明清500余年时间内,两个港口的此兴彼衰过程,实际上是围绕着泥沙沉积过程中港口的壅塞与疏浚程度而展开的。

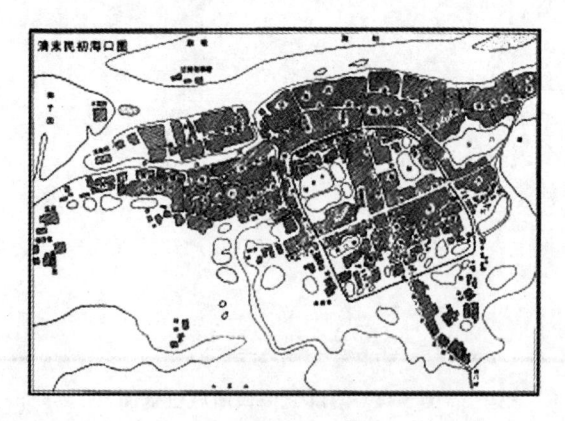

图 5-5　清末民初海口图

晚清民国之际,海口港正式取代了被泥沙所掩盖白沙津。"海田村"至此已逐渐变成海甸岛,海甸溪从中流过,开阔海口港已经日渐狭小。

民国二十二年(1933)海口港西部椰子园(即今424医院)尚为海水所包围的孤岛,这一情况很快被改变。

---

① 张朔人:《明代海南文化研究》,社会科学文献出版社2013年版,第72—79页。
② (清)张岳崧:《道光琼州府志》卷首《图》,台北成文出版社1967年版,第1页。
③ (明)唐胄:《正德琼台志》卷5《山川上》;(明)欧阳璨:《万历琼州府志》卷3《地理志 山川》,第35页。

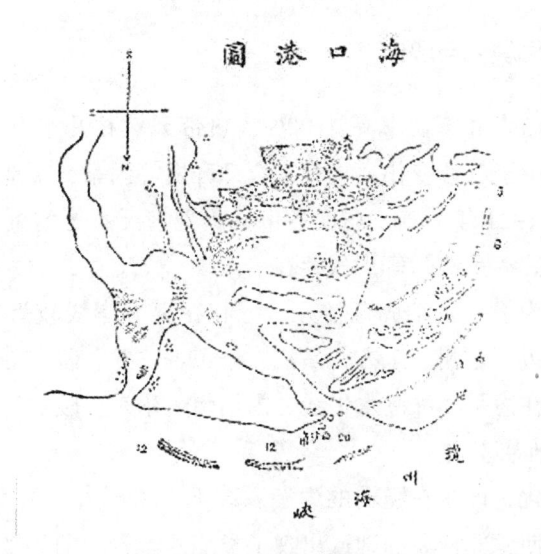

图 5-6　海口港图

资料来源：陈献荣：《琼崖》，商务印书馆 1933 年版，卷首插图。

图 5-7　海甸岛与新埠岛示意图

　　建省之初，海甸岛和新埠岛的面积分别为 12.7 平方公里、6 平方公里[①]。建省后，海甸岛被定位为"海口市新兴的卫星城，科研、文教、高技术综合区"，经过开发，面积达到 14 平方公里[②]。21 世纪之初，围海造田、沿海滩涂等被房地产开发取代，两岛屿实际面积尚缺少具体数据。

---

　　① 李金云：《建设具有热带风光的海滨城市》，《市长谈城市》，中国环境科学出版社 1989 年版，第 395 页。

　　② 海口市土地局、海口市地志办：《海口市土地志》，南海出版公司 1997 年版，第 135—136 页。

二 土地荒漠化与沙化

史前海南岛森林覆盖率高达 90%，热带天然林几乎全覆盖高低起伏的山冈丘陵。由于气候变化及人类不合理开发等因素，土地荒漠化与沙化开始显现。据 1921 年调查，岛内各市县出现情况不等的荒漠化现象，以"荒山""荒坡""荒地"等形式存在。

沙化表现为：一是半固定沙丘，分布在离海岸线较近处的琼山、琼海、临高、澄迈、儋州、东方、昌江、乐东、三亚、陵水等地区；二是流动沙土，分布在海平面涨潮水平线之内儋州、乐东、陵水等沿海地区。

（一）土地荒漠化

所谓荒漠化，即是在脆弱的生态系统下，由于人为过度的经济活动，破坏其平衡，使原非沙漠的地区出现了类似沙漠景观的环境变化过程。海南岛地广人稀，荒地由来已久。乾隆十八年（1753）的上谕，便揭示这一问题：

> 据广东巡抚苏昌等奏称："琼州为海外瘠区，贫民生计维艰。查有可垦荒地二百五十余顷，请照高雷廉之例，召民开垦，免其升科"等语。着照该抚等请，查明实系土著贫民，召令耕种，免其升科，给予印照，永为世业。仍督率所属妥协办理，庶土无遗利，俾该处贫民得资种植。①

海南岛的荒地情况究竟如何？民国十年（1921），国立中山大学农学院与前广东农事试验场合作，黄坤培、卓正丰、杨起明、蔡乃驹四位先生对此进行调查，调查报告揭示触目惊心的土地荒漠化情形。兹整理如表 5-6 所示。

表 5-6　　　　　　　海南土地荒漠化情况一览②

县属	分布、面积及土质
琼山	北昌坡，纵数里、横约 20 里，属粗砂土草生地。荒废数十年，官荒民荒皆有。

---

① 《清高宗实录》卷 445，中华书局影印本 1985 年版，第 798 页。
② 黄培坤等：《琼崖各县农业概况调查报告》，国立中山大学出版社 1937 年重刊，第 4—21 页。

续表

县属	分布、面积及土质
文昌	清澜—会文，荒坡满目，数百万方里，属半沙团委黏土草生地； 翁田一带，纵横约30里，多荒废一半山坡，半沙黏土草生地； 溪尾、抱罗至潭牛一带，面积数千方里荒坡，黄色半砂泥土； 锦山下辖的馆里，面积数万亩草生荒地，黄色半砂泥土； 文教之宝典、升粟、胶庭等坡30—40方里荒坡； 大昌一带，约三四千亩荒废平坡，杂草丛生； 白延、重兴，20余方里草生地，黄色及灰色黏质土。上述皆荒废已久，民荒。
琼东	大路市，2000—3000亩草生地荒坡，黄色及灰色黏质土。荒废已久，官荒； 福田附近高结坡，4—5方里草生坡，荒废数千年，为不允售出之民荒； 禁山、龙山坡，均为草生地，前者为官荒，后者为民荒； 县城南10里处，纵约1里、横5—6里，草生地荒坡。由来荒废，民荒； 大路铺至长坡市及其北10里，千方里荒坡，半沙黏质，荒废已久，官荒。
乐会	阳江市打葵、大鼓、二鼓、三鼓坡俱为草生地，杂矮小树木，荒废已久，官荒； 中原市附近，草生坡，约数方里，黏土，荒废已久，官荒； 县城北椰子寨附近，荒坡10余方里，粗砂质土，荒废已久，官荒； 县城西粉车—新市—阳江，荒坡约千余方里，半沙泥质土，荒废已久，官荒；
万宁	城南至车坑10余里、广约2—3里，草生地荒坡，砂质土； 城西北中兴市，有荒坡纵横各20余里，杂草及小灌木，红色黏质壤土；由来已久，多民荒。
陵水	棍人、大宁坡，面积7000—8000亩，砂质壤土，官荒； 长坡九所荒地2000—3000亩，裸地占60%、草生地40%，白色砂质土，久荒、官荒； 万福、英州坡，6000—7000亩草生地荒坡，砂质壤土，官荒。 乌鸦洞，东西30里、南北20里，为草生地，灰黑砂质壤土，荒废久远、民荒； 乌鸦洞附近长山肚，东西10里、南北20里，有不规则之密林，沙泥参半壤土； 大艾岭，面积3方里，小树杂生其上，砾质土。荒废甚久，民荒； 西南十八村挖银岭、拾八村岭，纵10余里、横2—3里，杂草丛生，黏土兼砾土。
崖县	山牛坡，纵3里、横2里，无孤立树之草生地，砂质壤土，荒废已久，民荒； 挖银岭，8方里，砂质壤土，由来荒废； 潭地坡，600—700亩，草生地，砂质壤土，荒废已久，民荒； 笔架岭荒坡600—700亩，砂质壤土；南山坡，2000余亩，灰色幼沙土，荒废已久，民荒； 九所油柑坡，东西20里、南北约10里，灰色砂质壤土，近黎村，官荒、民荒； 九所东北12里处，阔坑，纵横各20里左右，矮小树木，官荒； 黎区乐平营长芒坡，纵约3—4里、横约10里，长尺余草甚多，久荒、官荒； 黎区乐安多涧坡，纵横各约10里，疏林丛棘，官荒； 乐安岭后坡，约5000—6000亩，砂质壤土；黎区乐安城附近，10余方里荒田，官荒； 近定安汛阳得下坡，纵约40—50里、横约4—5里，黎区、官荒。

续表

县属	分布、面积及土质
感恩	佗兴岭脚处大占坡，长约20里、广约5—6里，砂质壤土，盛生杂草。荒废时间近5—6年，官荒、民荒； 佛罗市北老潘坡、茅落坡，隔沟对峙，东西约20里、南北约30里，官荒； 莪查岭脚下有千余亩荒地，黎区，久荒、民荒； 石城东南杀羊坡，5000—6000亩，砂质壤土，荒废近20年； 本县人烟稀少，荒坡旷野极目皆是。那旺、十所、八所一带，数千方里，表层土皆由飞扬细沙积成，为白色瘦瘠幼细干燥沙土。
昌江	黎区保平一带，纵横各约20—30里，干燥无水，为官荒； 县有许多荒坡旷土，在南者多白色幼细沙土；北者白沙土外，尚有红色幼粉沙土，不适种植。
儋县	县南王五市和圣附近，5000—6000亩，灰色壤土，数株孤立树，民荒； 县南距王五市70—80里处，千余亩官田，砂质壤土，杂草丛生，荒10余年； 县东南距王五市50余里，2000—3000亩，砂质壤土，干燥无水利，官荒，年限不详； 近大星市之银村，纵横各约6—7里，杂草灌木，干燥无水利，民荒，10余年； 银村附近大风坡，纵10里、横20余里，杂树丛生，乏水利，民荒，10余年； 南丰、镇南、调南等地，纵横各约30—40里，官荒地； 本县西部，旷土荒坡，土质颇劣，不适合种植。
临高	县北火烧坡，纵横各约20里，杂草丛生，干燥无水利，由来荒废，官荒； 与澄迈交界地方，多荒坡，近村者为民荒，余则官荒； 和舍附近地方，亦有荒坡，满生矮小树木。
澄迈	县西北，纵横70—80里，干燥而瘠的红色黏土，该荒坡由来已久，官荒； 其他小块荒地，亦为数不少。

"调查报告"是调查组对十三个市县荒地、荒坡、荒山等实地考察后提交的。从中发现，除定安土地整体状况不错，其他12个市县土地荒漠化情况较为严重。其中，东北部地区文昌、东南地区陵水、西部地区的昌江最为典型。

文章多用"由来已久"一词说明该地貌形成时间，也就是说有较长时段存在的地貌，是历史上人与自然互动的结果。而儋县西部地区荒漠化属于地质和历史原因外，其他的形成历史较晚，属于晚清民初开发时期处置不当的结果。

荒漠化情形因朝代不同，景观呈现也不完全一致。许崇灏先生的《琼崖志略》，对此有着较为独到的见解：

> 琼州地广人稀，历来对于荒地少有注意，故官荒民荒，无从查悉。人民可随处取地耕种，各处田地，多无上手红契，惟有根据人民族谱，其向来居住之村落，则附近田地，即其族人所有。至于所买得

之田地，以水为界，其水流到何处，山地即其所有。村民常因所耕之田泥土较瘠，不加施肥，遂将其全村房屋迁徙他方，择地耕种。故对于偌大荒地，乍见之以为官荒，实则前年代曾经开垦者。每见偌大之荒地，丛生有规则之矮树排列成行，说其官荒，其实则为民荒也①。

（二）土地沙化

土地沙化，是指由各种因素形成的地表，呈现以沙物质为主要标志的退化过程，包括已经沙化和具有明显沙化趋势的土地。土地沙化，在海南较为严重，且非局部性。历史文献和晚清民国时期的文人笔记，展示其大略。

1. 儋州"浮沙"

1932—1933 年，湖南醴陵人田曙岚，开始了其为期五个月的全岛式游历（包括病居医院两月），历程三千余里。田氏驾着"脚车"（自行车），自临高新盈港到达儋州光村时，指出该地："惟地多浮沙，推车前进，颇费气力。"由"儋那与儋昌两公路之分歧处"至儋县，则是另一番景象：

> 浮沙极多，推车极感不便。而沙摊（蜥蜴类之动物）横穿如梭，极为迅疾，往而复回（按沙摊之性，喜横越道路至隔面觅食，见人即避回原穴，穴于东者则返于东，穴于西则返于西，人骤视之，俨如往而复返。其实返者并非原往者也），似故炫其技而识余之不善于沙行者。

由新州—洛基—长坡—往东坡书院，"将及长坡，须经一桥，桥南多浮沙，沙深不可行车，竭全车七、八人之力，益以汽车之动力，犹数数停而复驶，始达桥头"。而自东坡书院回新州，"计程约十里许，浮沙极深，推车前进，吃力殊大"。自新州至海头港途中在汽车行六十余里后，"下一山坡，是处浮沙及深，汽车阻不能进，除司机外，凡车中人皆下车助之，始抵山麓"②。

田氏对儋州境内"浮沙"记录，在随后出版的《民国儋县志》③，仅

---

① （民国）许崇灏：《琼崖志略》，中正书局 1945 年版，第 9 页。
② （民国）田曙岚：《海南岛旅行记》，中华书局 1936 年版，第 86—87、95—96 页。
③ （民国）王国宪：《儋县志》卷 2《地舆志·海港》、卷 3《地舆志·昆虫类》，海南书局 1936 年版。

见于新英港"近年来,因港南海滨多属浮沙,每经大雨后,沙随淡水冲入港内,而以春江之沙为甚多";煎茶港"今则浮沙淯积,涉水可过,撑渡亦废";海头港"港道两旁石立,中积浮沙"等。至于"蜥蜴类之动物"——沙摊,亦无相应记载。

田氏的见闻与地方志记载间的差异,可能的解释便是,"沙化"现象未被方志编纂者所留意。

新中国成立后的方志对这一问题作出了统计,全县面积为"3265.18平方公里,合4897768亩",而与沙化有关的土壤分别为:由滨海沉积物发育而成的海滨砂土"占全县面积的1.84%";潮沙泥土占"0.42%"。前者主要分布在"排浦、海头、白马井、松林和兰训"等乡镇的滨海,后者则在河流的出海处①。也就是说,儋州潜在沙化土壤约为11万亩。

2. 昌化境内"沙化"

西部地区的沙化,以昌化县为典型。昌化县(今昌江黎族自治县),至少在南宋晚期,"无烟瘴水涝之患""无饥寒之民"②,人与环境间关系较为缓和。入明后,二者间问题开始显现。正统(1436—1449)初年,福建龙岩人陈瓛为昌化县令,鉴于本县"田地浮沙薄土,苦于干旱""教民筑堤蓄水,引以灌田"③。这一举措,并没有解决问题根本,清初,"浮沙"现象被突然放大。

> 自儋至崖,八百里许,沙深尺余,色白如银。无四时,日中蒸热,不可以昼行,强行者肤肉溃烂,虽林木蔽天,无虎狼之患。故夜行便之。

处在西部儋州和南部崖州(今三亚市)交通孔道上的昌化,田曙岚的"八百里许,沙深尺余",有点夸大其词,"浮沙"现象日趋严重的确是不争的事实。"林木蔽天"的环境中,居然产生如此恶劣的地貌?《康熙昌化县志》指出:康熙十一年(1672)闰七月二十三日,"飓风怪作,平地水拥数尺"。意在表明,此次台风携带的暴雨,将境内浮沙上面的薄

---

① 海南省儋州市地方志编纂委员会:《儋县志》,第67、62页。
② (宋)王象之:《舆地纪胜》卷125《广南西路·昌化军》,《续修四库全书》,上海古籍出版社2004年版,第585册,第140—141页。
③ (明)唐胄:《正德琼台志》卷33《名宦·皇朝》。

土层冲刷殆尽，是其罪魁祸首。

康熙三十年，县邑西南地区，"浮沙荡溢，垦之为田，必积牛之力，蹂践既久，令其坚实，方可注水"①。就此而言，比明正统时期有所发展。光绪二十三年（1897），地方志修纂者在进行实际采访基础上指出："土肥美，但惜无多"②。这表明，南宋及其以前昌化县域生态，到此已经被颠覆性地改变。

民国时期，生态继续恶化。田曙岚在穿越本县四天时间内，充分体验了"沙漠似的昌江"。从儋州海头进入昌江境内，在其笔端有如下记录：

> 沿海岸南行，约三四里，沙皆松动，推车步行，颇感艰苦。……未几而南风发，温度极高。初过时，如骤至火车炉边，殊不堪耐。且风力甚猛，沙土飞扬，袭人耳目。粗沙击面，如遇针刺。……因风力太猛且系逆行之故，乘车极感困难。乃推车步行，与风相搏斗十里许。……厥后风力更加猛烈，海岸复系松沙，而太阳肆虐，并不因风而稍减。

海尾至昌江，过"沙鱼潭"后，从海边转入内陆，"是处浮沙极多而深，色白如银，间有杂草触足，则叶硬如针刺，孰不可近。既抵大山之麓，寻得由海尾至昌江城之牛车路，浮沙亦多，乃推车而进""离昌江城约三四里，即涉咸水溪，再约五六里，即至昌江河岸。河面宽阔，浮沙极深，车行殊苦"③。

田氏游历路线，从海边到内陆、昌化江下游三角洲，"浮沙"随处可见，其沙化严重程度由此可见。

抗战胜利后的1946年春，受广东省政府委派，广东大埔人廖逊我为昌江县长。其间，廖氏出版名曰《海南心影》的著作④，对自己一年内昌江的亲身经历和所见所闻进行感悟式的总结。

---

① （清）方岱、璩之璨：《康熙昌化县志》卷1《舆地·风土》，广东中山图书馆藏（抄本）。

② （清）李有益：《光绪昌化县志》卷1《舆地·风土》，海南出版社2004年版，第145页。

③ （民国）田曙岚：《海南岛旅行记》，第107—117页。

④ 廖逊我：《海南心影》，广东文化事业公司1947年版。

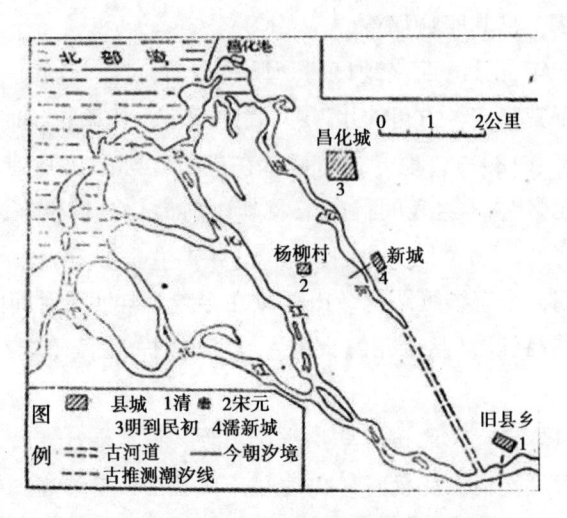

图 5-8 昌化江三角洲上县城搬迁示意图

资料来源：曾昭璇、曾宪中：《海南岛自然地理》，第94页。

就该县沙化，廖氏指出："本县为特别缺水地区，全年降雨量只有七百公厘，平均日数只五十余日，因是遍地亢旱，许多稻田，无法插莳，多少坡地，什粮不生"。也就是说，沙化已经成为县域生态中的常态性问题。

昌江县"滨海沙土"最新统计结果，总面积为14.7万亩，主要表现为：质地沙性、土层深厚、白色土体，海拔高度为20米以下。主要分布在南罗、海尾、昌城及昌化等乡镇的滨海平原及沙滩地带①。

3. 感恩"沙化"问题

感恩（今东方市）遭遇"沙化"，颇有时日。至迟在康熙四十四年（1705），姜焯为知县时期，"感邑地土，浮沙外溢，耕种之处阅三年即弃，由其地力已尽也。即居民凿井者，周岁之后必须浚疏，不然则沙壅淤塞，亦成废井。盖地之松散易于壅塞也"②。

在田曙岚的记载中，从盐漏（东方八所盐漏村）至感恩县城路途中，有"浮沙"。县城至佛罗镇间：

> 浮沙极白，间有耐干之杂树，丛生其间。前进约八里许……浮沙

---

① 海南省昌江黎族自治县地方志编纂委员会：《昌江县志》，第91页。
② 转引自周文海《民国感恩县志》卷1《舆地志·气候》，海南出版社2004年版，第26页。

愈松，时时从靴口涌入靴内，渐至集中足心，颇感不快。故每行数里，辄脱靴倒沙一次。且较深之处每进一步，必后滑二、三寸；举步愈宽，则所退愈长；因浮沙松动，无甚阻力故也……如此复约十余里，始下至平阳地。①

土地沙化现象由此可见。据最近统计数据表明，感恩土地面积为300万亩，目前"尚待开发的宜植荒地在75万亩以上"②。

4. 三亚与陵水的沙化

位于海南岛东南部的崖州（今三亚）和陵水交界处，地处高温多雨的湿热地区，其开发相对迟缓。唐代天宝年间（742—756），在万州首领冯若芳辖区内，奴婢居处"南北三日行，东西五日行，村村相次，总是若芳奴婢之住处也"③，这表明至迟在唐代中期，开始加强对东南地区的经营。

由于史料阙载，无法断语该处的植被情况。"浮沙"现象，在光绪十三年（1887），因胡适之父胡传是年的海南之行而浮出水面④。

胡传在今天三亚境内永宁铺至藤桥镇间的一段行程中，"沙坡一片，甚宽而平，遍生浅草，稀有树木，无开垦者。问之土人，云：'土多沙，瘠甚，不能种五禾也'"。由藤桥而东北至陵水九所（今新村镇九所村），近50里路程中：

> 地滨海，白沙弥望，高平之处，浅草平铺，无开垦者。洼下及坡之四边欹斜之处，略有耕植饶者。凡地属高坡，虽平旷而土深厚，垦而种植其收成必减于低处二三分。盖其地四无遮蔽，晴则风吹松土以去，雨则水漂土膏下流，且禾苗茂时，多虞风灾……

显而易见，该三亚陵水交界处滨海地带的沙化现象较为严重。方志以最新数据证实二个市县的沙化土壤：三亚市滨海沙土面积1.7万亩，分布在沿海一带林旺、田独、荔枝沟、天涯、梅山等镇。沙质土，土层深厚，疏

---

① （民国）田曙岚：《海南岛旅行记》，第135—137页。
② 东方市人民政府网：http://dongfang.hainan.gov.cn/zjdf/201007/W020100830560397050080.jpg。
③ ［日］真人元开：《唐大和上东征传》，中华书局2000年版，第68页。
④ （清）胡传：《游历琼州黎峒行程日记》，《禹贡》1934年第1期。

松、散粒状结构，干旱、缺水、肥力差①；陵水县有8万亩的滨海沙土，分布在东南沿海的黎安、新村、长城、三才、椰林、军田、英州等乡镇。②

4. 文昌地区

本地土壤概况为，"环疆多白壤，腴田稀罕"③。这就是说，至迟在咸丰时期，县域境内海岸线已成为盐卤之区。

田曙岚在文昌的游历路线为：定安县—文昌县城—清澜港—往琼东县，其间"由清澜港回经陈家，转往迈号。沿途多松沙，脚车难以进行，故步行转多"④。这表明，东南滨海地区的沙化有所发展。文昌北部、东北部、东部的滨海地区地貌，在方志和文人笔记中鲜有涉及。

据统计，文昌县环海、海拔10米以下地区，是"滨海沙滩"地貌分布区，面积约为5.6万亩。⑤

三　地震对地形地貌的改变

与水土流失、土地荒漠化及沙化等形式"年积月累"地缓慢改变比较，地震以突发方式，使得震区及其周边地区产生瞬间改变，从而导致海岸线内退。

研究表明，"东南沿海强震构造带"属于华南地块与南海地块的边界地带，总长约1000公里、宽约500公里的北东向展布滨海断裂带，涵盖了福建、广东、广西及海南部分地区，历史上多次发生7级以上的大地震⑥。这就是说，海南岛北部地区存在着发生强震的地震地质构造背景。

（一）主要地震及分布情况

面波震级（surface wave magnitude），是指根据面波计算出来的震级，符号 Ms 为通用的震级表现方式。一般认为 $6>Ms\geqslant 4\frac{1}{2}$，为中强震，属于可造成破坏的地震，震级在6级及其以上，其破坏性随着震级的上升而增大。

海南岛及其所辖水域地震频发，《海南省志·地震志》⑦根据历史文

---

① 三亚市地方志编纂委员会：《三亚市志》，第155页。
② 陵水黎族自治县地方志编纂委员会：《陵水县志》，第43页。
③ （清）林燕典：《咸丰文昌县志》卷1《舆地志·风俗》，海南出版社2004年版，第51页。
④ （民国）田曙岚：《海南岛旅行记》，第36页。
⑤ 文昌市地方志编纂委员会：《文昌县志》，第83页。
⑥ M7专项工作组：《中国大陆大地震中长期危险性研究》，地震出版社2012年版，第280页。
⑦ 海南省史志工作办公室：《海南省志·地震志》，海南出版社2004年版，第226—298页。

献记载和近代仪器测量，对此作了较为全面的梳理。

据统计，自 1466—1990 年的 524 年间，海南岛及近海域发生大小地震共 201 次（1949 年前 104 次，1949 年后 97 次）；1915—1990 年的 75 年间，在南海不同水域中，$Ms \geqslant 4.7$ 共发生 180 次。

值得注意的是，在海南岛及近海中 $Ms \geqslant 4^1/_2$ 共 30 次。按照震中位置划分，其时空分布为，1949 年前 28 次；1949 年后 2 次。据《海南省志·地震志》整理如表 5-7。

表 5-7　　　　　　　海南岛及近海 $Ms \geqslant 4^1/_2$ 基本情况

发震时间	震中位置（°）			Ms	发震时间	震中位置（°）			Ms
年月日	北纬	东经	地点		年月日	北纬	东经	地点	
1468.4.4	20.0	110.35	琼山	$4^1/_2$	1524.3.21	19.25	110.6	琼海近海	5
1526.11.19	20.3	110	澄迈海域	5	1524.4.5		110.47	琼海朝阳	5
1594.4.17	19.55	110.35	定安东南	$4^1/_2$	1605.7.13	19.5	110.07	屯昌新兴	5
1065.7.13			琼山塔市	$7^1/_2$	1065.7.14	20.0	110.5	琼山	$6^1/_2$
1605.7.15				$6^1/_2$	1605.7.18				
1605.7.19					1605.8.17				
1605.8.31				6	1605.9.23				$5^1/_4$
1605.10.7				$6^1/_2$	1605.10.8				6.8
1605.11.8	20.0	110.5	琼山	$6^1/_2$	1605.11.11				$6^1/_2$
1605.11.17				$6^1/_2$	1605.11.18				6
1605.11.22				6	1605.11.30				6
1605.12.15				$6^3/_4$	1606.2.18				6
1606.2.20				6	1606.3.2				$6^3/_4$
1606.5.1				6	1807	19.5	110.4	定安琼海	$4^1/_2$
1867.4.26	19.64	109.37	儋州西北	$4^1/_2$	1871.6.26	20.25	109.8	临高近海	$5^1/_2$
1965.12.29	18°30′	110°36′	陵水海域	5.1	1965.12.20	18°12′	110°18′	陵水海域	5.2

据上表统计，琼山县是 $Ms \geqslant 4^1/_2$ 的震中密集区，共有 22 次之多。时间集中在 1605 年 7 月 13 日至 1606 年 5 月 1 日内，共发生前震 1 次、强震 1 次、强余震 20 次。余震多、持续时间长达 10 个月，此即万历三十三年琼州大地震。

（二）万历三十三年琼州大地震

万历三十三年（1605），署琼州府事同知、澧州（今属湖南常德）人吴镁的《申文》① 呈现出地震情形及破坏程度，但较为含糊。学术界相关研究，为人们深入了解提供可能。

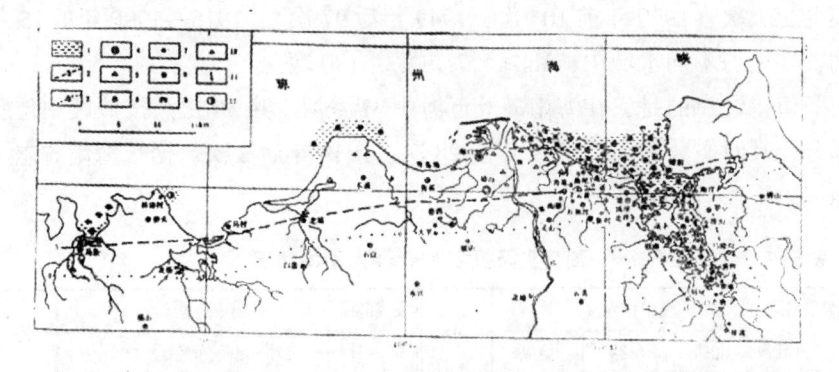

图 5-9　琼州大地震陆陷成海范围、遗址分布及地表沉降幅度等值线略图

1. 陆陷成海遗圩位置、范围，2. 沉陷幅度等值线（M），3. 推测线，4. 村庄遗址，5. 坟场遗址，6. 水井遗址，7. 森林遗址，8. 田地遗址，9. 牌坊遗址，10. 坟碑，11. 崩塌遗址，12. 墩坡沉陷遗址。

资料来源：陈恩民、黄詠茵：《1605 年海南岛琼州大地震的震害特征和发震构造研究》，《地震学报》1989 年第 3 期。

陈恩民、黄詠茵研究揭示了此次地震的极震区北部和东部大规模陆陷成海、沧桑巨变的历程，文章认为：此次震中烈度 XI 度，震级为 $7\frac{1}{2}$—8 级②；震中位于琼山县塔市附近（20.0°N，110.5°E）。陆陷成海面积百余平方公里，地震急骤沉降的幅度，一般约为 3—4 米，最大处超过 10 米，陷的比较深的遗址，在一般大潮退后，仍未露出水面。

（三）地震遗留景观

至 1983 年 5 月，经时年为广东省地震局助理研究员陈恩民 4 年多调

---

① （明）欧阳璨：《万历琼州府志》卷 12《杂志·灾祥志》。

② 按：关于此次地震某些问题尚存在几方面的争议。一是地震强度问题。姚梅尹将震中烈度定为 IX 度，震级 7 级。多数研究者认为震中烈度为 X 度，震级为 $7\frac{1}{2}$。二是地震作用（陆陷成海现象）。东寨港铺前湾一带陆陷成海现象为震时局部地面发生瞬间沉降而形成的；也有认为，自中更新世以来，东寨港地区长期处于缓慢下沉的过程中，且震后数百年仍在保持继续下沉趋势；多数倾向性看法是，长期缓慢地面沉降过程中，震时部分地区确实存在着瞬间快速沉陷现象。三是地震构造问题。张虎男等认为发震构造为北北西向的铺前——清澜断裂；陈恩民等指出 "双轴破裂型" 即北北东向的琼山—铺前断裂和北北西向的铺前——清澜断裂。在争论过程中，较为一致的、公认的该地震基本参数为：震中位于东寨港附近的塔市（110.5°E，20.0°N），震级为 $7\frac{1}{2}$ 级，震中烈度为 X 度，衰减系数为 2.0，等震线长轴为北 80°东，短轴方向为北 20°西，震源深度为 15—20 公里（海南省史志工作办公室：《海南省志·地震志》第 333—334 页）。

查考证，300多年前琼州大地震陷成海遗迹正式浮出水面，这是中国迄今发现的唯一一次导致陆陷沉海的地震废墟。在陈氏调查中，遗留景观呈现如此画面：

在琼州海峡南部、南渡江入海口东边的东营港、北创港、东寨港和铺前湾一带，为核心震区。其中，东寨港和铺前湾滨海地区海水退潮后，海滩上便露出保存完好的古村庄废墟遗址：以石板拼砌成的石水井井口、舂米石臼、石磨、石柱、石凳子，还有灯座、油灯盏和大量的砖、瓦、缸、坛、碗等碎片。

在另一个海滩上，有玄武岩板棺材、砖砌坟穴木棺、坟碑等当年的坟场。石水井和舂米石等；从北创港至铺前湾长约10公里，宽约1公里的浅海地带，有平坦的古耕地，阡陌纵横。由于海沙的保护，耕地上的牛脚印、田埂硬泥中已变成腐殖质的草根，仍清晰可辨。

在铺前湾以北4公里、10米深的水下，便是明代仁村的沉陷地址，当年断墙、石磨、石棺等依稀可见。在东寨港水下，有一座呈方形的古戏台。在北创港7米深的水下，一座歪斜立于海底的四柱三孔的"贞节牌坊"，横跨7米，六柱方形圆角，各柱前后均有斜柱支撑。

在临高县东北滨海发现，此次地震时沉陷于海下2—3米的古马裊盐场。透过海水，可以看到昔日呈方格形的晒盐田上，大小相似、来自于广西、用于砌盐田的白色鹅卵石散布其间。

除了陆陷成海外，还造成上千平方公里的陆地下沉，把许多村庄、河流、田园埋在地下。至80年代，海口市、琼山县进行农田基本建设时，在1米多深的地下挖出棺材、舂米石臼、大量砖瓦缸碎片。有的地方还发现古森林、村庄被埋在稻田之下。①

据海口市长流新海村渔区第九町作业区渔民说，每当风和日丽、水波清澈时，可以从船上看到海底断垣残墙和陶瓷瓦砾，是为大地震中下陷之村庄遗址②。

---

① 孙广来：《世纪百年风云纪实》第2辑"1983"，内蒙古人民出版社2006年版，第57—60页。
② 海口市地方史志编纂委员会：《海口市志》，第149—150页。

第六章

社会因素对环境影响

区域生态环境变化，源自于自然力、人口数量、社会等多种因素的合力。自然力、人口数量，在前文已述及。社会因素将从国家治理政策对环境影响，生产方式对本岛中西部地区、周边水域生态变迁中的作用等方面加以考察。可以说，今天海南生态环境是在长时段社会因素综合影响基础上，在"破坏—修复—再破坏—再修复"互动过程中逐步形成的。

第一节 国家治理政策与环境变化

人类从自然界中猎取生活资料的本能需求，在国家治理之下成为有组织的行为。因此，不同时期治理政策对相对封闭环境所产生的影响，不可低估。自汉代纳入国家版图以来，岛内生态环境因之也产生较大变化：历史时期相对缓和局面；日本占领时期因资源掠夺出现恶化倾向；海南解放后橡胶基地的确立，对尚未恢复的生态产生重大影响；建省办特区，尤其是21世纪以来，地方政府实施"生态文明建设""绿色崛起"战略，对生态修复起到了积极作用。

一 历史时期治理政策对生态影响

自公元前110年至1939年日本侵占海南岛2000多年历史中，随着人口增加，聚集地从沿海台地逐渐向中部扩大，其直接影响便是对原始植被的破坏。这种自发性的活动，自然不能与国家治理政策混为一谈。从政策压力来看，环境处于局部变化、自我修复功能良好，二者关系相对缓和。

中国古代王朝在海南岛治理着眼点是编户数量最大化。围绕这个目标，相应政策主要解决两方面问题，一是将游离于编户之外的黎族纳入

"齐民"范围;二是通过城池建设,加强对既有"编户"管理。大量的与军事和政治关联城池纷纷建立起来,这对生态环境产生了一定影响。

(一)治理理念对生态影响评价

1. 西汉经略

武帝元封元年(前110)至元帝初元三年(前46),西汉在本岛置罢郡。对此学者多对置郡时期治理、罢郡原因加以探讨①。鲜有对设郡动因、两郡性质及在本岛治理政策予以关注。研究表明:就两郡性质而言,"不属于内郡而属于外郡"。儋耳郡维护通夷道路,与"日南障塞"性质相接近;珠崖郡则是满足王朝对本地奇珍异宝的需求。

表6-1 西汉海南郡县归属关系

郡属	西汉县名	今址
珠崖郡	瞫都	海口市琼山区境内
	玳瑁	海口市琼山区境内
	紫贝	文昌市境内
儋耳郡	苟中	澄迈县境内
	儋耳	儋州市境内
	至来	昌江县境内
	九龙	东方县境内
	山南	乐东县境内
	临振	三亚市境内

"岛西部、西南部的江河入海处冲积平原及溯江河而上的中游地带;南渡江中游以下及该河流下游冲积平原地带。东部及东南部鲜有涉及",

---

① 主要观点为:罢郡"阻滞了海南的发展"[林漫宙:《汉珠崖郡史话》,《海南大学学报》(社会科学版)1997年第3期];罢郡原因为"狭隘的民族偏见""重西北而轻东南的边疆政策的制约"及元帝"政治腐败、国势衰弱"等"诸多因素共同作用的结果"(高荣:《初元三年汉弃珠崖郡刍议——兼论汉代边疆政策》,《中国边疆史地研究》1999年第4期);罢郡开创了中国历史上"主动放弃领地统治权的先例"(李东屿:《贾捐之弃珠崖》,《新东方》2000年第9期);从西汉政权及珠崖郡政治、经济、军事诸方面着手,探讨罢郡历史原因(李琳:《海南西汉珠崖郡罢郡历史研究》,《文博》2002年第1期);罢郡因政治失误、酷吏执政等,认为地方治理"须政ള得当,用官得人"(林日举:《关于对西汉王朝在海南建立的统治及后期放弃的反思》,《琼州大学学报》2003年第6期)。

是郡县分布基本情况。史载"二郡十六县",其他七县无考,应分布于南渡江下游滨海、西部沿江沿海台地①。

显然,"外郡"的新置郡县,不具备治理地方事务基本职能。因征集奇珍异宝,遭到民间反抗,考古发掘、历史文献揭示了军队在岛内活动。相反,赋税征收不见于史籍。据此,汉代国家治理政策对岛内生态环境影响甚微。

2. 隋唐治理政策

隋唐岛内治理政策,学界有所争论。"羁縻政策"论者认为,俚僚治理"土官制度"及其在维护王朝利益中所发挥作用②;支持"郡县制"者,"虽属少数民族地区,但不设羁縻州,而由中央政府直接委派官吏,同一般地区一样设州县管辖,说明唐代颇重视海南开发"③;"一府五州不属于羁縻府州,府州县官吏由朝廷直接遣派,在行政体制上与中原内地基本一致"④;"没有在本岛推行羁縻制度,而设立与内地一样的行政区划单位,进行直接统治和管理"⑤。

其实,隋唐通过郡县制度来加强王化治理。但是,王朝愿望与民众自愿选择之间不断较量,郡县制度推进艰难,羁縻制度日益盛行。

郡县环形布局完成,建制数量空前。至德宗贞元五年(789),共有五州二十二县:崖州辖县三,舍城(贞观元年改颜城)、文昌、澄迈;琼州辖县五,琼山、临高、曾口、乐会、颜罗;振州辖县五,宁远、延德、吉阳、落屯、临川;儋州辖县五,义伦、昌化、感恩、洛场、富罗;万安州辖县四,万安、陵水、富云、博辽⑥。与西汉十六县分布比较,建制区域在沿海台地、水路交通方便的河海交汇处为主要分布区基础上,积极经营东南一带并有向中部推移的趋势。如:天宝间(742—756),振州(今三亚境内)宁远河上游落屯县;乾元间(758—760),儋州洛场县等⑦。建制范围扩大、数量增长,国家控制的编户数量随之增加,因之对环境产

---

① 张朔人:《西汉海南置罢郡历史研究》,《海南大学学报》2011年第5期。
② 吴永章:《黎族土官纵说》,《中南民族学院学报》(哲学社会科学版)1989年第5期。
③ 司徒尚纪:《海南岛历史上土地开发研究》,海南出版社1991年版,第33页。
④ 林日举:《海南史》,吉林人民出版社2002年版,第54页。
⑤ 李勃:《海南岛历代建置沿革考》,海南出版社2005年版,第157页。
⑥ (宋)欧阳修:《新唐书》卷43上《志》33上,中华书局1975年版,第1100—1101页。
⑦ 张朔人:《试论隋唐王朝海南治理政策变迁》,《海南大学学报》2011年第1期。

生影响。

3. 宋朝黎汉双轨制

宋代"对黎政策为王朝政策核心",强调国家通过"土官"实行间接统治;通过"生黎"向"熟黎"转化,阐述宋及其以后王朝治理政策①。研究表明:黎汉双轨制治理,是宋代三百多年海南王化最具特色的政治实践②。

开宝四年(971),"以儋、崖、振、万安等四州隶琼州,令广州择官分知州事",次年省振州,迁崖州于振州③,共四州十三县。因"琼州兼广西路安抚都监"设置,神宗熙宁六年(1073),"废儋州为昌化军,崖州为朱崖军,万安州为万安军,以昌化、感恩、陵水、宁远、吉阳为镇"④。"琼州,总统海南地始此"⑤,知琼州事兼琼管安抚使,统摄军民两政,形成一州三军十县二镇建制。

史载"岛之中有黎母山诸蛮,环居四傍,号黎人。其去省地远,不供赋役者,名生黎;耕作省地者,名熟黎。……熟黎之外,始是州县。大抵四郡各占岛之一陲。其中,黎地不可得,亦无路通"。北宋本岛开疆拓土进展不大,即便到南宋绍兴三十年(1160),仍是"四郡各占岛之一陲"。黎人反叛,陆路时断时续,三军交通需"再涉鲸波"⑥。王朝统治基础脆弱,政策层面对生态影响甚小。

4. 元朝军事治理

元世祖至元十五年(1278)七月,阿里海牙用兵海南,南宁、万安、吉阳诸州县皆附元⑦。十一月,琼州安抚赵与珞等被裂杀⑧,海南入元。

---

① 王献军:《黎族历史上的"生黎"与"熟黎"》,《海南大学学报》2010 年第 2 期。
② 张朔人:《宋代海南王化治理的实践路径》,《琼州学院学报》2013 年第 3 期。
③ (宋)李焘:《续资治通鉴长编》,《四库全书》第 314 册,台湾商务印书馆 1986 年版,第 109—110、203 页。
④ (宋)李焘:《续资治通鉴长编》,《四库全书》第 318 册,台湾商务印书馆 1986 年版,第 223 页。
⑤ (明)唐胄:《正德琼台志》卷 3《沿革考》,上海古籍书店 1964 年版。
⑥ (宋)李心传:《建炎以来系年要录》,《四库全书》第 327 册,台湾商务印书馆 1986 年版,第 90、672—673 页。
⑦ (清)毕沅:《续资治通鉴》卷 181,《续修四库全书》第 346 册,上海古籍出版社 1995 年版,第 258 页。
⑧ (明)唐胄:《正德琼台志》卷 33《名宦》。

明洪武元年（1368）六月，"海南分府元帅陈乾富亦相继归附"①，归明。元朝在此90年经略实践，县一级设置有所突破，编户数量及赋役征收等比起唐宋时期皆有着较大增长。

至元二十八年十月至三十年正月（1291—1293），元军实行"平黎策"，开疆拓土，战事以"勒五指山""勒黎鹜岭"结束。"得峒六百二十六，户口四万七千有余""置定安、会同二县"，统之以郡县制方式；在黎区附近，"立屯田万户"，辅之以万全寨②。王朝试图将岛内三年开疆拓土的结果，通过县制的方式法律化。大量"生黎"纳入国家编户、中后期岛内此起彼伏黎乱等，对周边环境破坏力度不容小觑。

5. 明清治理政策

洪武三年（1370），升琼州为府，总领三州县十三，改隶广西为广东；十九年，以儋州之感恩县属崖州。属县七：琼山、澄迈、临高、定安、文昌、会同、乐会；三州属县六，分别为：儋州领宜伦、昌化，万州领万宁、陵水，崖州领宁远、感恩。③

正统四年（1439），因"三州地狭民少"，知府程莹奏请"省广东琼州府儋州附郭宜伦县、崖州附郭宁远县、万州附郭万宁县俱入本州"④。自此，一府三州十县成为定制，清代因之。

康熙三十一年（1692）五月，地方政府对中西部黎区是否纳入国家版图存在着差异。两广总督石琳曰"黎人地方丁田无多，不便设立州县"；总兵吴启爵指出"于黎人地方筑建城垣，添设官兵"，强调军事存在。鉴于"黎人居中"，康熙认为："如果此处应取，古人何为将周围取之，而在内弹丸之地，反弃而不取乎？"继而指出"创立州县、建筑城垣，有累百姓"，否决吴的议案⑤。

明清两朝，建制变动不大。在500多年内，除朝代鼎革动荡、土官制度废除及"改土归流"外，基层社会相对稳定，以"里甲制度"为核心的基层治理日趋完善，编户齐民数量有所增长。总体来看，民众与生态间

---

① 《明太祖实录》卷32，第565页。

② （元）邢梦璜：《至元癸巳平黎碑记》，（清）张岳崧《道光琼州府志》卷38《艺文》，台北成文出版社1967年版，第875—876页。

③ （明）唐胄：《正德琼台志》卷3《沿革考》。

④ 《明英宗实录》卷56，第1070—1071页。

⑤ 《清康熙实录》卷155，中华书局1986年影印本，第713页。

的关系较为缓和。

（二）城池建设对环境影响

自西汉纳入国家版图之后，政府通过设置郡（府）、州、县治所，揭开了社会因素破坏原生态环境的序幕。

1. 西汉至唐代情况

西汉十六县分布前文有所交代，有无治所、设在何处，因年代久远无法考证。珠崖郡治遗址在琼山（今海口市）境内，"龙塘""遵谭""旧州"等诸说①不一。

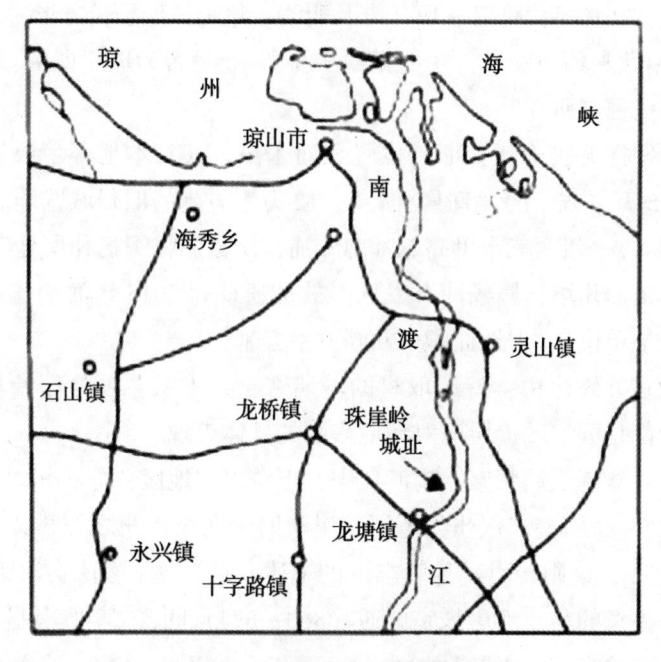

图 6-1 珠崖岭位置示意图

资料来源：海南省文物考古研究所 琼山市文化广电体育局：《海南省琼山市珠崖岭古城址 1999 年发掘简报》，《考古》2003 年第 4 期。

珠崖岭古城址《发掘简报》认为：对遗物初步判断，城址为"唐代

---

① 李琳：《汉代珠崖郡治城址考》，《考古与文物》1999 年第 1 期。指出城址位于"博抚村，琼崖神岭台地"，支持"龙塘说"。此外，还有周伟民 唐玲玲：《汉代珠崖郡治在何处?》，《今日海南》2007 年第 3 期，亦持此观点；郭克辉：《琼山县文物志》，中山大学出版社 1990 年版。黄培平、符和积等撰文，支持"遵谭说"；梁统兴：《琼台胜迹记》，南海出版公司 2000 年，持"旧州说"。

中、晚期"所建，可能是"军事城堡"。城址"平面近方形，边长155—160米，周长约750米""城墙残高1.5—2米"。城内"文化堆积很薄，文化性质单纯，皆为中、晚唐至五代时期遗物"。显然，该简报不支持"龙塘说"。

2012年1月，省文物考古研究所对旧州城址进行了为期半个月的实地踏查和地面钻探，形成《考古调查报告》①：采集文物中"绳纹砖、瓦与岭南地区汉代同类遗物相似"；考古勘探、探沟试掘"细绳纹筒瓦残块""绳纹砖、瓦和瓷片""绳纹板瓦残块"等，分别与地表同类器物相似。据此，文物年代跨汉、唐、宋及明清。整个城址呈长方形，方向为北偏东，"南北长约400米，东西宽约300米"。是否为珠崖郡治，"需要更深层次的挖掘与研究"。

考古发掘无法确认，郡治位置悬而未决。其对本地环境改变不能忽视——2.5万平方米的"珠崖神岭"、12万平方米的旧州城城址。

儋耳城，"州西三十里高麻都南滩浦，汉楼船将军杨仆所建"②。该地在今三都镇旧州坡，属杨浦开发区。故城遗址为2015年海南省第三批省级文物保护单位，"占地面积52900万平方米"③。

早期官署修建中，就地取材的城墙夯土、木材，去除原始植被等举措，无疑都是国家政策层面对环境影响的具体表现。

唐代，建制变动频繁，南渡江中、下游以北地区，分布相对集中，治所建废无常。"海南以崖州为著郡。崖州旧治在今琼州之谭村，土人犹呼为旧崖州"④，这则转引《琼管志》的记述，是为数不多落实治所之地。

值得注意的是，晚唐懿宗咸通（860—874）间，"辛傅李赵四将进兵擒获黎洞蒋璘率等，于其地置忠州。七年余，死亡无数，随领兵还"⑤。所谓忠州，在定安县南黎母山下⑥。短期存在的忠州，是中部原始地方最

---

① 海南省文物考古研究所：《旧州城城址考古调查报告》，2012年（未发表）。
② （明）唐胄：《正德琼台志》卷27《古迹》。
③ 海南省人民政府网：http://www.hainan.gov.cn/hn/zjhn/lsrw/qyww/201511/t20151129_1719694.html。
④ （宋）王象之：《舆地纪胜》卷127《吉阳军》，《续修四库全书》第585册，第132—152页。
⑤ （宋）王象之：《舆地纪胜》卷124《琼州》，第585册，第136页。
⑥ （民国）田曙岚：《海南岛旅行记》，中华书局1936年版，第25页。

早的城池建设。

2. 宋元时期

北宋在今东方市设镇州,是王朝经略海南一次失败的探索。这一决策,事实上是对北部琼州业已取得统摄全岛军民两政地位的一次修正,反映了王朝开发西南部地区的意图。大观元年（1107）,知桂州王祖道言："请于黎母山心立镇州,为下都督府,赐军额曰靖海,知州领海南安抚都监"①。宋徽宗诏曰：

> 镇州,国家际天所覆,悉主悉臣,薄海之南,增置郡县。凡前世羁縻而弗可隶属者,莫不稽颡竭蹷,顺服王化……扼控六州,为一都会,顾惟形胜,实据上游,俾升督府之雄,庸示节旄之寄,示昭文德,永载舆图,可以靖海军为额。②

崇宁（1102—1106）中,"抚定黎贼九百七峒,结丁口六万四千,开道路一千二百余里"③,治理中心随之转移。"出差货物不多,并深在黎峒,中间别无人旅往还",四年后的政和元年（1111）,罢镇州,"靖海军额拨归琼州"④。

2008 年,海南日报社组织部分专家走访镇州遗址。坐落在距东方市八所城区约 40 公里、东河镇中方黎村北边不到 1 里处,遗址呈长、宽各 200 米正方形布局,土墙底部宽约 10 米,顶部宽约 2 米,高度 1—6 米不等。规模较大、保存比较完整,北墙外围有护城河痕迹,南门外有排污水道的出口⑤。

崇宁间开通 1200 余里的道路,已被历史所掩埋。仅存四年被罢免的镇州,即便在经历近千年的风雨之后,仍可以窥见,足见其对周边环境的影响。

---

① （元）脱脱：《宋史》卷 348 列传第 107《王祖道》,中华书局 1977 年版,第 11041 页。
② （清）徐松：《宋会要辑稿·方域七》,上海大东书局 1936 年版,第 7418 页。
③ （宋）周去非：《岭外代答》,《四库全书》第 589 册,台湾商务印书馆 1986 年版,第 406 页。
④ （清）徐松：《宋会要辑稿·方域七》,第 7438 页。
⑤ 陈耿等：《镇州：鲜为人知的海南古代州府》,《海南日报》,2008 年 10 月 27 日,第 15 版。

元朝定安、会同二县新置,据《正德琼台志》卷3《沿革考》:至元二十八年(1291),定安县治所于"南资都南坚麻山"(今龙门镇西北官衙、官井村);天历元年(1328),升本县为"南建州",迁治于"琼牙乡"(今定城镇南门外杨墩坡村南)。会同县治初建于"永安都"(今大路镇境内),皇庆间(1312—1313),移至"端赵都"(今塔洋镇境内)。随着国家治理力度加强,以治所为核心的官署、相关建筑明显增加,这在《舆地纪胜》一州三军《景物》的记载中得到印证。

表 6-2　　　　　　　　南宋一州三军治所主要建筑

州军	亭台堂轩楼阁	庙宇	学校
琼州	节堂 燕堂 琼台 靖瑞堂 虚白堂 绶带堂 退息堂 知乐堂 平理堂 燕喜堂 节爱堂 超然堂 云海楼 风月台 海山楼	开宝寺 定光堂 崇福寺 鉴空阁 三公庙(李德裕、卢多逊、丁谓) 开元寺 报恩寺 兴化寺	府学 新学 明伦堂 经史阁
昌化军	吏隐 九思堂 熙春台 平心堂 博望台 动鉴阁 临清亭 野趣亭 载酒堂 秀香堂 宾燕堂 涌月亭 就日亭 问汉亭 桄榔庵	显应夫人庙 冼氏庙 贞利侯庙 伏波将军庙	
万安军	鉴亭 爱民堂 凝香亭 观德堂 三里亭		
吉阳军	清心堂 洗兵堂 怀远亭 凝香堂 阅武堂 海口驿 吏隐堂 乐输亭 相公亭 盛德堂	开元寺 海口庙 惠远庙	

元朝官署建筑,在巩固宋代的基础上有向内地推进趋势,定安、会同县治设置便是其表现。

3. 明清时期建筑

琼州府治是在承袭元代建筑基础上,在洪武时期用了9年时间,进行大规模展拓城池,奠定了其基本架构。洪武二年(1369),指挥孙安议请扩建城池,至十一年(1378)指挥蔡玉又奏请添筑从城的西南角旋接城西北。至此,府城通计周围1253丈,高2丈7尺,阔2丈8尺。此后的建筑,主要体现在对该建筑主体加固、附属设施增添、建筑材料更新上。

以东西门连线为中轴,将府城划分成南北两个区域,北区为琼州府各主要政府职能部门:海南分司、兵备府、海南卫、琼州府、海南道,自东向西一字排列。南区则是琼山县官署、钟鼓楼、府县学等建筑。靠近东门北区,介于养济院和城隍庙之间为东门市。这种将官衙集中整合在城墙内,既能有效地防止外来力量的侵入,又有利于提高行政效率。这一布局设置，在明代以前的海南实为鲜见。

护城河是明代城池建设中的重要一环。府城南临南渡江，为了解决"涨溢之患"，在洪武早期用了三年时间，"南筑长堤，引溪为壕，出东城下，以达抱沦村"。洪武十一年止，绕城壕堑建成，长1287丈，深3丈2尺，阔4丈8尺①。

建筑多以用砖石包砌来替代前代的夯土筑城。受中原地区的影响，是时砖石材料在府州县城池建设中的广泛使用。石头材料广泛使用，充分体现出因地制宜的地方特色。与烧制而成的砖材料需要一定的技术条件相比较，琼北地区分布有较多的火山岩石，取材容易，且具有石质坚硬，经久耐用等特点。

诸县无城郭的历史在明代有所改观。县级城池建设较晚，昌化县，始建于洪武二十四年，除琼山之外，仅属个案。四个县治建于正统年间，文昌和乐会则建于隆庆六年②（1572）。明代后期，县一级政权才基本上有了正式的办公地点。

与此同时，在"官全设"③的背景下，大量公署配套建筑迅速增加。以府一级为例，全新开设的有："司狱司""税课司""阴阳学""医学""僧纲司""道纪司""军器局""申明旌善二亭""养济院""漏泽园""迎春馆""海南道""布政分司""兵备府""海口公馆"。"僧纲司""道纪司""迎春馆"分别附设于"天宁寺""玄妙观""峻灵庙"中，其他12个相关建筑皆为择地另建。明朝的城池建设，给生态带来了怎样的压力，无法断语。清代治所建筑多是建立在对前朝的维修、改扩建等之上，比较而言，对周边环境影响要小得多。

（三）军事设施对环境影响

军队戍边以维护地方，是王朝治边的手段。考古表明，从汉代开郡，便有军队活动，作为制度性安排，始于宋代厢军。随之，军事城堡、军屯

---

① （明）欧阳璨：《万历琼州府志》卷4《城池》，第82—83页。
② 隆庆六年（1572）闰二月，巡按广东御史杨一桂奏章曰："琼州文昌、乐会、感恩、会同四县，原未设有城池，每遇贼至，任其纵横如履无人之境……琼之四县已破其三，他惠潮四县亦皆处盗贼盘错之中。安可一日无备？"提出"城守之设，今所当急议"的主张。兵部接受了杨一桂之议。（《明神宗实录》卷4，第179—180页）这在一定程度上反映出海南州县城池建设之晚。
③ （明）唐胄：《正德琼台志》卷13《公署》。

等方式逐渐对环境产生影响。

1. 军事城堡与遗址

该设施由内陆防御及巩固军事成果、海边烽堠、卫所指挥部等部分组成。其中，内地、海边设防二项措施，对中部地区和沿海生态，皆产生较大影响。

宋政和间（1111—1118），为"隘阻黎人"修建西峰寨（澄迈）、定南寨（临高）、南宋大宁寨（乐会）、昌化寨（昌化）、延德寨（崖州感恩交界），元朝永靖、保义寨（澄迈）、八角寨（文昌）、万全寨（乐会）① 等，已不见踪影。

明水会所城。万历二十八年（1600），黎马矢之乱平，于琼山林湾都（今琼中县境内）建城，驻军300人，城周375丈，横阔72丈，启东南西门，建楼四②。1603年建社学，"设社师训黎童，置学田赡之"③。入清后，军事职能废弃。

20世纪90年代，对遗址考察：位于黎母山水上市，城周长1180米，高2.16米、宽3米；东西600米、南北300米，呈椭圆状，土石结构④。该遗址现已成废墟。

明乐安新城。府志载，万历四十四年（1616），剿抱由、罗活二峒叛黎，在崖州城北150里烂红沟处以砖建城，广西药弩300名驻扎。周400丈，高1丈2尺，女墙高5尺，东西南城门3座，月城小楼1座，城门敌台4座。

清乾隆十七年（1752）、光绪二十九年（1903）二次扩建与重修。最盛时，"有居民400户、商号120铺"，以及120多名军队驻扎。民国二十一年（1932）夏，陈汉光在此设"琼崖抚黎专员公署"；民国二十四年，乐东县政府设于此。日本侵琼盘踞该城，为军事和经济基地。日本投降，城毁坏。遗址位于乐东县抱由镇正南3公里处瑞芝山上，东、北为荒山，南濒水田，西临乐东至九所公路。西南部为乐东县农科所，西、北部已开

---

① （明）唐胄：《正德琼台志》卷20《兵防下·营寨》。
② （明）欧阳璨：《万历琼州府志》卷4《城池》，书目文献出版社1990年版，第82—87页。
③ （明）欧阳璨：《万历琼州府志》卷6《学校志》，第191页。
④ 琼中黎族苗族自治县地方志办公室：《琼中县志》，海南摄影美术出版社1995年版，第664页。

垦种植农作物①。

烽堠设置。明洪武间，诏令沿海各地"量其险易，建立卫所备御倭寇。陆置烽堠，水设哨船，无事则各守地方，有警则互相策应"②。岛内"沿海紧关去处，设立一百六十座。差兵夫昼夜瞭望，遇警放烟"③。

以儋州光村新隆烽堠为例，该遗址为2015年海南省第三批省级文物保护单位，其面积"1237平方米"④。2010年3—4月，省考古研究所对儋州市三都镇社兰村"神头港烽堠遗址"发掘：烽堠建筑整体由土石混合结构、上小下大的圆台形基础、基础之上简单的土木建筑构成⑤。也就是说石材、泥土、木材是建筑的基本材料。据此，全岛环海100多座烽堠，对沿海生态产生影响，不言而喻。

2. 军屯

元至元三十年（1293），平黎结束后，为解决军需，设"黎蛮屯田万户府"，以"官给牛、种，召民户并新附士卒四千人承种"⑥方式经营。建立在"括勘叛贼田土"基础上的屯田，分布于琼山遵化、石山；澄迈水南、水北、曾家、保义、槟郎；临高定南、田牌、新安；定安潭榄⑦，4县11屯所。然新征服之区，瘴疠交攻，两年后即贞元年（1295），新附士卒"纵兵还翼，留半与民屯田"，即2000名士兵回军队效力，余下2000士兵继续屯田。大德二年（1298），"罢屯田府及军"，5011民户，屯田292顷98亩⑧，民户成为军屯的主要承担者。

明初，军屯推行有点曲折。洪武末，"都司委官踏勘荒田，令置屯所"，正统元年（1436），"更订屯田则例，并给屯军牛只"，近百年探索才初步完善。原额屯田共22处，面积为496顷40亩，纳粮14982石。具

---

① 乐东黎族自治县地方志编纂委员会：《乐东县志》，新华出版社2002年版，第710页。
② 《明英宗实录》卷27，第546页。
③ （明）唐胄：《正德琼台志》卷21《平乱 烽堠》。
④ 海南省人民政府网页：http：//www.hainan.gov.cn/hn/zjhn/lsrw/qyww/201511/t20151129_1719694.html。
⑤ 中国考古学会：《中国考古学年鉴·儋州市洋浦神头港烽堠遗址》，文物出版社2011年版，第391—392页。
⑥ （元）邢梦璜：《至元癸巳平黎碑记》，（清）张岳崧《道光琼州府志》卷38《艺文》，台北成文出版社1967年版，第875—876页。
⑦ 马蓉、陈抗等点校：《〈永乐大典〉方志辑佚》，中华书局2004年版，第2832—2833页。
⑧ （明）欧阳璨：《万历琼州府志》卷7《屯田》，第217页。

体分布如表 6-3 所示。

表 6-3　　　　　　　　　　　明代军屯分布

卫所屯	属州县	屯地名	屯军数	田亩数	纳粮数
左所	定安	南黎 青宁	224 人	44 顷 80 亩	1344 石
右所	澄迈	大寨 顿塘	236 人	44 顷 20 亩	1416 石
中所	琼山	龙袍 南绵			1344 石
前所	文昌	坡口 徐家			1344 石
后所	临高	澄迈 安平	224 人		1344 石
清澜所	会同	文器			1347 石
	乐会	顿兴		44 顷 80 亩	1452 石
万州所	万州	新泽 禁山	232 人		1344 石
南山所	陵水	岭脚 鸭塘	224 人		1362 石
儋州所	儋州	黄渭 黄村	227 人		1344 石
昌化所	感恩	苏屋 大南	224 人		1346 石
崖州所	崖州	北山 南西			

上表源自万历《琼州府志》卷 7《兵防志》。据正德《琼台志》卷 20《兵防下·屯田》：每所下辖 2 个屯田机构，各配 1 名"督屯百户"，除右所外，其他 9 所"屯军数""田亩数""纳粮数"与"左所"一致。万历"屯军数""纳粮数"比此前数字有所增加，实征屯粮 15040 石。

万历二十八年、四十二年，水会所屯田由"琼宁""安靖"组成，300 名屯兵、63 顷 98 亩、纳粮 1800 石；乐定营屯田，共 119 顷 42 亩，"广西药弩三百名"屯田 30 顷，这些成为晚明军屯新特点。

洪武二十四年（1391），琼州府官民田为 18941 顷 55 亩，秋粮 96384 石。万历前军屯面积、税粮所占的比重分别为总额的 2.62%、15.54%。会同官民田、地为 354 顷 19 亩，秋粮 1165 石；乐会 433 顷 97 亩，秋粮 1639 石；昌化 327 顷 60 亩，秋粮 1626 石；陵水 350 顷 24 亩，秋粮 1506 石①。军屯不亚于上述 4 县中任何一县，纳粮超出上述 4 县总和，仅次于琼山 17945 石，位列第二。

与前朝比较，清代的军屯有着不同程度减少。究其原因，实乃"自

---

① （明）唐胄：《正德琼台志》卷 11《田赋》。

雍正间裁废卫所后，各州县征解"。自此，屯田系统逐渐解体。

表 6-4　　　　　　　　　清代中期以前军屯情况一览

州县	原额屯田	原额纳米	实征熟田	嘉庆实征米
琼山	195 顷 41 亩	5839 石	74 顷 78 亩	1649 石
崖州	44 顷 80 亩	1344 石	8 顷 20 亩	210 石
儋州	45 顷 40 亩	1362 石	12 顷 96 亩	72 石
万州	41 顷 93 亩	1452 石	7 顷 18 亩	119 石
陵水	44 顷 80 亩	1344 石	8 顷 36 亩	167 石
文昌	9 顷 6 亩	272 石	4 顷 33 亩	64 石
会同	13 顷 26 亩	397 石	11 顷 58 亩	133 石
乐会	22 顷 58 亩	677 石	13 顷 41 亩	262 石
昌化	22 顷 40 亩	672 石	13 顷 16 亩	165 石
感恩			15 顷 97 亩	225 石

清代军屯按"粮米""丁银"两部分征收。仅原额屯田数 464 顷 58 亩、纳米 14031 石，同明朝两个数字大体相当。经嘉庆二十四年（1819）、二十五年分别"豁免荒缺丁粮""减则屯米"[①]，实征数额为 3066 石，锐减 71.15%。据此，可以看出军屯的在清代中后期之后，开始衰落。

二　民国恶化的生态环境

在 1911 年武昌首义至 1950 年，可分为 1911—1938 年国民政府统治：晚清政局退出后，军阀割据及利益角逐，局势动荡，海南基层政权处于瘫痪状态；1939—1945 年日本占领：日本以本岛为经济补给及侵略东南亚的战略基地，对海南实行殖民统治；1945—1950 年国民党溃败：国民党以海南战略据点与中共对抗，直至 1950 年 5 月 1 日解放。其中，日本占领"杀鸡取卵"治理政策，给生态带来灾难性影响。

（一）国民政府与生态环境

1911—1938 年，可分为二个阶段。1911 年 11 月海南"和平光复"，

---

① （清）张岳崧：《道光琼州府志》卷 13《经政志五·屯田》，台北成文出版社 1967 年版，第 201 页。

到1926年2月邓本殷统治结束，军阀治理期间，基层社会秩序处于一片混乱之中①。1926—1938年日本侵占前，为海南开发时期，因制度不完善，生态破坏较为严重。

1. 民初乱局

1913年8月，在袁世凯支持下，龙济光成为广东统治者，"委派陈世华为琼崖绥靖督办"②，1916年7月至1918年12月"两广矿务督办"是龙氏祸琼主要时段。1920年年底，邓本殷为琼崖善后处长，"统理军民两政"，1926年2月，国民革命军"南伐"③，海南结束了军阀割据时代。

"军权却是凭凌一切事权上"，"民国五年，龙济光治琼时，兵额有三旅；民国十三年，邓本殷治琼时，兵额则有四旅"④。为确保军费，两广矿务督办"遣派矿务人员，随在（处）探测矿苗。既而在儋之大星正南村附近，发现金矿。兴工开采，颇有收获"。毫无规划的掘地挖金，对周边环境产生不良影响。

1925年4月，邓本殷以海南全岛为担保向美国银行团借款3000万（美元，下同），以1000万元建筑秀英码头、清澜、榆林、新英等商港；另2000万元，由美人监督开办琼崖矿产、森林、铁路实业。"阳借发展实业之名，实欲以为推翻广州革命政府之军费。"⑤该开发计划，因舆论压力而废弃。

2. 海南开发与环境变化

该时段有：新设三个县、"琼崖兵农垦殖区"、规模性的市政改造工程。

1935年年初，琼崖绥靖委员兼抚黎专员陈汉光，向广东省政府建议岛内设立黎县，省政府据其建议，令民政厅拟复。4月，民政厅呈文：

> 珠崖一岛，孤悬海外，先已分置十三县，类多环海设治。岛中腹地，黎苗杂处，估计面积南北相距四百三十里，东西相距八百七十

---

① 张朔人：《民国初期海南基层社会治理述论》，《安庆师范学院学报》2010年第11期。
② 陈铭枢：《民国海南岛志》，上海书店出版社2001年版，第116页。
③ 王家槐：《海南近志》，第4、69页。
④ 陈献荣：《琼崖》，商务印书馆1933年版，第24页。
⑤ 中共海南省委党史研究室：《琼崖大革命史料选编》（内部发行），第302、556、338、319—320、306页。

里，跨涉儋县、昌化、感恩、崖县、陵水、万宁、乐会、定安、琼山、澄迈、临高十一县境，实居全岛之半，情形特殊，区域广大，倘不另设县治，则原有各县，鞭长莫及，难收指臂之效。①

为此，新置三县，各设两个办事处：保亭县治保亭，办事处竹根峒、白石团；乐东县治乐安城，办事处东方、抱扛峒；白沙县治白沙，办事处新市、霸王峒。据《琼崖志略》，"每县拨给县府建筑费一万元"，建制内推，相关设施开始在中部地区展开。

"琼崖兵农垦殖区"。1933—1936年，国民党第一集团军总司令部的军垦管理机构，下辖儋州四方山第一农场和万宁兴隆第二农场。第一农场，垦地面积2292市亩，有12台垦地机及相关的灌溉设备，后因风灾和病虫害，成效不佳；第二农场，"经营之规模颇为可观"②。

民初，广州市政府为规范城市建设出台系列办法，关于骑楼建筑，颁布了《广州市市政公所临时取缔建筑章程》《广州市市政公所布告订定建筑骑楼简章》《广州市催迫业户建筑骑楼办法》等系列文件。1929年，省建设厅颁布《广东省各县市开辟马路办法》③，骑楼街道模式向各市县推广。作为响应，海南地方开始大兴土木。

1924年，邓本殷为改良市政，对海口城进行拆城拓街，开启了规模性的市政改造工程。据"海口骑楼建筑历史文化街区保护与综合整治项目指挥部"统计，整个建筑群占地面积为2.5万平方米，骑楼式建筑600余座。这一建筑群的背后，多与华侨资本有着密切的关系。

儋县市政改造：中和镇"民国十六年改建商场骑楼，修筑马路，至民国十七年落成"；王五镇"民国十八年，改良市政，建设骑楼，开筑马路"；那大镇"铺户改建骑楼者，只得其半"；新州镇"现年（指民国二十四年）中山街铺户经建筑骑楼，其余各街逐渐建筑"④。其改良市政，是在政府主导下进行的。

与之相似的有崖县。崖城东关解放街一带"民国骑楼建筑群"，始建

---

① （民国）许崇灏：《琼崖志略》，中正书局1945年版，第89页。
② 李勃：《海南岛历代建置沿革考》，海南出版社2005年版，第431页。
③ 王和：《岭南建筑学派》，中国城市出版社2012年版，第94—96页。
④ （民国）王国宪：《儋县志》，儋县文史办公室、儋县档案馆重印，1982年，第144—155页。

于民国十二年（1923），东西走向，沿街南北分布，是本地区最早的老商号店铺①。

此外，在琼海、文昌等县治所在地，也有类似举措。

抗战胜利后，国民政府对海南开发总体处于无序状态，海南生态在日本的破坏之下而日趋恶化。

（二）日本殖民政策对环境的恶化

1939年2月10日，日本侵占海口、府城琼北地区；2月13日，侵占榆林、三亚、崖县。至1945年8月投降，殖民统治六年半。为达到"以战养战"目的，"海南岛海军特务部"制定《海南岛产业五年计划》始于1943年，预计1947年完成。包括农业、工业、矿冶、交通、动力、水利、都市、建筑、移民及教育、文化②等。这"一揽子"工程计划，对海南生态环境产生怎样的影响？

1. 原始森林锐减

抗战胜利后，陈植奉命来琼接收日本农林机构，其文章指出：因战事推进，日本建筑、枕木、桥梁等项木材供应地由岛外改为岛内，委托几个会社经营。

表6-5　　　　　　　日本开发海南林业会社情况一览

分项	岛田合资会社	王子制纸会社	台拓海南产业会社
事业区域	东方马鞍岭	佛罗尖峰岭	陵水吊罗山
森林种类	热带阔叶林（栎、青梅为主，荔枝、赤槠次之）	热带阔叶林及针叶树（鸡毛、陆均、竹叶松）	热带阔叶林及针叶树（鸡毛、陆均、竹叶松）
年生产能力	13000立方尺	15000立方尺	10000立方尺
年实际生产力	4000立方尺	3000立方尺	3000立方尺
工作人员数	中国籍300	中国籍300	中国籍280
	日本籍300	日本籍230	日本籍83

资料来源：（民国）陈植：《海南岛新志》，第206—208页。

---

① 中国人民政治协商会议三亚市委员会：《三亚史》，人民出版社2015年版，第1016—1017页。

② （国民党）中央设计局：《对日寇海南岛海军特务部"产业五年计划"（译本）的研究意见》，参见中国第二历史档案馆 海南省档案局《海南民国档案资料选辑》（第一辑），海南出版社影印本（内部发行），2013年，第8、9册，第4923—5425页。

三个会社，在海南每年砍伐为1万立方尺。根据日本材积单位换算关系①，折合287.3立方米木材；年产能力足额计算，3.8万立方尺为1000余立方米木材。

20世纪80年代统计，生产1立方米木材消耗森林资源，在云南为2.5立方米，四川阿坝为3立方米②。1984年，"尖峰岭广东省热带林业研究所"调查，低山山麓造林15年生非洲楝，每棵平均材积为0.455立方米③。资源消耗3立方米计，年滥砍1150立方米，折15年生以上树木在2500—10000株之间。

表6-6　　　　　　　　日军从事林业生产加工各会社简况

机关名称	地点	事业
岛田合资会社	北黎 马鞍岭 黎头	木材生产
台拓海南产业株式会社	榆林 吊罗山七都园 陵水	木材生产
大共木材株式会社	榆林	制材
王子制纸株式会社	北黎 尖峰岭	制材
三井农林株式会社	三龙	制材
南洋兴发株式会社	崖县	制材
南国产业株式会社	九所	制材
海南拓殖株式会社	御影桥 海头 高石	制材
绪方商店	海口	制材
岩井产业株式会社	海口 那大	制材

资料来源：（民国）陈植：《海南岛新志》，第70—71页。

10个会社组织，除"岛田""台拓""王子"与表6-5重叠外，其他7家企业对岛内的林业产生怎样的破坏，无法评估。据史料记载，仅澄迈县永兴地区，6年间内砍伐荔枝、龙眼、波罗蜜等果树15万株，柑橘树

---

① 按：立方尺为日本的"材积单位"，1立方尺=0.02783立方米。参见［日］东京农工大学农学部林学科编《林业工作者必读》，刘玉厚、杨廷梓、孟广润译，中国林业出版社1985年版，第42页。

② 施正一：《中国西部民族地区经济开发研究》，民族出版社1988年版，第254页。

③ 刘厚泉：《对通什垦区林业生产的几点建议》，广东省通什农垦农工商联合企业公司设计室 广东省保亭热带作物研究所：《通什垦区热作区划学术讨论会论文集》，1985年，第63页。按：文章指出，低山山麓荒山造林15年生，树高14.5米，胸径21.1厘米。

10万株、优质母树等10余万株①。为了制革原料油柑、提取单宁,在东北海岸大肆砍伐红树林②。

在日本疯狂采伐下,海南原始森林急剧消失,森林覆盖率由1933年的50%③,至1950年的35%④,20年内锐减15个百分点,这是海南林业的一场劫难。

2. 矿产开发与生态恶化

石碌铁矿位于昌江县石碌镇,储量约4亿吨,占全国富铁矿储量的71%,其赤铁矿平均品位为51%,最高达68%,属优质矿山⑤。田独铁矿位于三亚市田独镇,矿石品位高,含铁58.29%,探明储量为685万吨,主矿体于1960年采完⑥。

为了攫取两地矿产资源,日本采取系列开发措施,据《海南岛产业五年计划》,包括矿山开采、铁路修建、港口建设、新设市镇,不同的是,前者利用昌化江水力发电,后者为火力发电。此外,还兴建榆林至石碌铁路,三亚、乐东机场等,这些设施对周边环境产生极为恶劣影响,自不待言。

日本窒素肥料株式会社(简称"日窒"),是以石碌铁矿为核心的西部系列"开发"项目具体承担者。据战后调查⑦,为达到1942年出矿60万吨、1943年300万吨计划,日窒公司开展如下工事,具体为:

1940年2月,矿藏量调查、采矿与运搬设备置办、铁道铺设等事项;

1942年,燕窝岭第三昌江发电所工事,预计1943年4月发电5 000千瓦;

1942年,完成八所港湾防波堤,并着手填筑、浚壕等。因八所港水浅运载量不大,建设八所至榆林港铁路,并在此设立提炼工厂。

---

① 王镇宇:《无情砍伐 疯狂掠夺》,海南史志办公室《海南文史》(第11辑),1995年,第38—62页。

② (民国)陈植:《海南岛资源之开发》,中正书局1948年,第102页。

③ (民国)陈铭枢《海南岛志》,第12页。

④ [日]吉野正敏:《海南岛的农业气候》,《地理》(日文版)第29卷,第8号,第83页。

⑤ 海南省地方志办公室:《海南省志·土地志》,南海出版公司2007年版,第38页。

⑥ 中国自然资源丛书编撰委员会:《中国自然资源丛书·海南卷》,中国环境科学出版社1996年版,第204页。

⑦ (民国)林缵春:《海南岛之产业》,琼崖农业研究会,1946年,第186—192页。

日本石原产业株式会社，是田独铁矿开采及其他工事的具体承担者。战后调查表明，到 1945 年 1 月止，出矿量共 270 万吨，几占整个储藏量半数。

日本为达到掠夺本岛资源之目的，在本岛诸多开发，如铁桥铁路修建、水力发电、庞大建筑工事等，改变了原有的生态结构，给生态带来灾难性影响。

三 新中国成立后生态问题与生态立省

1950 年 5 月海南解放以来，因国家政策层面的阶段性变动，岛内生态产生重大改变，主要表现在以下几个层面：战略物资橡胶的推广改变了原先植被；水利兴修与利用，河流径流量减少乃至断流；21 世纪生态文明战略。

（一）橡胶业发展

同钢铁、煤炭、石油一道，被誉为世界四大工业原料的橡胶，在新中国成立、英美对社会主义阵营实施经济封锁之际，成为极其重要战略物资。为巩固国防和社会主义建设需要，国家决定在海南岛大力发展橡胶事业。1952 年，成立华南垦殖局海南分局（1957 年，改海南农垦局），为橡胶业领导机构。橡胶与海南有着怎样关联，新中国成立后橡胶业发展情况如何，其对环境产生怎样影响？

1. 橡胶种植起源

晚清以来，政府的招徕政策与时局变动，华侨在海南岛橡胶业投资呈现阶段性。胶园分布在定安石壁、儋县那大、万宁鹏肠和兴隆、乐会县椰子寨、文昌南阳等地，其中以东路石壁、西路那大为二大中心地点。

1902 年，琼侨曾金城从马来西亚运回橡胶树苗，在儋州那大洛基乡西领村种植，为岛内栽培橡胶之始[1]。1906 年，琼海华侨何麟书，于定安县落河沟辟地 250 亩，设立"琼安公司"，试种 4000 余株……试验后成活 3200 株[2]。1912 年，部分琼安公司投资者组建侨兴公司，在五指山水

---

[1] 刘耀荃：《黎族历史纪年辑要》，广东省民族研究所，1982 年，第 104 页。按：这一结论与现在一般认为的何麟书为海南橡胶最早引进者，有着 4 年的时间差距。

[2] 姚光虞：《海南岛之胶树》，《琼农月刊》1937 年第 1 期。

口田开辟橡胶园,至 1919 年种植 10 余万株①。1927 年,全岛共有胶园 16 家。面积大者 700 亩 5 万余株,小者 3000 株②。1935 年,据琼崖实业局的调查,共计面积 9000 亩,株数 246500 株③。

琼崖富华垦殖公司种植具有明显阶段性,该公司由南洋诗巫埠闽籍华侨刘家洙等于 1936 年创办,"在保亭、乐会、万宁三县交叉地带,购得荒地四片共 120 余万英亩,开始播种树胶种子等植物",日本侵略海南而停顿。抗战胜利后,公司立即着手恢复工作④。1945 年后侨资投入规模小,存留胶园只能维持现状。

2. 新中国成立后橡胶业发展

新中国成立后,国家对橡胶业实行统购统销,在生产、价格上施以一系列扶持政策。华资胶园共 2325 个,分布儋县、保亭、临高等地⑤,"一化三改"之后,纳入国营农场体制。1952 年,种植面积为 1.8 万公顷,产胶 426 吨。

党的十一届三中全会后,私人胶园迅猛发展。至 2000 年,面积达 36.9 万公顷,产量 28 万吨⑥。近 50 年内,面积增加 20 倍,产量提高 660 倍。2013 年,面积为 54 万公顷,总产量达 42 万吨,其中民营胶园 28.9 万公顷,成为发展主力⑦。岛内橡胶种植面积、产量皆位居全国第一,为我国名副其实的最大橡胶生产基地。

岛内橡胶园分布于 500 米以下低丘、盆地、谷地及荫蔽台地,形成了一条不规则环形橡胶带,全岛 70% 宜胶地、70% 左右国营农场皆集中于此。

以人工栽培置换天然植被而形成的橡胶带,究竟对原始森林产生多大破坏?1978 年,国家林业总局 [32 号] 文件指出农垦在其中所扮演的角色:海南划给农垦的热带森林 651 万亩,占原始森林的 1/2,他们把原始森林砍光,种胶 242 万亩,营造防护林 50 万亩,共 292 万亩。其余 359

---

① 刘耀荃:《黎族历史纪年辑要》,第 108 页。
② (民国) 陈铭枢:《民国海南岛志》,神州国光社 1933 年版,第 288 页。
③ 林缵春:《海南岛之产业》,第 104 页。
④ 海南省档案馆:全宗号:2,目录号:16,卷号:830,第 179—180 页。
⑤ 邓建华:《神奇热作海外来》,《海南日报》2004 年 3 月 30 日,第 17—20 版。
⑥ 海南省统计局:《海南统计年鉴》,中国统计出版社 2002 年版,第 222—223 页。
⑦ 邢民:《海南橡胶面临农业现代化的挑战》,《世界热带农业信息》2015 年第 1 期。

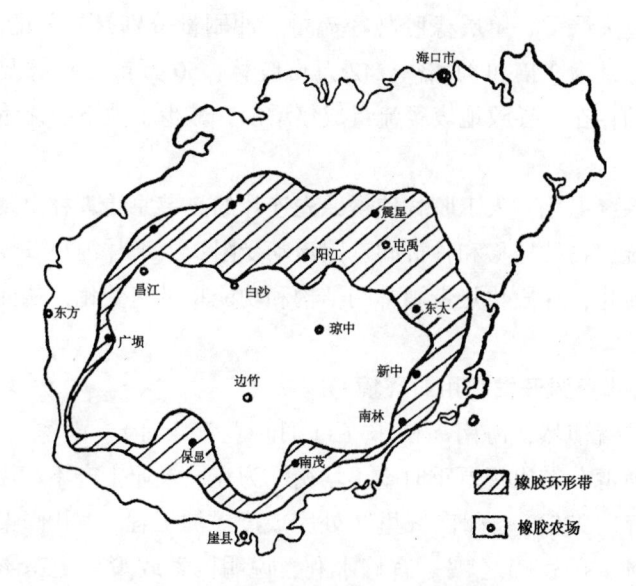

图 6-2　海南岛环形橡胶带示意图

资料来源：过宝兴：《土地科学与区域开发》，上海科学技术文献出版社 1992 年版，第 8 页。

万亩，既不种胶，又不造林，变成荒山荒地①。划拨的 651 万亩，占海南土地面积的 12.8%，占原始森林的 50%。这还不包括 1978 年以后，日益兴起的民间胶园。

3. 橡胶林对环境的影响

环形橡胶带位于中西部隆起高地上，为放射状河流发源地。由人工胶林、防护林及荒山荒地组成的植被景观对生态影响，云南的相关研究中给予启示。

表 6-7　不同利用方式对水土流失的影响（1965—1966 均值）

项目	热带雨林	橡胶—茶叶林	橡胶单层林	自然荒地	坡地旱稻
径流量（毫米）	6.57	13.75	19.56	19.23	226.31
为雨林倍数	1	2	3	3	35
冲刷量（公斤/亩）	4.17	139.41	179.34	171.78	3 245.49
为雨林倍数	1	33	43	41	778

资料来源：汪汇海等：《滇南热带雨林的开发利用与水土保持的相互关系》，《林业科学》1982 年第 3 期。

---

① 颜家安：《海南岛生态环境变迁研究》，第 96—97 页。

水土流失严重。单层橡胶林径流量、冲刷量分别是雨林的 3 倍和 43 倍；荒地分别为 3 倍和 41 倍。242 万亩胶林、50 万亩防护林及 359 万亩荒山荒地的存在，导致地表径流量成倍增加，减少了地下径流量，水土流失加剧。

生态系统退化。人工胶林使得原先连片的热带原始森林出现破碎、片段生态系统，物种迁移和种群间基因流动受阻；人工林内小气候条件由凉湿向干暖转化，片段化热带雨林的结构和功能将迅速变化，从而出现退化生态系统①。

（二）水资源开发利用对环境影响

地理位置使然，海南岛旱季（11 月—翌年 4 月）、雨季（5—10 月）分明，水资源分布出现严重时空不均衡。为克服农业生产不利因素，早在宋开宝八年（975），"州南五里"处完成度灵塘工程，"开修渠堰，溉水田三百余顷，居民赖之"②。官修水利，说明国家政策对生态影响。明洪武二十七年（1394）正月，"遣国子监生分行天下，督吏民修水利"③，海南随之掀起兴修高潮，清代亦有类似之举。日本占领时期，也进行了水力资源开发，昌化江发电所便是其代表。

1. 水利规划

岛内 154 条独流入海的河流，多起源于中部地区，呈放射状分流。南渡江、昌化江、万泉河、宁远河、凌水河等为典型，各自流向北、西南、东、南及东南方向汇入大海。新中国成立后，地方政府在不同时段，对全域水资源开发、利用进行规划，全面开启水利资源利用。主要有：

原水利部广州勘测设计院《南渡江、万泉河、昌化江规划报告》（1955）；原水利电力部长沙勘测设计院《海南岛水利水电规划报告》（1965）；原海南水利电力局《海南岛水力资源普查报告》（1979）；原海南行政区水利电力局和海南黎族苗族自治州水利电力局《广东省河流流域规划复查报告书》第 13、14 分册（1986）；中国水利水电科学研究院《海南省水资源综合规划》（2003—2005）；海南省国土环境资源厅《海南中部山区国家级生态功能保护区规划》（2005）；东南大学建筑设计研究

---

① 许再富等：《热带雨林退化生态系统生物多样性消失与修复探讨》，《云南植物研究》1996 年第 4 期。

② （元）脱脱：《宋史》卷 96《志第 49 河渠 6》，第 2379 页。

③ （清）张廷玉：《明史》卷 3《本纪第三》，第 51—52 页。

院与中国市政工程东北设计研究总院《海南省"十二五"城镇给水规划》(2010)，等。在此基础上，大量水利工程开始兴建并投入使用。

2. 水利工程兴建

20世纪50年代末至70年代，是全岛水利建设高峰期。据统计，至2000年年底，全省不同部门共建各类蓄水工程达2487座（含塘坝）[①]。

表6-8　　　　　　1950—2000年蓄水工程概况表　（单位：座、亿 m³）

建管部门	大型水库	小型水库	总座数	总库容量	兴利库容
水利系统	4	69	2432	69.92	43.76
电力系统	2	—	2	24.88	17.34
农垦系统		1	53	0.91	0.57
合计	6	70	2487	95.71	61.67

全省蓄水工程有效灌溉面积237.6万亩，占总有效灌溉面积的64.8%，为城镇提供饮用水、工业用水及水力发电等。《海南省志·水利志》统计数字表明，至2000年年底，"全岛已开发的水电站304座，装机容量为53.69万千瓦，占可开发量的69.3%"，远远高于全国水电装机与可开发量的19.3%。

最具代表性的松涛水库，位于海南最大河流南渡江上游儋州和白沙间，集水面积1496公顷，总库容量33.45亿立方米，是以灌溉为主、综合利用的大型水库。1958年开工兴建，1970年通过验收。至1990年21年时间内，在灌溉、防洪、水电、供水、水产、航运方面，总效益达43.68亿元[②]。

3. 对环境影响评估

水利工程投入使用，产生巨大经济、社会效益。但是，缠绕在岛内各放射状水系之上梯级开发式的储水工程、塘坝及水电站等设施，对放任自流的河流进行约束，从而变害为利。其对环境产生怎样影响，值得考量。

含沙量问题。2013年8月，海南省水务厅发布的《南渡江流域综合规划（修编）环境影响评价公示》曰：据龙塘、三滩水文站泥沙观测资

[①] 海南省地方志办公室：《海南省志·水利志》，南海出版公司2005年版，第252页。

[②] 海南省松涛水利工程管理局：《松涛水利工程志》，广东科技出版社1996年版，第271页。

料，实测多年平均悬移质输沙量 36.5 万吨。松涛水库建库前，年均输沙量 84.5 万吨，稍后的 1971 年为 26.1 万吨。龙塘站，1980—2000 年平均含沙量比 1956—1979 年少 47%，受龙塘站下游拦河坝调节后含沙量更小①。数据采集时间与岛内环形橡胶带形成基本同步，由此，南渡江上中游"森林茂密，植被良好，四季常青，水土流失轻微"，这一前提显然不成立，上述结论未免过于乐观。其结论是，南渡江上游水土流失严重，"年均输沙量 84.5 万吨"，并没有产生太大变化。下游含沙量减少，正是中上游各项水利工程逐步拦截结果。其他主要河流，情况大体相当。

下游水位急剧降低。岛内河流具备"夏涨冬枯"的水文特征，海水倒灌或断流现象并不频繁。近年来，河流梯度开发加剧，这一现象日益恶化。

表现之一，海口市"红城湖死鱼事件"。据报道，该现象发生可以追溯至 2006 年春夏之交，此后每年发生，2013 年 60 万斤，2016 年 5 月 4 日，为 30 余吨②。在媒体追问下，专家指出：红城湖水质为淡水，补给来自南渡江，通过"河口路水泵站"（取水口直径 1.6 米）抽水获得。春夏为鱼类繁殖期，死亡的青鳞鱼属海水鱼，可能与水泵抽入有关。并建议：泵口设置栅栏或隔离带，限制鱼群进入；根据潮汐变化规律，潮水含盐量较高，不适宜引入。

一个重要的现象——淡水海水交汇线的内推，被忽视。可以肯定的是，"水泵站"位置在其设立之时，远离海水倒灌范围。2006 年之后，频发的死鱼现象表明，水泵站的位置已经在潮水覆盖范围内。很明显，下游水位降低是这一变化主要原因。此外，下游两岸土壤、地下水盐碱化，应值得注意。

表现之二，主要河流下游干涸。宁远河发源于保亭县好把钮山东南麓，从西向东南流，沿途汇集 10 多条大小支流，全长 89.09 公里，总流域面积为 1 093 平方公里③。新中国成立后，在三亚市内 62.45 公里中，建中小型水库 20 余座、山塘 10 余处。2004—2008 年，建在宁远河下游

---

① 海南省水务厅：《南渡江流域综合规划（修编）环境影响评价公示》，http://swt.hainan.gov.cn/zdgkxx/745.htm。

② 海南新闻中心：《海口：红城湖现大量死鱼经查海水鱼因盐度骤降致死》，http://news.hainan.net/gundong/2016/05/04/2959925.shtml。

③ 三亚市地方志编纂委员会：《三亚市志》，第 137 页。

（距出海口长约 17 公里）的大隆水库投入使用。集防洪、灌溉、生活用水，年发电量近 3000 万千瓦时。

大量水利工程的拦截，使得明清以来"其深莫测，传有龙潜"的宁远河已失去往日的灵动。河流断流，裸露河床上，沙场、虾塘和槟榔种植随处可见。2015 年，崖州区启动"'新宁远河'下游整治工程"，以清淤和护堤、改善河流沿河景观和生态环境为主，表明三亚的母亲河——宁远河下游已经干涸。

令人欣慰的是，即将出台《海南省水网规划》：琼西北供水、昌化江水资源配置、保陵水库及陵水黎族自治县水网、牛路岭灌区、迈湾灌区、"两江一河"水生态文明及综合整治、文昌市防洪防潮治涝综合整治、琼西北水生态修复与综合整治、海口三亚城市内河水生态修复及综合整治等九项工程[①]。据规划，河流下游干涸局面有望在三年内得到根本改变。

（三）生态立省与环境变化

20 世纪 90 年代，生态环境问题成为全人类面临的共同挑战。中国共产党为此做出积极应对：2002 年十六大，把"生态良好的文明社会"列为全面建成小康社会的四大目标之一。2007 年十七大，首次提出"建设生态文明"[②]；2012 年十八大，强调"生态文明制度建设"[③]。海南在生态保护方面，有所探索。

1. 完善生态立省法规

早在 1999 年，海南省颁布《关于建设生态省的决定》，通过《海南生态省建设规划纲要》，率先成为全国第一个生态示范省，生态省建设序幕随之拉开。

《规划纲要》指出：经过 20 年努力，把海南建设成为具有良好热带生态系统、发达的生态经济体系、人类与自然和谐共处的生态文化氛围、一流生活环境和生活质量的符合可持续发展要求的省份。围绕着四个方面展开：发展生态经济，推行节约、环保、高效经济增长方式；在发展中注重解决好资源和生态环境问题，打造生态环境优势；创建地方特色的优美

---

① 《海南 9 项重大水利工程全面启动》，《海南日报》2017 年 1 月 28 日，第 1 版。
② 胡锦涛：《高举中国特色社会主义伟大旗帜，为夺取全面建设小康社会新胜利而奋斗》，《胡锦涛文选》（第二卷），人民出版社 2016 年版，第 628 页。
③ 胡锦涛：《坚定不移沿着中国特色社会主义道路前进，为全面建成小康社会而奋斗》，《胡锦涛文选》（第三卷），人民出版社 2016 年版，第 646 页。

人居环境；推进生态文化建设，为经济持续、快速、健康、协调发展提供精神动力和智力支持①。

2000年7月，海南省人大通过了该《规划纲要》，确立了生态省建设的法律地位。2010年"国际旅游岛"国家战略、十八大精神新形势之下，对《规划纲要》（2005修编）再修编。全面总结了14年成效与经验教训，确定2017年近期目标和2020年中期目标，旨在指导生态省建设和生态文明示范区建设工作。

随之，《海南省森林保护管理条例》《海南省建设项目环境保护管理规定》《海南省关于加强城市规划管理的若干规定》等出台，各市县也制定了地方环保法规，至2016年9月省政府《关于划定海南省生态保护红线的通告》② 等地方法规、政府规章相继颁布，表明生态省建设的法规保障体系初步形成。

2. 阶段性成就

海南建省20周年之际，据《半月谈》公布③，1988—2007年，全省生产总值从57亿元增长到1200多亿元，增长21倍；城镇居民收入，从945元增长到10900元，增长11.5倍。农民年收入从502元到3842元，增长7.6倍；工业增加值从9.94亿元增至278.4亿元，20年增长28倍。据统计④，2010年全省生产总值达到2052.12亿元，比上年增长15.8%，比全国GDP增速高5.5个百分点；产业结构由"三一二"转为"三二一"，第三产业附加值占全省总产值的46.1%，经济结构调整实现历史性转型。

自生态立省确立至2007年的8年间，对核心保护区和重要水源地实行"生态补偿机制"，造林26万多公顷，森林覆盖率上升至57.1%；新增自然保护区6个，至2008年全省有68个自然保护区（国家级9个）；

---

① 海南省人民代表大会常务委员会网：《海南生态省建设规划纲要》，http：//www.hainanpc.net/eap/446.news.detail? news_ id=38416。

② 海南省人民政府网：《关于划定海南省生态保护红线的通告》，http：//www.hainan.gov.cn/hn/zwgk/zfwj/201609/t20160926_ 2124885.html。

③ 王运才、郑玮娜：《优美环境是海南生存和发展的最大本钱——专访海南省委副书记、省长罗保铭》，《半月谈》2008年第7期。下文没列出处的数据，皆源自该此篇访谈。

④ 中华人民共和国财政部：《中国财政年鉴》（总第20卷），中国财政杂志社2010年版，第287—288页。

扶植山区20多万农户建设沼气池，全省每年140多万亩天然林得以保护。2010年，对60万亩退耕地、2855亩退塘还林实施补助；加强对东寨港红树林、礼记青皮林等重点湿地保护。至2013年，森林面积3193万亩，覆盖率达61.9%。①

通过文明生态村、文明生态集镇、文明生态城市、绿色社区等系列创建活动，城乡人居环境得到根本改善，文明生态村成为建设社会主义新农村享誉全国的品牌。2007年底，共建成7774个生态文明村，占全省自然村总数33.4%。

2013年6月底，已建成文明生态村13988个，占自然村总数（23310个）的60%。生态省建设14年来，已建成1个环保模范城市、3个国家级生态乡镇、1个国家级生态村、19个省级生态文明乡镇和150个省级小康环保示范村。②

第二节 生产方式与中西部地区环境变化

所谓生产方式即是，人们为了生存，不断地从周围生态系统获取必要的生活资料，在这一过程中形成人与自然、人与人之间的相互关系。按照地势走向，岛内有"山地文化""农商文化""海洋文化"③圈层。不同圈层，生活方式不尽相同，在生态变化中所扮演的角色差距甚大。至迟在清代早期，"海南苗族"加入，黎族独居之地逐步形成了山地文化圈。苗族落籍时间晚、人口数量不大，其生产方式很快与黎族趋同。地处岛内水源发源地，其对周边环境产生全局性影响。

一 山地文化圈生产生活与环境变化

1957年通什1号遗址考古发掘中，出土了"有柄式石斧1件，残石

---

① 赵康太、曹锡仁：《海南国际旅游岛建设报告（2014）》，社会科学文献出版社2014年版，第132页。
② 海南省生态文明网：《生态大事记》，http://www.hnstwm.com/jishi/2013-10-23/47.html。
③ 张朔人：《明代海南文化研究》，第427—453页。

器 2 件"，部分"陶片"及"10 个大小不同的柱洞"①等。这为黎族先民以原始农业生产过着定居式生活，提供了考古学证据。

（一）居所及其变化

"10 个大小不同的柱洞"的考古发掘，为了解黎族建筑提供了切入点。南宋"居处架木两重，上以自居，下以畜牧"②，在明代中后期的描述中有所细化，"凡深黎村，男女众多，必伐长木，两头搭屋各数间，上覆以草；中剖竹，下横上直，平铺如楼板；下则虚焉。登陟必用梯。其俗呼曰'栏房'"③。竹、木、茅草为基本建材，捆绑式构建的建筑，是史料记载中黎族居所。其实，不同方言支的黎人受汉化程度影响不尽相同，住房也因地而异，有船形、金字形两类。

船形屋有"干栏式""落地式"之分，干栏式以五指山腹地及白沙润方言为主；落地式分布在五指山杞方言及部分哈方言中④，其中东方江边乡白查村，其船形屋"营造技艺"被列为国家级非物质文化遗产名录。⑤

以木柱支撑人字架，架上铺檩条和椽子构成的竹方格网，面上铺茅草，是金字形屋主要架构。昌江王下乡洪水村现存茅草屋，是其代表。

20 世纪 50 年代，黎族聚集地的县城或乡村，"清一色茅草房"。党和政府号召黎苗群众加以改造，1988 年后有了根本改观。民房改造工程，成为海南省委省政府民族工作重要任务，在"民房改造领导小组"领导下，成效显著。1997 年，国家民委将此列为"民族地区扶贫到户十大模式之一"，向全国推广⑥。时至今日，可以说黎苗居所已经今非昔比。

1980 年代成为黎族居所变化的分界线。此前，业已存在千年的茅草屋，无论是哪种类型，其主要建筑材料——竹、木、茅草皆取自自然界。

（二）生产力发展

生产工具及其使用状况，是生产力发展水平的具体体现。考古表明，

---

① 广东省博物馆：《广东海南岛原始文化遗址》，第 122 页。
② （宋）范成大：《桂海虞衡志辑佚校注》，胡起望、覃光广校注，四川民族出版社 1986 年版，第 220 页。
③ （明）顾岕：《海槎余录》，中华书局 1991 年版，第 20 页。
④ 王学萍：《中国黎族》，第 269—278 页。
⑤ 中国非物质文化遗产网：《国家级非物质文化遗产代表性项目（第二批）》，http://www.ihchina.cn/54/54_1.html。
⑥ 王学萍：《中国黎族》，第 279—280 页。

约 3000 年前，靠近河流的山冈和台地居住黎族先民，以石斧、石铲、石锛等工具，从事原始农业、狩猎及捕鱼。一定数量、形制多样的陶片出土表明，制陶手工艺较为发达。此外采集，在其生活中占有一定地位。

随着历史演进，中西部生黎聚集地，低水平的生产工具在此长时段地存在。其农业生产大致可划分为砍山栏、水田种植两种类型。

> 黎俗四、五月晴霁时，必集众斫山木，大小相错。更需五七日皓冽，则纵火自上而下，大小烧尽成灰，不但根干无遗，土下尺余亦且熟透矣。徐徐锄转，种绵花，又曰具花。又种旱稻，曰山禾，米粒大而香可食，连收三四熟。地瘦弃置之，另择地所，用前法别治。①

此乃明嘉靖（1522—1566）初年，儋州知州顾岕描述"砍山栏"情形。

水田种植："生黎不识耕种法，亦无外间农具。春耕时，用群牛践地，中践成泥，撒种其上，即可有收。近时颇有学耕种法，如外人者。"生产工具——牛，"黎人以牛之有无、多寡计贫富。大抵有牛家即为殷实，有养至数十头及数百头者，黎内谓之大家当"②。作者张庆长，乾隆十七年至二十年（1752—1755）定安县知县。文中"近时"约为康乾之际，汉人耕种之法开始向黎区渗透。

光绪十三年（1887），胡传的海南岛考察，于红毛峒（今琼中红毛镇）附近发现："黎人耕田不知用犁起土，以水牛四五头多或六七头乱踹田中，使草入泥中，泥涌草上，平之以栽秧。低田常有水者二熟，高田一熟而已。"③ 40 多年之后的民国，"牛踩田"已不见。"犁耙均就山斩木为之，惟犁尖及刀斧、镰锹之类均购自汉人。"④ 1954 年，中南民族学院调查组对三亚河上游、崖县槟榔乡调查表明，铁制农具普遍化。

耕种水田的主要农具如犁、耙等，都是铁制，与汉区相同，但在 40 年前，据说还使用木耙（那时已不使用牛踩田）。耙旱地使用"刺树耙"，

---

① （明）顾岕：《海槎余录》，第 4 页。
② （清）张庆长：《黎岐纪闻》，《丛书集成续编》第 236 册，新文丰出版公司 1988 年版，第 367—368 页。
③ （清）胡传：《游历琼州黎峒行程日记》，《禹贡》1934 年第 1 期。
④ （民国）陈铭枢：《海南岛志》，神州国光社 1933 年版，第 84—85 页。

上面放石头增加压力,和白沙县一区南溪乡所用的"竹枝耙"同一类型。至于种山栏稻则用木棍戳穴,据说因地下有石头,木棍用钝了马上可以削尖,如包上铁质,若有损坏,则不易修理。①

琼中县南茂乡南茂村苗族生产工具调查,与槟榔乡有差异。种山栏,有"钩刀、锄头、小镰刀(锯状的)和镶有铁嘴的木棍"。种稻田,有"犁、铁耙、锄头、镰刀、打禾桶等工具"。调查认为,"犁""铁耙"(过去用木耙)为解放后才使用;锄头、镰刀、打禾桶和砍山栏四种工具,使用时间较长。②

长期以来,黎族地区的生产力发展并不尽如人意。与中西部高、四周低的地势走向相反,海南岛生产力分布呈现出由四周向中部递减的趋势。很显然,较为落后的生产工具,对周边环境改变程度不能高估。

二 土地利用与环境变化

土地利用方式的变化,对生态环境影响深刻,不同的土地利用在环境中所起作用迥然不同。一是,砍山栏式耕作,人们从自然界中获取生活资料基本手段,也加剧了水土流失;二是,阶梯式农田出现,表明人们开始注意水土保持。

(一) 砍山栏与水土流失

山地文化圈内森林分布:沟谷林、季雨林分布在海拔500米以下的丘陵和低山;热带山地雨林和亚热带针叶林分布在海拔500—1500米;1500米以上为高山矮林。砍山栏之地,多为山地雨林或季雨林,有的位于山腰地带③。

刀耕火种的土地特征明显:没有树木、石块裸露、杂草不生,是经过几次使用后被长期丢弃的荒地;没有庄稼、光秃秃的树桩间长满小树、杂草及次生林,这是被丢弃、正在恢复之地,过几年又可以砍山栏;长条地裸露地表、原植被遭到破坏、树干参差不齐,是正在使用之地。使用周期为1—3年,同块地经过10年左右的休整,再次使用,三个周期后沦为荒

---

① 中南民族学院本书编辑组:《海南岛黎族社会调查》(下),广西民族出版社1992年版,第215—218页。
② 中南民族大学:《海南岛苗族社会调查》,民族出版社2010年版,第153页。
③ 李露露:《海南黎族的"砍山栏"——古老的火耕方式》,《古今农业》1988年第1期。

地。为休耕或轮替,每家备有几块地。村寨周围山栏地力衰落,只有迁徙他处,寻找住地和山栏地。

身居其中的苗族,"伐岭为园,以种山稻"①;"又有一种苗人居无定处,每向黎人租山而伐之,尽则易处,不居平地",胡传在凡阳的见闻,佐证了苗族在迁徙中砍山栏的生活习惯。

"刀耕火种式的砍山栏是与落后生产力相伴的一种农业生产方式",《中国黎族》这一结论,事实上是从大跨度历史的演变中,指出该族群生产方式的停滞不前,而忽略了其阶段性的成就,未免有失公允。"火种",含有一个极为重要的理念——以草木灰作肥料来种植山禾,"烧尽成灰,不但根干无遗,土下尺余亦且熟透矣"。这说明,黎族人已经知道且熟练掌握了利用"火"来提高土壤的肥力②。诚然,刀耕火种对自然生态环境、自然资源的负面影响不容忽视。

1. 大量森林毁灭

据云南德宏州盈江县铜壁关区调查报告,1960—1983 年,该区每年生产旱粮砍伐 8—12 年生季雨阔叶林 3000 亩,"每产出 35 斤旱粮,就要毁去一立方米的树木"③。海南情况并不乐观。据调查,南茂村 1953 年人口 91 人;山栏 484 亩,占土地总额的 77.29%;山栏稻收获 7046 斤,占主粮份额 43%④。每亩收成约 15 斤,山栏稻在整个粮食结构中占近 50%。按照 20 年为山栏地使用极限,即 484 亩林地在 20 年内将彻底毁掉,每年每人消耗林地 0.265 亩。是年黎、苗人口合计 37.4 万⑤。也就是说,仅 1953 年,全岛 9.9 万亩林地经刀耕火种后彻底消失。

2. 水资源枯竭

森林与水资源关系密切,体现在涵养水源、调节径流、保持水土、防止水旱灾害等方面。据科学实验:林地降水,65%被树冠截流或蒸发,35%变成地下水;裸露地面,55%的降水变为地表水流失,40%暂时保留或蒸发,仅有 5%渗入土壤。林地涵养水源能力比裸露地高 7 倍,二者之

---

① (清)张嶲:《光绪崖州志》卷 13《黎情》,郭沫若点校,广东人民出版社 1963 年版,第 247 页;(民国)卢宗堂:《感恩县志》卷 13《黎防志·黎情》,台北成文出版社 1968 年版。
② 张朔人:《明代海南文化研究》,第 468—470 页。
③ 蔡家麒:《当代"刀耕火种"试析》,《民族研究》1986 年第 5 期。
④ 中南民族大学:《海南岛苗族社会调查》,第 151—152 页。
⑤ 海南省地方史志办公室:《湖南省志·人口志》,第 68 页。

间差距由此可见。

白沙县南开区水资源由丰沛向短缺的变化,为具体体现。"由于森林被毁,植被破坏,水库枯竭,有4座水库都废弃了,居民饮水受了影响。"①

3. 加剧了水土、自然资源流失

林地经刀耕火种之后,地表土壤失去保护,水土流失严重。蔡家麒对云南的研究显示,每亩平均侵蚀厚度达1.86厘米,损失有机物质1320公斤、全氮62公斤、速效磷1.1公斤、速效钾11公斤,相当于371公斤硫酸铵、6公斤过磷酸钙、18公斤氯化氨。若开垦20度以上坡地,每亩每年流失约24立方米地表土、450立方米水②。自然资源流失殆尽,剩下的只是光秃秃的山岭而已。

中部水土流失,增加了河流含沙量。海口崛起,便是南渡江经年累月堆积结果。南宋神应港、明清海口港的频繁淤塞、开港,皆与此关系密切。今天,南渡江下游含沙量明显减少,是河流上梯级开发,层层拦截的结果。如果上游水土流失持续进行,可以预计,若干年后松涛水库将会是"高沙出平湖"的局面。

(二) 阶梯式农田与水土保持

五指山市毛阳镇牙胡村,五指山腹地、鹦哥岭脚下、坐落在昌化江边,400多米高差、160多层梯田,共4875亩③。按照山顶为森林、山腰建梯田、山脚建村寨设计,形成森林—梯田—村寨—河流生态景观。

其土地资源利用理念为,森林涵养水源,雨水所形成的地表径流,沿坡面流经梯田和村寨,泥沙在梯田中逐级沉淀,溪涧常年有水,保证饮用水和梯田灌溉;山脚气候温和、冬暖夏凉,宜建村庄。

实践表明,坡地上沿等高线分段建造的阶梯式农田,是治理水土流失的有效措施,蓄水、保土、增产作用十分显著。这一利用方式表明,黎族人从粗放式的刀耕火种开始向土地立体利用的精细化方向发展。

"清朝牙胡梯田已经具有一定规模",进而推论出其"历史悠久",这

---

① 李露露:《热带雨林的开拓者 海南黎寨调查纪实》,云南人民出版社2003年版,第71—72页。按:作者没有给出具体时间,有理由相信白沙南开区水资源匮乏是橡胶林种植、砍山栏等多种因素综合的结果。

② 蔡家麒:《当代"刀耕火种"试析》,《民族研究》,第42—43页。

③ 况昌勋:《牙胡梯田:黎族耕作的生态奇观》,《海南日报》2015年6月1日,B04。

一结论值得商榷。该村党支部书记王桂才指出，1974 年，前村支部书记王春等前往大寨参观学习，"回来后带领村民在原有的梯田基础上进行扩建、改良，形成了今天的梯田规模"，这应该是梯田规模性建造开始。1970 年代，"海南黎族苗族自治州革命委员会调查组"调查报告，揭示了"梯田"落户海南过程。

1964 年，全国性"农业学大寨"运动中，通什镇红旗公社成为"五指山区农业学大寨的一面红旗"，仅有 20 户、33 个劳动力的福利大队什应生产队，自筹了 1800 多元，全队男女老少 60 余人全部上工地，生产队长王老跳为"筑水坝，架渡槽，带领八个社员在山岭上安营扎寨，整整干了两年，终于建成了一条绕过十七个山头，总长十七华里的渠道，把水引进什应村"。红旗公社，"新开辟八百亩环山梯田，水田面积从三千八百亩扩大到五千一百亩"①。

红旗公社，位于五指山市中部，为原海南黎族苗族自治州所在地，现为五指山市委、市政府驻地。1958 年 2 月通什镇成立、10 月红旗公社成立，实行镇社两块牌子、一套人马的行政管理体制，1981 年撤红旗公社，保留通什镇。1993 年，改名为冲山镇②。

随后 1969 年冬，黎族地区开展农田水利基本建设热潮③。据此，牙胡村党支部书记王桂才所说的"原有的梯田"，应该为 1960 年代以来"农业学大寨"的结果。与此同时，琼中什运乡便文村梯田、昌江县七叉镇大章村梯田等，应该皆是这一时期的历史产物。

（三）被改变的环境

从黎苗生产力发展状况来看，其自身改变环境能力有限。今天黎苗社会急剧变化，是一个被改造的过程。

1. 水利工程

岛内放射状水系源头的黎苗族群居住区，水系发达、水资源丰富，如何加以应用？据胡传的考察，"他运村（今琼中县境内）南襟大河，其东有山溪，村人以石作堰，压其溪流蓄水使高，如安徽之堨，缘山腰而西而

---

① 中共广东省委员会宣传部 广东省革命委员会农林水政治部：《广东省农业学大寨经验选编》（第 1 辑），广东人民出版社 1973 年版，第 48—53 页。
② 王琼文：《海南地情要览》，中共海南省委党史研究室、海南省地方志办公室，2007 年，第 256 页。
③ 王学萍：《中国黎族》，第 292 页。

南，开小沟引所蓄之水以灌田，如安徽之圳，能兴修水利，殊可喜也"，是为数不多的水利工程历史记录。

《民国海南岛志》肯定了胡氏观察："多用自然流水，于适中地段作水坝，引水至田"，并强调指出："水车、戽斗等挹水之物绝未见之。如无自然水之处，则多不种植水稻。"这既是该文化圈因势利导的生存智慧，也体现出受生产工具制约无法改变生存环境的一种现实选择。

自1953年乐东县兴建航空水库始，为抗旱实行"千塘万井"运动，封江堵河引水灌溉、永久性引水等工程纷纷上马。1957年冬，群众规模性兴修水利高潮；1969年冬，农田水利基本建设热潮。此后，长茅、小妹、高坡岭多宗水库，大广坝水电站及其灌区工程，小南平、百花岭、赤田、毛拉洞等水库，毛阳河梯级开发，三亚地区水源开发等相继兴建。"水利设施从无到有，从小到大，从引水到蓄水，从灌溉到防洪、排涝、防潮、发电、供水综合治理，综合利用，逐步建设和发展，取得显著成绩。"①

2. 热带农业发展与植被改变

晚清民国之后，开启了经济作物引种于本地区的历史。新中国成立后，尤其是海南建省以来，本区的热带农业在"冬季瓜果""热带水果""热带经济作物""南繁育种""蔗糖生产"等方面取得了巨大成就，开始走向规模化、集约化的轨道。其中，热带经济作物的发展，值得关注。

表6-9　　　　　　　　　2010年黎区热带经济作物一览表

品名		主要分布	面积（公顷）	产量（吨）
橡胶		白沙、保亭、琼中	48879	干胶22531
椰子		陵水、三亚、乐东	13826	
剑麻		昌江、东方	2060	5293
腰果		东方、乐东、昌江	3716	1112
南药	槟榔	三亚、琼中、乐东、陵水	16236	12571	19992
	益智			3324	2767
	砂仁			341	304

资料来源：王学萍：《中国黎族》，第294—295页。

此外，还有咖啡、胡椒、香茅等热带经济作物也有规模性的发展。其

---

① 王学萍：《中国黎族》，第292—293页。

对生态环境产生的影响，从"环形橡胶带"植被景观形成可以窥见，这是对原始森林一次最大规模的置换工程。

第三节 海南岛周边水域生态变化

东方新街贝丘遗址、陵水移辇沙丘遗址等考古发掘，"贝壳""鱼椎骨"出土，拉开了沿海台地居民与海洋互动关系的序幕。历史上，海南岛近海海产品资源丰富。在捕捞工具进步、方式失当等多种因素综合影响下，资源种类、数量有着不同程度下降，甚至绝迹；近岸珊瑚礁、红树林等次一级生态受到波及，从而影响岛周边水域生态。

一 近海资源变化

历史上，鲸鱼游弋，水域原始生态毕现。随着海中奇珍异宝进入"朝贡"及商业流通之后，近海资源日趋枯竭。

（一）鲸鱼出没与绝迹

唐代，每年从广州港到安南贸易之船只，"路经调黎深阔处，或见十余山，或出或没"，"山岛"乃"鳍鱼背"，即为鲸鱼。为行船，需击鼓驱鲸。沿广州港南下，经海南岛东部水域至安南（今越南南部），有鲸鱼出没。从交趾（今越南北部）回广州，"乃舍舟取雷州，缘岸而归"，以"避海鳅之难"①，琼州海峡水域成为鲸鱼游弋之所。

"洪涛间，红旗靡靡，相逐而下，极目不断，远望不可审，疑为海寇或本国兵甲""所谓旗者，海鳅耳"②。此乃南宋初年，谪臣赵鼎自雷州半岛往吉阳军（今三亚）一段海上遭遇。洪迈《夷坚志》将其记述有"海上遇鳅"或"海上红旗"等，表明海南岛西部—北部湾一带水域，成为鲸鱼会集之地。宋代，"四郡各占岛之一陲"，其间交通，"朱崖在岛南陲，既不可取径，则复浮海循岛西南"，有"再涉鲸波"之谓③。鲸鱼存在，"鲸波"之说，并非文人想象。

---

① （唐）刘恂：《岭表录异》卷上，《四库全书》第589册，台湾商务印书馆1983年版，第83—84页。

② （宋）祝穆：《古今事文类聚·前集》卷15，《四库全书》第925册，第244页。

③ （宋）李心传：《建炎以来系年要录》卷187，《四库全书》第327册，第672—673页。

鲭鱼（即鲸鱼），俗称为"海龙翁"，亦名"海公"，以"母背常负子"形式出游海上，文昌清澜海为其聚集地。"大者长数十里，望之如连山，小者亦千余尺。声如雷，气如风，喷沫如雨雾，航海者遥见即惊避。"① 令航行者望而却步的海中之物，成为海南岛渔民猎取对象。唐氏志曰："蛋人常驾舟，系索于铁枪，以标其子，随候其毙。拽诸岸，取油，货至万余钱者。"咸丰文昌志分析道：油加工可以点灯，脊骨节可为"舂臼"（舂米的工具），鱼肉可食并能"稀痘"以及"辟邪"等效用。此后，鲸鱼游弋场景难觅。渔民猎杀固然是其原因之一，最为重要的恐怕是海南岛周边水域生态产生的变化。

（二）高档海产品采集与消费

玳瑁，"类鳖而大。背甲自脊两分，共十四版，可为带"。其背甲是一种有机宝石，可制作精美器物，具有清热解毒、平肝定惊之药物功效。"能睹犀布、瑇瑁（即玳瑁）则建珠崖七郡"②，表明西汉朝廷对玳瑁需求；作为贡品，始自唐代。入明之后，据《正德琼台志》，此时"带、版俱出番国"，海南所产"薄小而纹杂，他如龟筒、鲫鲶版尤薄，俱不堪用"，为南海朝贡诸国玳瑁所取代。

琼枝菜（又名琼枝麒麟菜、琼芝、石花），营养价值丰富，是重要的食用、药用藻类，也是生产卡拉胶的主要原料。③ 海南为主要产地之一，其采集及变迁值得关注。"琼芝，出乐会县海岸，惟之邑有之。贩者偶自取，载以往浙中极多，琼人莫之用也。"④ 至迟在南宋，外商是乐会（今琼海市）琼枝菜开采主力，货物销往都城所在地浙江一带。明代，"京、苏机房皆用之"之故，产地集中于文昌海，本土人垄断采摘权。晚明之后，利益攸关，竞争激烈。"琼利椰椰之外，琼芝次之。然巨姓营穴，利不及民。且封山界海，兼并易生，讼无宁日。"⑤ 今天，野生琼枝菜难觅，文昌、琼海、昌江等地为主要养殖区。

---

① （明）唐胄：《正德琼台志》卷9《鱼之属》；（清）林燕典：《咸丰文昌县志》卷2《鳞类》，中山图书馆藏。
② （汉）班固：《汉书》卷96下《西域下》，第3928页。
③ 胡吟胜等：《琼枝野生群体与养殖群体的EST-SSR分析》，《水产学报》2013年第9期。
④ （宋）王象之：《舆地纪胜》卷124《琼州》，《续修四库全书》第585册，第135页。
⑤ （明）欧阳璨：《万历琼州府志》卷3《地理志·土产上·菜属》，第73页。

（三）渔业生产萎缩

历史上近海海洋生物种类繁多、渔业资源丰富。骨鳂，又名"赤鱼"，儋州、临高为主产区。《琼台外纪》描述这一场面："春末夏初，海上叠阵而来，自底至面。船网必以一能者沉水，视鱼放网。多有鱼阵压死、不起者，得鱼则与之均分。若船不胜鱼，则急破或舍网纵之，不然有沉船者。"① 在唐胄记述中，马膏鱼（即马鲛），春天南风起，琼山东营港极多，疍人用网将鱼"延至岸，钩取之"；万州、昌化皆为其产地。天气变化也能引起鱼群聚集，如塘虱鱼在风雨将作之际，群体起飞，"遇者或获担而归"。此外，潮涨潮落带来丰富海产品，成为沿海居民重要的饮食补充。今天，昔日风光难再，主要原因如次：

北部湾划界与渔业区变化。方圆12.8万平方公里，有"昌化渔汛""北部湾秋汛""北部湾虾渔场"的北部湾水域，是海南西部渔民长期以来赖以生存之地。2004年6月30日，中越《北部湾领海、专属经济区和大陆架划界协定》和《渔业合作协定》生效。为此，传统作业区缩小1/3以上。据2009年调查，约有1.2万渔民重新选择职业，相关失业人群约在5万人之多②。

捕鱼方式改进与掠夺式捕捞。与民国之前简陋的工具比较，新中国成立后得到较大提升。以机动船作为牵引，形成"拖""围""刺""钓"四大类型的作业方式，极大地提高了生产效率。然而，炸鱼、电鱼、毒鱼和灯光捕鱼等违法捕捞，有禁不止，这对鱼类自身繁衍及环境影响最为恶劣。

据2016年媒体报道③，万宁大洲岛近海渔场，大批外来（陵水、临高，广东）大中型渔船，使用密集电鱼网在夜间作业，近海鱼种群严重断层、珊瑚遭到破坏，大量死珊瑚被冲上海滩。赖以为生的周边渔民，

---

① （明）唐胄：《正德琼台志》卷9《土产下 鱼之属》；（明）曾邦泰：《万历儋州志·天集·土产》，第21页。

② 按：2009年8月1—8日，受国家海洋局委托，时任中国社会科学院边疆研究中心李国强副主任（现为边疆研究所党委书记）率队组成"海南渔民南海维权维稳调查"课题组，笔者全程参与此次调研。

③ 石祖波：《渔民痛诉外来大中型渔船电拖网密网捕鱼》，《南国都市报》2016年4月8日。

已到无鱼可捞境地。

二 近海生态变迁

近海生态由珊瑚礁、红树林等近岸生态类型构成。各子系统运行状况好坏，反映出本岛近海生态总体质量的优劣。

(一) 珊瑚礁生态系统状况

珊瑚礁生态系统是热带海洋最突出、最具有代表性的生态系统。由珊瑚礁生物群落、周围的海洋环境及其相互关系等构成；具有保护海岸线，抗击潮汐、波浪和风暴的侵蚀；提供多种生物栖息，有利于其繁殖和取食①等功能。海南岛周边水域，是珊瑚礁的主要产地之一。

南海珊瑚开采历史较为悠久。以南越王赵佗向西汉文帝（前179—前175年）贡献"高一丈二尺"的"烽火树"②开采南海珊瑚礁为发端，此后，民间消费或贡献宫室者，史不绝书，参见专文论述③。值得注意的是，唐代海南三亚、陵水对珊瑚使用与内地有着明显差异，"用凿磨光滑的大珊瑚石板作为葬具"或"大小不一的珊瑚石板搭置成长方形的棺具"等珊瑚石板墓，墓前后各置以波斯文或阿拉伯文刻"珊瑚石碑"，消费群体为伊斯兰教徒④，此后鲜有类似记载。

20世纪60年代，分布面积为5万公顷，岸礁长1209.5公里，1998年，分别为22217公顷、717.5公里，各自减少55.57%、40.7%。沿海各市县，均有不同程度分布。

表6-10　　　　　　海南环岛珊瑚礁主要市县分布情况

分项	文昌	儋州	澄迈	琼海	三亚
珊瑚礁面积（万公顷）	1.5	0.2	0.2		
岸礁长度（公里）	158	150		65	55

资料来源：周祖光：《海南珊瑚礁的现状与保护对策》，第50页。

1980—2000年，建筑材料需求加剧对珊瑚礁破坏。文昌邦塘湾开采珊瑚，海岸线内退1公里，损失1.5万株椰子树；三亚、琼海也有

---

① 陈国华等：《珊瑚礁生态系统初级生产力研究进展》，《生态学报》2004年第12期。
② （晋）葛洪：《西京杂记》卷1，中华书局1985年版，第6页。
③ 赵全鹏：《中国古代社会对珊瑚的消费及南海珊瑚开采》，《南海学刊》2016年第1期。
④ 郝思德、王大新：《海南考古的回顾与展望》，《考古》2003年第4期。

类似情况。① 目前，海南珊瑚礁总面积占全国的98%以上，其种类、分布面积、生态条件均居全国之首，西部澄迈湾、后水湾、洋浦湾珊瑚礁和活珊瑚保存较完好。② 沿海珊瑚礁断续分布，该生态已遭到破坏。气候变暖引起珊瑚白化；病虫害侵扰；长棘海星等敌害；过度、破坏性捕捞；旅游及工业污染③等是主要原因。珊瑚礁保护，任重道远。

（二）红树林系统变迁

红树林是生长在热带、亚热带低能海岸潮间带上部，受周期性潮水浸淹，以红树植物为主体的常绿灌木或乔木组成的潮滩湿地木本生物群落④，属于最富潜在资源的海洋自然生态系统之一。具有维护和改善海湾、河口地区生态环境，抵御海潮、风浪自然灾害，净化陆地径流、防治近海污染等作用。

环岛沿海河口、港湾滩涂上皆有分布。红树林滥伐始于抗战时期，日本对东北沿海一带红树林摧毁。解放后的调查发现，北部一带有许多被砍伐的海桑，是红树林中极品，残留树桩有的直径达到1米⑤，是日本砍伐证据。新中国成立后，不同时段经济发展，对红树林破坏程度较大，从而对周边生态环境产生一定影响。

表6-11　　　　1956、1983年海南区沿海红树林面积变化对照表

单位：公顷、%

市县	1956年	1983年	减少	市县	1956年	1983年	减少
海口	—	0.13		琼山	3416	1733	49
澄迈	954	333	66	临高	523	168	65
文昌	3611	2000	45	琼海	367	8	78
万宁	132	13	90	陵水	168	20	89
崖县	53	20	62	乐东	—	2	

---

① 周祖光：《海南珊瑚礁的现状与保护对策》，《海洋开发与管理》2004年第6期。
② 韩宝新：《北部湾经济区沿海重点产业发展战略环境评价研究》，中国环境科学出版社2013年版，第33页。
③ 黄晖：《中国珊瑚礁现状与变化》，中国科协学会学术部：《新观点新学说学术沙龙文集71 三沙设施渔业模式》，中国科学技术出版社2013年版，第53页。
④ 张乔民、隋淑珍：《中国红树林湿地资源及其保护》，《自然资源学报》2001年第1期。
⑤ 广东省植物研究所：《广东植被》，科学出版社1976年版，第109页。

续表

市县	1956年	1983年	减少	市县	1956年	1983年	减少
东方	—	8		昌江	—	1	

1956年、1983年全区红树林面积分别为9991.6公顷、4386公顷，减少52%[①]。2002年统计，全省总面积为3930公顷[②]，50年间锐减60%以上。

60—70年代毁林，是政治运动结果。1958年之后，"大炼钢铁"乱砍滥伐、"农业学大寨"围海造田等，严重影响农业生产、水产资源。80年代相关材料展现出自然界惩罚：文昌白延沿海乡村，海潮侵袭、盐雾吹打，番薯枯死、水稻秕粒；沙港，"水产门路已断绝"。陵水黎安港原有3公里长、30米宽红树林带，大片农田受其保护，生产正常。毁林后，该地"已变成一片白沙滩"[③]。

海水养殖业利益驱动，是1978年之后毁林主要推力。统计材料可为之佐证（见表6-12）。

表6-12　　　　1962—2000年岛内水产养殖情况统计

年份	1962	1978	1988	1995	2000
产量（吨）	210	445	3130	14773	77007
面积（公顷）	1127	987	3893	6931	14526

资料来源：海南省统计局：《海南统计年鉴》，中国统计出版社2001年版。

受联产承包责任制、建省办特区等影响，海南海水养殖业迅速发展。1988年的养殖面积是1978年的3.94倍，1995年是1988年的1.78倍，2000年是1995年的2.1倍。这种养殖面积逐年递增的方式，对海岸带及其滩涂的植被破坏非常严重。调查数据显示，截至1998年底，养殖造成的毁坏海防林、红树林面积达5795亩（合386.3公顷）；海防林人为断带26.2公里。[④]

[①] 陈焕雄、陈二英：《海南岛红树林分布和现状》，《热带海洋》1985年第3期。
[②] 樊清华：《海南湿地生态立法保护研究》，中山大学出版社2013年版，第289页。
[③] 林尤河：《保护、恢复和发展我区的红树林资源》，《海南大学学报》（自然科学版）1987年第8期。
[④] 海南省国土环境资源厅：《海南岛海岸带（典型区）生态环境现状调查报告》（内部刊行），2002年。

第七章

人口与生态协调发展

后工业化时期,人口、资源、环境出现前所未有的紧张关系。为实现人口与生态协调发展,1972年,联合国召开人类环境会议,发布《人类环境宣言》,以应对全球性问题,发展中的中国也不例外。

近年来,与雾霾笼罩下中国北方比较,优质空气的海南成为国内外关注焦点,候鸟式移民海南岛成为当下的热点问题之一。2016年元月,国家全面实行"二胎"生育政策。新形势下的海南社会,需要制定较为科学的发展战略,以保证生态与人口的协调发展。

第一节　海南人口容量

人口容量,是指一定时期内,在一定地区人口增长最终达到的生活水平永远不会超过维持生存的最低水平时的人口规模,也称为最高人口。适度人口,是指某一国家或地区在一定时期内,按一定标准所能供养的最优人口数量。二者概念既有区别,又有联系,在一定条件下可以相互转换。人口容量是指一个地区的资源环境所能承载的最大人口数量,亦即人口承载力;适度人口则是指一定目标下的最适宜人口,即最优人口。但确定人口容量时,如果把消费水平定在一个期望的数值上,则此时的人口容量等同于适度人口[①]。

台湾的人口发展情况可供参考。台湾省,位于119°18′03″—124°34′30″E、20°45′25″—25°56′30″N间,由台湾岛、澎湖列岛、钓鱼岛

---

① 温国胜:《城市生态学》,中国林业出版社2013年版,第159—160页。

群岛等 80 余个岛屿组成,面积 3.6 万平方公里,台湾岛 3.58 万平方公里①。北回归线穿过中部,南、北分属热带和亚热带气候,与海南岛气候条件相似,同为高温多雨、季风盛行地区。二者面积大体相当,人口数量差距较大。2010 年人口普查,海南 8671485 人②;是年,台湾第八次人口普查数为 23123866 人③,为海南的 2.67 倍。台湾人口发展可为海南提供参照。

海南岛是人口活动主要空间。本岛及周边水域土地、淡水、海洋、矿产、生物及能源等自然资源丰富。与人类关系最为稳定、密切的土地和淡水资源,是判断其人口容量的基本指标。

一 土地资源及其潜力

土地是提供人类衣食住行实体空间,耕地是常量供给指标,其数量制约人口容量。

(一) 粮食生产与消费

农业是海南基础产业。耕地单位面积产量,在统计年鉴中有所体现(见表 7-1)。

表 7-1　　　　　　　　2015 年主要农作物面积、产量

项目	播种面积(公顷)	总产量(吨)	公顷产(公斤)	亩产量(公斤)
粮食	375630	1839938	4898.3	326.6
水稻	299321	1532911	5121.3	341.4
番薯	69460	285223	4106.3	273.8
大豆	2733	6988	2556.9	170.5
油料	40130	112579	2805.4	187

---

① 按:台湾面积及附属岛屿数量,说法不一。台湾岛属岛 21 个,澎湖列岛 64 个岛屿,总面积 35961.2125 平方公里(《中华民国台湾区地图集》,幼狮文化出版公司 1981 年版);台湾本岛有 24 个属岛,澎湖列岛 64 个岛屿,总面积 36000.06 平方公里(王文祥:《台湾手册》,展望出版社 1990 年)。

② 海南省统计局海南省第六次人口普查办公室:《海南省 2010 年人口普查资料(上)》,第 299 页。

③ 台湾"行政院原住民委员会"网址:http://www.apc.gov.tw/portal/docList.html?CID=6726ESB80C8822F9。

续表

项目	播种面积（公顷）	总产量（吨）	公顷产（公斤）	亩产量（公斤）
甘蔗	45482	2863366	6296.2	419.7
蔬菜	264009	5721866	21673	1444.9
瓜类	35853	1113738	31064	2070.9

资料来源：海南省统计局等：《海南省统计年鉴》，中国统计出版社 2016 年版，第 307—310 页。

经济发达将推动粮食消费量增加。美国年人均粮食拥有量为 1341 公斤，欧洲 578 公斤，台湾地区 450 公斤[1]。1988 年以来，海南粮食生产及人均消费如表 7-2 所示。

表 7-2　　　　　1988—2015 年海南粮食生产与消费

年份	面积（万公顷）	产量（万吨）	公顷产（公斤）	亩产（公斤）	人口数（万人）	人均粮（公斤）
1988	49.69	119.81	2411.1	160.7	615	194.8
1990	56.06	168.99	3014.5	201.0	655.75	257.7
1995	42.93	215.46	5018.9	334.6	723.79	297.7
2000	54.56	212.24	3890.0	259.3	755.90	280.8
2005	42.38	153.0	3610.2	240.7	788.05	194.2
2010	43.72	180.38	4125.8	275.1	867.15	208.0
2015	37.56	183.99	4898.3	326.6	910.82	202.0

资料来源：海南特区经济年鉴编辑委员会：《海南特区经济年鉴（创刊号）》，新华出版社 1989 年版，第 191、81 页；海南年鉴编辑委员会：《海南年鉴》，新华出版社 1991 年，第 119、11 页；海南年鉴编辑委员会：《海南年鉴》（卷 3、1），海南年鉴社出版，1996 年版，第 1、41 页；2001 年版，第 94 页；2006 年版，第 134、27 页；2011 年版，第 232 页；海南省统计局等：《海南省统计年鉴》，2016 年版，第 307、25 页。

20 世纪 80 年代前后，我国人均年粮食最低消费标准为 220 公斤[2]。按此标准，1988 年（人口数截至 1987 年底）、2005、2010、2015 年皆在最低消费标准之下。在上表中，1995 年为最高值，人均近 300 公斤；平均值 233.6 公斤。据估算，海南岛粮食自给率为 70%，人均消费 350 公斤。2015 年，缺粮 134.8 万吨；按台湾地区人均 450 公斤标准，225.88

---

[1] 刘建生：《面向新未来——后化石能源时代》，经济日报出版社 2005 年版，第 176 页。
[2] 林乘东：《中国：走出贫困》，云南教育出版社 1999 年版，第 162 页。

万吨粮食需从岛外购入。

（二）粮食短缺与岛外市场

海南粮食短缺，由来已久。宋至道间（995—997），每年从雷、化、高等州调兵泛海运粮送至海南，士兵有"沉溺"之苦，广南西路转运使陈尧叟命士兵将粮食运至海北"递角场"，"令琼州遣蛋兵具舟自取"[①]。明正德年间（1506—1521），"今吾琼米谷虽不多于高、雷，然岁不太荒，亦不取资于彼"[②]，阶段性粮食自给，在随后历史记载中鲜见。清代缺粮尤甚，咸丰十年（1860），"琼属十三县俱饥，幸有洋米接济，未至如道光甲申（1824）之甚"[③]。民国时期，"全琼所产谷米不足自给，每年由安南、暹罗、安铺各地进口米价，其数达两百万两以上"[④]。新中国成立以来，这一情况依然存在。显然，明清以来，以两广为依托、越南等国为补充的粮食交易市场已经形成。台风、干旱等自然灾害，导致粮食短缺，如2005年粮食低产排序仅次于1988年，即是达维台风影响的结果。

（三）土地人口承载率

耕地，属于不可再生资源。2015年统计，全岛耕地总资源83.72万公顷，常用耕地42.28万公顷[⑤]，占总资源的50.5%；粮食种植37.56万公顷，占总资源的44.9%。1988—2015年种植面积（见表7-2），1990年高峰值为56.06万公顷，2000年54.56万公顷，此后在43万公顷徘徊。2015年不到38万公顷，近一半耕地未使用，利用率低下。工矿用地、居民地、各种交通用地、果园（农业结构调整）及生态退耕等用地，是土地利用下降主要原因。

扩大土地面积、提高单位面积产量，是解决人口增长粮食压力的有效途径。恢复1990年56万公顷面积，每公顷产量达到1995年的5000公斤，市场解决30%不足，年人均450公斤消费标准，岛内可容纳人口数为2000万。未来人口发展，将土地总资源的80%即67万公顷作为红线，通过集约经营亩产粮食达到400公斤，市场调剂30%，人均年消费550公斤，本岛人口最高值约为2436万。从土地承载率来看，人口容量为2000

[①] （元）脱脱：《宋史》卷248《陈尧佐传附弟尧叟传》，中华书局1977年版，第9581页。
[②] （明）唐胄：《正德琼台志》卷8《土产》。
[③] （清）宋席珍：《宣统定安县志》卷10《杂志》，手抄本，定安县地方志办公室存。
[④] （民国）陈铭枢：《海南岛志》，神州国光社1933年版，第278页。
[⑤] 海南省统计局国家统计局海南调查总队：《海南省统计年鉴》，第190页。

万—2400 万。

二 淡水资源及其承载率

淡水资源由可由人类所使用的地表水、地下水和土壤水构成。大气降水循环补给，使之成为动态的、再生资源，在利用率小于速成率条件下，可达到良性循环。海南地处热带，雨量丰沛；四面环海，河流众多，水资源丰富。

（一）水资源分布

表 7-3　　　　　　2005—2015 年海南水资源分布　　　　单位：亿立方米

年份	水资源总量	总降水	地表水	地下水	大中型水库	总供用水
2005	307.29	599.9	304.46	79.00	49.13	44.04
2006	227.59	516.10	225.10	56.46	28.19	46.46
2007	283.52	577.34	280.53	70.47	40.08	46.69
2008	419.1	715.6	414.1	97.94	51.28	46.89
2009	480.7	777.0	474.7	106.30	58.35	44.64
2010	480.1	769.1	474.6	105.7	55.15	44.36
2011	484.0	776.4	478.7	111.2	65.29	44.48
2012	364.3	662.6	360.2	92.61	53.80	45.33
2013	502.1	817.6	496.5	119.5	65.64	43.16
2014	383.5	680.7	378.7	96.70	55.21	45.02
2015	198.2	479.4	195.9	50.59	37.64	45.84

资料来源：海南省水务厅网页：http://swt.hainan.gov.cn/szygb/index.jhtml；http://swt.hainan.gov.cn/szygb/index_2.jhtml。

海南省水务厅发布 1998—2015 年《水资源公报》，为了解水资源变化提供支持数据。气候变化（降水）决定地表水、地下水、大中型水库蓄水量盈缩，对水资源总量变化产生直接影响。水资源总量峰值为 502 亿立方米（2013），2009—2011 年皆超过 480 亿立方米；最低 171 亿立方米（2004），2015 年次之。据统计，全省多年平均水资源总量约 307 亿立方米。水资源开发利用率相对低下，以 2011 年、2013 年、2015 年为例，分别为 9.2%、8.6%、23.1%；按多年平均水资源量，为 14.5%、14.1%、

14.9%，低于全国 26.26%、22.12%、21.83%①。属于水资源富裕地区。

水质总体良好。2015 年，评价河长 1985 公里。全年Ⅴ类水河长占 0.7%，汛期Ⅳ类水占 9.1%，非汛期Ⅳ类水占 4.1%、Ⅴ类水占 0.7%、劣Ⅴ类水占 1.4%。评价 22 座大中型水库中，Ⅳ类水 2 座（万宁水库、珠碧江水库），占 9.1%。

（二）水资源的人口承载率

研究者认为海南水资源开发利用，适宜比率在 55%—60% 之间②。按多年平均水资源总量 307 亿立方米的 57% 计算，年均供水 174.99 亿立方米。以下几个年人均用水指标，其分别供养人口如下：

全国 450 立方米，人口 38886666.67；

海南 500 立方米，人口 34998000.00；

发展中国家平均 900 立方米③，人口数为 19443333.33；

水资源不足（1700 立方米）④，人口数 10293529.41；

水资源短缺（1000 立方米），人口数 17499000.00。

上述人年均 5 个用水体系中，人口承载量介于 1029 万—3889 万。结合本岛土地承载率，本岛人口容量在 2000 万以内。

第二节　人口发展趋势及问题

美国人口咨询局《世界人口数据表》揭示，2010 年全球平均每个妇女生 2.5 个孩子，发达国家 1.7、欠发达 2.7（扣除中国后为 3.1）、最不发达国家 4.5⑤。1980 年我国实施"一对夫妇只生一个孩子"生育政策，30 多年来，人口生育率逐渐低于实现人类世代更替水平（平均每对夫妻育 2.1 个孩子）。生育率 1.5 以下为"很低生育率"、小于 1.3 为"极低

---

① 中华人民共和国水利部网页：2011—2015 年《中国水资源公报》，http：//szy.mwr.gov.cn/xxfb/gb/。

② 周公卒：《海南省人口发展战略研究报告》，第 32 页。

③ 中国科学报社编：《国情与决策》，北京出版社 1990 年版，第 214 页。

④ 按：欧洲环境署（2003 年）公布：少于年人均用水量 1700 立方米为水资源不足，少于 1000 立方米为水资源短缺。转引自张帆《用英语聊低碳生活》，石油工业出版社 2013 年版，第 137 页。

⑤ 转引自孙飞《中国经济热点问题》，首都师范大学出版社 2015 年版，第 19 页。

生育率"。据第六次人口普查,全国总和生育率 1.18110,其中城市 0.88210、乡村 1.43755。生育率最高广西 1.78975、海南 1.51265 排名在贵州、新疆之后,列全国第四。①

计划生育政策有效控制人口快速增长,缓解人口压力;同时出生人口、劳动力人口减少,加重社会老龄化程度,甚至会出现人口负增长。为此,国家强调在计划生育政策不变的前提下,逐步完善人口生育政策。2013 年实施"单独二胎",2015 年开始实施全面"二胎"政策。这一变化,显然会影响海南未来人口发展。

一 海南人口发展趋势

新中国成立后,海南人口有着较快的增长,1973 年落实计划生育国策,尤其是 1980 年"一孩"政策后,人口增长速度放缓,人口年龄构成、人口类型随之产生变化。随着人口生育政策完善,海南未来人口发展情况究竟如何?

(一) 老龄型社会

据国际人口类型划分标准,老龄型社会由四个方面综合指标构成:0—14 岁儿童人口比重 30% 以下;65 岁及以上老龄人口比重超过 7%;年龄中位数超过 30 岁;老少比 30% 以上。

2000 年第五次全国人口普查《主要数据公报》显示,全国 0—14 岁人口 28979 万人,占总人口 22.89%;65 岁及以上人口 8811 万人,占总人口 6.96%;老少比 30.41%,同 1990 年第四次全国人口普查结果比较,儿童人口比重下降了 4.80 个百分点,老龄人口比重增加 1.39 个百分点。②中国已开始进入老龄型社会。

2000 年,海南 0—14 岁人口 216.14 万,占总人口 27.47%;65 岁及以上 51.71 万,占总人口 6.58%,老少比 23.92%③,与老龄型社会尚存一定差距。2004 年情况有所变化,全省 0—14 岁人口比重 23.9%、老龄

---

① 国家统计局:《中国 2010 年人口普查资料》(上),中国统计出版社 2012 年版,第 121 页。

② 中国社会科学院人口与劳动经济研究所:《中国人口年鉴 2001》,《中国人口年鉴》杂志社 2001 年版,第 157 页。

③ 海南省第五次人口普查办公室:《海南省 2000 年人口普查资料》,中国统计出版社 2002 年版,第 581 页。

人口比重为 7.52%、年龄中位数 31.27、老少比 31.46%[①]，据此海南已进入老龄型社会。

表 7-4　　　　2005—2015 年海南人口年龄构成变动　　　　单位:%

年份	儿童人口比重	老龄人口比重	老少比
2005	23.71	8.56	36.11
2006	22.30	8.70	39.01
2007	21.40	8.90	41.40
2010	19.78	8.07	40.80
2011	19.56	8.08	41.31
2012	19.50	8.07	41.38
2013	19.49	8.09	41.51
2014	19.48	8.11	41.63
2015	19.49	8.13	41.71

资料来源：《海南年鉴》（2006、2008、2016）中的"人口抽样调查"相关内容。

如表 7-4 所示，2004—2015 年，0—14 岁儿童人口比重从 23.9% 下降至 19.49%；65 岁及以上老龄人口比重从 7.52% 上升至 8.13%；老少比由 31.46% 增至 41.71%，10 年间增幅达 10 个百分点。这一趋势在未来人口发展中，是否持续加强？

（二）未来人口发展趋势

人口自然增长率，是指在一定时期内（通常为一年）人口自然增加数（出生人数减死亡人数）与该时期内平均人数（或期中人数）之比。总和生育率，是指平均每个妇女育龄期生育孩子数。在一定条件下，总和生育率与自然生长率呈正相关关系。二者变动趋势，一定程度上反映出海南未来人口发展情况。

表 7-5　　　　　　人口自然增长率、总和生育率

年份	自然增长率（‰）	人口总数（万人）	总和生育率
2000	9.52	760.94	1.54
2005	8.93	828.00	1.61
2010	8.98	868.55	1.51

[①]《海南年鉴》编辑委员会：《海南年鉴（2005）》，海南年鉴社 2005 年版，第 316 页。

续表

年份	自然增长率（‰）	人口总数（万人）	总和生育率
2011	8.97	877.38	1.59
2012	8.85	886.55	1.58
2013	8.69	895.28	1.57
2014	8.61	903.48	1.57
2015	8.57	910.82	1.59

资料来源：《海南年鉴（2001）》《海南统计年鉴（2016）》"人口""人口主要指标"。

人口自然增长率，正常情况下会保持一定程度惯性。在2015年910.82万为人口基数上，按8.5‰计算，年增加7.75万，2027年前后人口达1000万。

总和生育率，是一个随政策变化而产生波动的变量。全面二胎政策后，相对于全国来说，海南较高总和生育率（2010年1.51，位列全国第四）提高——接近乃至达到人类世代更替水平，这对未来人口发展将产生较大的影响。

问题是，总和生育率提高程度，即二胎政策对海南育龄女性付诸于生育二胎行动，目前为止尚无统计数据支持。相关背景、数据解读，有助于估算。

海南是一个多族群聚集地，由黎、苗、回等构成的少数民族，在总人口中占据一定比例。据六次人口普查统计（见表4-15），少数民族百分比分别为14.2、13.5、15.5、17.0、17.4、16.4。计划生育政策在汉族和民族地区实施过程中，有所区别。

1983年，海南黎苗自治州内农村少数民族夫妇可生"二孩"，不能生"四孩"。1989年《海南省计划生育条例》：农村人口可生二孩，民族聚集地乡村（含汉区民族乡村）可生三孩。[①] 2003年《海南省人口与计划生育条例》：城镇居民夫妇只生一孩，农村可生二孩，民族地区二女户可生第三胎。[②] 2016年3月《海南省人口与计划生育条例》第二次修正，

[①] 海南省地方史志办公室：《海南省志·人口志》，海南出版社1994年版，第126—128页。

[②] 海南省人大常务委员会法制工作委员会：《海南省地方性法规汇编1988—2007》，海南出版社2008年版，第492—493页。

"提倡一对夫妻生育两个子女"，民族地区二女户可生第三胎①。显然，国家二胎政策主要针对本省市、镇育龄女性群体而言，对农村与民族地区原有的生育率影响甚小。

理论上讲，自 2006 年起，总和生育率构成为：

一孩＝1（每个妇女均可以生育一个孩子）；二孩＝1（每个妇女生育一个孩后可再生一个孩子）；三孩＝0.2034②（少数民族人口比重）÷3＝0.0678；

总和生育率＝1+1+0.0678＝2.0678。

据此，2016 年人口自然增长率为 11‰以上，按此速度，每年增加 10 万多人，千万人口约在 2025 年即可实现。随之，人口年龄结构相对均衡，老龄化发展势态放缓，初步实现人口可持续性发展。当然，这种"理论上"结论，是建立在全省市、镇育龄女性皆生育二胎基础上。育龄女性个人意愿、经济条件等因素，将对未来人口增长将产生一定制约作用。

二 发展中的人口问题

人口问题，由人口生产本身及其与物质资料生产间关系两个层面构成。前者以人的素质、老龄化、"光棍现象"等社会问题呈现；后者为人与自然界关系，如工业污染、生态环境等。这些在海南皆有不同程度的存在，较为突出的有如下几点：

（一）性别比失调与"光棍"现象

历史以来，海南重男轻女之风严重，性别比例失调。如前文所述（第四章人口发展及其相关问题），明正德七年（1512），性别比 254；民国十七年（1928），为 119.01，男女比例严重失衡。

1. 性别比变化

新中国成立以来，男女性别比经历了女多男少——相对平衡——女少男多的动态过程，六次人口普查，佐证了这一变化。

---

① 海南省人民政府网：《海南省人口与计划生育条例》：http://www.hainan.gov.cn/data/law/2016/04/2421/。

② 按：该数值参考了周公卒《海南省人口发展战略研究报告》，第 71 页。

表 7-6　　　　　　　新中国成立以来海南性别比变动

来源	总人口数	男性人口	女性人口	性别比（女=100）
1953 年一普	2656923	1318590	1338333	98.52
1964 年二普	3470445	1756747	1713698	102.51
1982 年三普	5667669	2906720	2760949	105.28
1990 年四普	6557482	3418689	3138793	108.92
2000 年五普	7559035	4002445	3556590	112.54
2010 年六普	8671485	4592283	4079202	112.58

1953 年"一普"前后，女多男少。可能与民国大量男性远赴南洋谋生即后来华侨群体；日本侵掠、解放战争，男性在战争中死亡等有关。"三普"前后，男女比例趋于正常。"五普"之后，性别比失衡，并逐步加大[①]。

表 7-7　　　　　　　第五次人口普查分地区 0—9 岁性别比

地区	0 岁			1—4 岁			5—9 岁		
	男	女	性别比	男	女	性别比	男	女	性别比
全省	62367	45491	137.10	241477	177974	135.68	403776	332265	125.29
海口市	5615	4154	135.17	21930	15888	138.03	31140	24943	124.85
三亚市	4181	3426	122.04	15857	12895	122.97	25910	23095	112.19
五指山	761	634	120.03	2541	2199	115.55	4527	3961	114.29
琼海市	3154	2162	145.88	12005	8346	143.84	20306	14510	139.95
儋州市	8587	5105	168.21	32595	22244	146.53	53914	45150	119.41
琼山市	5482	3605	152.07	23280	16191	143.78	36569	30184	121.15
文昌市	3418	2457	139.11	13795	10821	127.48	21235	18637	113.94
万宁市	3901	2667	146.27	15680	10738	146.02	29114	21822	133.42
东方市	3577	2863	124.94	12907	10144	127.24	21597	17638	122.45
定安县	2189	1502	145.74	7692	5127	150.03	15433	11939	129.27
屯昌县	1941	1696	114.45	7547	5717	132.01	13269	10769	123.22

---

① 按：《海南统计年鉴（2016）》性别比，"2005，109.81；2010，109.19；2011，109.37；2012，109.66；2013，109.46；2014，109.37；2015，110.2"（参见该书第 25 页），这一数值小于"五普""六普"的实际数据。不可否认的是，性别比有进一步增加的趋势。

续表

地区	0 岁			1—4 岁			5—9 岁		
	男	女	性别比	男	女	性别比	男	女	性别比
澄迈县	3778	2791	135.36	15301	10351	147.82	25952	18973	136.78
临高县	3433	2802	122.52	13913	10490	132.63	23109	19557	118.16
白沙县	1242	997	124.57	5286	4158	127.13	9626	8116	118.61
昌江县	1786	1460	122.33	6682	5074	131.69	12195	10660	114.40
乐东县	4635	3383	137.01	16235	12891	125.94	26441	22862	115.65
陵水县	2656	2073	128.12	9562	7531	126.97	17042	14888	114.47
保亭县	857	811	105.67	3682	3162	116.45	7023	6536	107.59
琼中县	1174	903	130.01	4986	4007	124.43	9392	8025	117.03

资料来源：《海南省 2000 年人口普查资料》（第 1 册），第 112—113 页。

2000 年普查，"5—9 岁""1—4 岁""0 岁"三组中，在 2015—2020 年间分别进入婚姻生活，平均性别比值高，其中："5—9 岁"，超均值琼海（139.95）、万宁（133.42）、定安（129.27）、澄迈（136.78）；"1—4 岁"，海口（138.03）、琼海（143.84）、儋州（146.53）、琼山（143.78，2003 年并入海口）、万宁（146.02）、定安（150.03）、澄迈（147.82）等皆超均值；"0 岁"，琼海（145.88）、儋州（168.21）、琼山（152.07）、文昌（139.11）、万宁（146.27）、定安（145.74）。万宁、定安数值居高不下，儋州在 0—4 岁中比率较高。

表 7-8　　　　　　第六次人口普查 8 市 0—9 岁性别比

地区	0 岁			1—4 岁			5—9 岁		
	男	女	性别比	男	女	性别比	男	女	性别比
全省	67323	53650	125.49	268681	214886	125.03	300832	234899	128.07
海口市	12312	9832	125.22	54682	43020	127.11	61851	46734	132.35
三亚市	4745	4050	117.16	19359	15813	122.43	20816	16520	126.01
五指山	686	691	99.28	3334	2921	114.14	3432	3022	113.57
文昌市	3748	3244	115.54	14450	12141	119.02	16653	13317	125.05
琼海市	3803	2763	137.64	15059	11704	128.67	16203	12651	128.08
万宁市	4499	3517	127.92	17155	13815	124.18	18640	14494	128.61
儋州市	8651	6127	141.19	33452	23863	140.18	38244	26931	142.01
东方市	3410	2615	130.40	13051	10021	130.24	16808	12879	130.51

资料来源：《海南省 2010 年人口普查资料》（上册），第 207—208 页。

2010年数据表明，2021—2030年，"5—9岁""1—4岁""0岁"三组分别组建新家庭，然而适龄女性人口减少，"男多女少"在原有基础上持续增加。两次统计，高性别比集中在儋州、琼海、万宁、定安、澄迈等地，中西部的民族地区相对平衡。性别比攀高的负面效应在长期积累中开始显现，男性过剩的婚姻挤压现象日趋严重。

2. "光棍"现象

吊诡的是，21世纪之初，"光棍村"在琼中、五指山、屯昌、白沙、保亭等地出现。据2005年调查，琼中县12万人口，22—49岁未婚男性13511人；保亭县，未婚4700多人，男性4200人[①]。未被报道的乐东、东方[②]等地也不容乐观。2016年6月，媒体再一次揭示了男女比例失衡下，万宁市贡举村"几乎所有适婚男子都是单身"现状[③]。资料显示，未来20年内，这"积累效应"将持续增加。该现象产生，既有重男轻女传统"选择性堕胎"历史原因，也有90年代后"打工经济"下，女性大量外出务工，适龄婚姻中女性人数锐减；偏僻农村、民族地区经济相对落后等现实因素。

就全国而言，"光棍现象"在多个省份皆有不同程度的存在。然而，对于多民族聚集的海南有着不同的意味。"婚姻挤压"通过经济手段，将男女比例失衡下的"被迫失婚"群体推向民族地区及贫困地区。结构性剥夺下的大龄青年数量增加，嫖娼、贩毒、吸毒、抢劫等社会问题恶性循环，严重冲击社会秩序，也阻碍了民族地区发展。如何解决？时下各地"筑巢引凤"等侧重于经济方式，手段未免过于单一。海南自然条件满足了人们简单的物质需求，历史上"女劳男逸"是性别分工的基本模式，如何改变固有的生活习俗，提高男性满足感指数，改变落后的经济现状，是地方政府需要面对的一项长期、系统工程。

（二）候鸟人口

流动人口是指离开户籍地，以生活或工作为目的异地居住群体。海南流动人口与其他地区不同，可分为在海南居住半年的"候鸟"人群；外

---

① 赖志凯、张赛红：《海南"光棍村"全景透视》，《工人日报》2005年7月3日第001版。
② 詹长智：《海南当代社会问题研究》，海南出版社、南方出版社2008年版，第136页。
③ 参考消息网：《法媒探访中国海南"光棍村"：没有女孩愿嫁到这里》，http://news.cri.cn/20160615/3a844fe9-1c37-3f9e-91a7-51421e6e3d9f.html。

来务工人群；高端科研、技术型人才群；短期旅游游客群体。

近年来，与北方地区秋冬之际雾霾、寒冷等天气比较，海南岛气候温暖、空气质量好，是老年人群理想的短期居住之地。2013年年底，全省流动人口数量已突破100万人。据《海南统计年鉴（2016）》"候鸟人口"统计，2015年全省共接纳115万人，占总人口910.82万的12.63%；常住型候鸟人口48.32万，占候鸟群体总数的42.02%，占全岛常住人口的5.31%。

常住型候鸟人口，是海南人口发展中的新现象。随着我国老年化人口数量的增加，暂住岛内的数量将会越来越多，地方政府应做出积极应对。这一群体日常消费开销不大，对财政税收贡献有限。短时间内人口急剧增加，会对供水供电、公共交通、医疗服务等基本公共服务造成不小的压力；争取中央财政转移支付资金支持，为"候鸟"人群提供基本公共服务保障；政府应扶持并引导发展"候鸟式"养老产业，完善养老服务产业链；采取柔性的人才政策，使得具有扎实专业知识、专门技能的"候鸟"人才"为我所用"，为海南社会发展提供智力支持。

第三节　发展模式与生态立省

区域经济发展、人口与环境协调，取决于经济增长方式——粗放型（外延）向集约型（内涵）转变。海南自建省以来，在探索本地经济发展模式上，有着较为曲折的经历，也付出一定的代价。注重技术进步"一省两地"战略、环境友好型"生态省"分别实施之后，经济内涵式发展初步形成，这为人口、资源、生态良性互动提供了可能。

一　发展模式探索

1988年4月，新成立的海南省，除了脱离广东管辖、完善地方行政建制外，还肩负着国家赋予改革开放探索的重要历史使命。如何获得中央政策支持快速推动经济发展，成为地方政府的首项选择。发挥地方特色的发展道路还是依赖政策优惠，成为30年来地方发展的两个主要模式。

（一）政策优惠及利用

1988年5月，《国务院关于鼓励投资开发建设海南岛的规定》[①]；2009年12月，"国际旅游岛"建设战略，国家先后二次发布的指导性文件。特区建设30年，国际旅游岛建设周期过半，其发展轨迹有必要进一步厘清。

1. 特区政策

建省之初，国家给予较大的经济管理权限、税收、进出口、外事入境等优惠政策。这种"更加特殊"政策，与人们期待"自由岛"[②]有着较大落差。海南究竟采用"工业主导""贸易兴省""第三产业主导""旅游主导"发展模式，举棋不定。与其同时，"洋浦开发"引起国内一片反对之声。1992年春，邓小平肯定特区成就的南方讲话，为海南发展指引了方向。由投资商主导、银行参与，大量热钱投向房地产业，形成了"集中开发、四面开花"[③]的局面。

房地产拉动了经济快速发展，"八五"期间（1991—1995），"财政收入出现异常增长"，全省一般预算收入累计109.5亿元，年均增长32.3%；税收97.1亿元，占财政收入的88.7%，以房地产拉动的营业税收入50.9亿元，占税收收入的52.4%，成为第一大税源[④]。

随着改革开放整体推进和全国产业结构、发展战略调整，经济过热采取宏观调控政策等影响下，房地产"泡沫经济"及金融信用危机显现。经历1988—1993年短暂"爆发性"增长后，1994年始经济下滑，增长率从1993年的全国第一跌入1995年的倒数第一，经过长达四年的治理、整顿，1998年才走出低谷。

总体来看，海南在国家政策中受惠良多，短期内从全国贫穷落后地区一跃成为中等发达水平，人们生活水平有较大改善，基础建设取得巨大成就。毋庸讳言，房地产数量增长，对生态环境保护产生极大的压力。与

[①] 《海南特区经济年鉴》编辑委员会：《海南特区经济年鉴》（创刊号），新华出版社1989年版，第42—44页。

[②] 李仁君：《海南区域经济发展研究》，中国文史出版社2004年版，第239页。

[③] 王运才：《中南海情系海南岛：新华社海南建省办经济特区20周年报道精选》，新华出版社2008年版，第126—127页。

[④] 海南省地方志办公室：《海南省志·财政志（1991—2010）》，方志出版社2014年版，第1页。

"优惠"向"普惠"转变相随,特区效应逐步减弱,政策红利在经济大潮的起落中利用殆尽。

2. 国际旅游岛建设

2001年12月,中国正式加入世界贸易组织(World Trade Organization),对外开放进入新阶段,国内不充分的竞争开始转向激烈的国际竞争。如何摆脱对政府的依赖,重塑竞争主体,增强自身实力,是中国企业需要面对的现实问题;就地方政府而言,此前区位优势减弱,产业优势增强。

将本省资源环境优势转变为现实的经济竞争优势,获得国家政策支持,2001年,中国(海南)改革发展研究院开始筹划"海南国际旅游岛"框架及可行性研究报告①。2009年12月,《国务院关于推进海南国际旅游岛建设发展的若干意见》② 正式颁布,从而使之成为国家战略。

《意见》从"我国旅游业改革创新的试验区""全国生态文明建设示范区""国际经济合作和文化交流的重要平台""南海资源开发和服务基地""国家热带现代农业基地"六个方面进行战略定位。国家在投融资、财税、土地、开放政策等方面给予特殊扶持。以2009—2020年为建设周期,鼓励海南"先行先试"。

2010年6月,国家发改委正式批复《海南国际旅游岛建设发展规划纲要》。《纲要》指出,至2020年,建成世界一流的海岛休闲度假旅游胜地;旅游业增加值占地区生产总值比重达12%;三产比重占60%;三产从业数比重达60%;全省人均生产总值、城乡居民收入和生活质量力争达到国内先进水平;综合生态环境质量继续保持全国领先水平。③

"国际旅游岛"战略建设时间过半,中期检查与方案设计存在不小差距。2016年8月,国务院批复福建平潭国际旅游岛建设方案④,这给海南

---

① 迟福林:《中国改革开放全记录(1978—2012)》,五洲传播出版社2013年版,第732页。按:据文章所述,该方案提出者是时为"中国(海南)改革发展研究院"院长迟福林。

② 中华人民共和国中央人民政府网页:http://www.gov.cn/gongbao/content/2010/content_1505921.htm。

③ 《海南年鉴》编辑委员会:《海南年鉴(2011)》,海南年鉴社2011年版,第281—282页。

④ 中华人民共和国中央人民政府网页:《国务院关于平潭国际旅游岛建设方案的批复》,http://www.gov.cn/zhengce/content/2016-08/23/content_ 5101550.htm。

带来不小的压力。距《纲要》规定尚有 2 年时间,如何完成既定的"发展目标",考验着地方政府智慧。

(二) 确立自身发展战略

与深圳、珠海、汕头、厦门的城市型经济特区不同,海南拥有广大农村,国民经济整体素质不高,经济实力落后。如何摸索一条符合自己发展道路?

1. "一省两地"战略

建省之后,短暂"繁荣"后的经济萧条,国家银根紧缩所带来的经济波动,是经济发展内生动力不足表现。如何充分利用国家特区政策,发挥丰富自然、海洋、矿产、旅游资源及区位优势,实现从"输血型"向"造血型"经济转变,对三次产业合理调整等,需要正确认识省情,走出自身特色产业之路。

表 7-9　　　　1987—1996 年海南国内生产总值(亿元)、构成

年份	项目	GDP	第一产业	第二产业	第三产业	人均 GDP(元)
1987	绝对值	57.30	28.68	10.89	17.73	939
	构成(%)	100	50.05	19.01	30.94	
1988	绝对值	77.00	38.46	14.19	24.35	1220
	构成(%)	100	49.95	18.43	31.62	
1989	绝对值	91.32	42.64	18.29	30.39	1420
	构成(%)	100	46.69	20.03	33.28	
1990	绝对值	102.42	45.71	20.19	36.52	1562
	构成(%)	100	44.63	19.72	35.65	
1991	绝对值	120.51	50.22	24.65	45.64	1836
	构成(%)	100	41.67	20.45	37.88	
1992	绝对值	181.71	54.13	36.34	89.24	2727
	构成(%)	100	29.79	21.10	49.11	
1993	绝对值	258.08	77.73	70.51	114.06	3815
	构成(%)	100	30.12	25.69	44.19	
1994	绝对值	330.95	107.55	83.86	139.74	4820
	构成(%)	100	32.50	25.28	42.22	
1995	绝对值	364.17	130.86	78.64	154.67	5225
	构成(%)	100	35.93	21.59	42.48	

资料来源:《海南经济年鉴(1999)》,第 93 页。

特区建立以来8年成绩,如表7-9所示。1995年国内生产总值364.17亿元,比1987年的57.30亿元增加5.4倍;人均GDP从早期不足千元增加至5225元,增加近4.6倍。三次产业比重从1987年的50:19:31逐渐转变为1995年的36:22:42,出现了第三、第一产业升降明显,第二产业上升缓慢,产业结构需要进一步调整与优化。工业起点低、底子薄,1987年全省工业总产值21.55亿元。1993年103.17亿元,比上年增长43.2%,工业增加值28亿元,同比增长36.2%,首次超过农业总产值①。

工业化程度高低,是衡量一个国家或地区经济实力、技术进步的重要标志。发达国家成功经验告诉人们,工业化进程是实现现代化不可逾越的发展阶段。工业,仍是海南国民经济发展的"短腿"。鉴于此,1996年1月,海南省人大正式通过《海南省国民经济和社会发展"九五"计划和2010年远景目标纲要》,确立"一省两地"战略。

> 以农业为基础,加强和提高第一产业;以工业为主导,加速发展第二产业;以旅游业为龙头,积极发展第三产业。发展热带高效农业,以带动农村经济全面发展,增加农民收入;发展现代大工业,以增强全省整体经济实力;发展旅游业和其他第三产业,以推动经济社会的繁荣进步。努力把海南建设成为中国的新兴工业省、中国热带高效农业基地和中国度假休闲旅游胜地。②

《纲要》通过重点培养"新兴工业""热带农业""旅游业",形成三足鼎立之势,探索一条符合实际的发展道路。

表7-10 1996—2000年海南国内生产总值(亿元)、构成

年份	项目	GDP	第一产业	第二产业	第三产业	人均GDP(元)
1996	绝对值	389.53	143.54	81.32	164.67	5346
	构成(%)	100	36.85	20.88	42.27	
1997	绝对值	409.86	151.28	82.68	175.90	5567
	构成(%)	100	36.91	20.17	42.92	

---

① 胡平:《中国经济特区开放地区年鉴(1994)》,改革出版社1994年版,第88页。
② 海南省委宣传部:《中共海南省委二届四次全体(扩大)会议确定海南"九五"建设的大政方针》,《特区展望》1996年第2期。

续表

年份	项目	GDP	第一产业	第二产业	第三产业	人均GDP（元）
1998	绝对值	438.92	164.00	90.63	184.29	5912
	构成（%）	100	37.36	20.65	41.99	
1999	绝对值	476.67	172.62	96.02	208.04	6294
	构成（%）	100	35.30	20.68	44.03	
2000	绝对值	526.82	192.00	103.97	230.85	6798
	构成（%）	100	36.45	19.74	43.82	

资料来源：《海南经济年鉴（2011）》，第598页。

经过五年运行，效果并不明显，2005年GDP总量仍未超过1000亿元。

2."两大"战略

工业化水平低，含税产业相对落后，税基不稳，财源不旺。为实现省财政、城乡居民增收目标，2004年8月，省委省政府在坚持"一省两地"战略的基础上，颁布《关于加快海南省新型工业发展的指导意见》[①]，提出"实施大公司进入、大项目带动战略"（简称为"两大"）战略。

《意见》强调工业项目集中布局、集约发展；引进国内外大企业重组国有资产；引进大企业、大项目，推进洋浦经济开发区开发等。

2006年6月，为发挥科技的引领作用，省委省政府将"高科技支撑"纳入"两大"战略中——"两大一高"战略。

表7-11　　　2006—2013年海南国内生产总值（亿元）、构成

年份	项目	GDP	第一产业	第二产业	第三产业	人均GDP（元）
2006	绝对值	1065.67	323.48	308.62	433.57	12810
	构成（%）	100	30.35	28.96	40.69	
2007	绝对值	1254.17	361.07	364.26	528.84	14923
	构成（%）	100	28.70	29.04	42.17	
2008	绝对值	1503.06	436.04	423.55	643.47	17691
	构成（%）	100	29.01	28.18	42.81	

---

① 《海南年鉴》编辑委员会：《海南年鉴（2005）》，海南年鉴社2005年版，第379—382页。

续表

年份	项目	GDP	第一产业	第二产业	第三产业	人均GDP（元）
2009	绝对值	1654.21	462.09	443.43	748.59	19254
	构成（%）	100	27.94	26.81	45.25	
2010	绝对值	2064.50	539.83	571.00	953.67	23831
	构成（%）	100	26.15	27.66	46.19	
2011	绝对值	2522.66	659.23	714.50	1148.93	28898
	构成（%）	100	26.1	28.3	45.6	
2012	绝对值	2855.54	711.54	804.47	1339.53	32377
	构成（%）	100	24.9	28.20	46.90	
2013	绝对值	3146.46	736.02	870.23	1540.21	35317
	构成（%）	100	23.40	27.70	48.90	
2015	绝对值	3702.80	854.72	875.82	1972.22	40818
	构成（%）	100	23.10	23.60	53.30	

资料来源：《海南经济年鉴（2014）》，第620—621页；《海南省统计年鉴（2016）》，第1页。

从表7-11看出，无论是GDP总量还是人均GDP都有明显增长。三产比重在2008年前后，接近《意见》3∶3∶4的结构设计。油气化工、汽车、林浆纸一体化、制药等新型工业初具规模，"两大一高"战略成就显著。值得注意的是，三产构成，2009年始第三产业逐步增加，2010年占46%，从此前的"一二三"转向"三二一"构成。第三产业的异军突起，表明"国际旅游岛"战略影响开始显现。

二 生态省建设战略

1992年6月，联合国"环境与发展"首脑会议在巴西里召开，会议通过《21世纪议程》，要求各国根据本国情况，制订可持续发展战略。1994年3月，国务院讨论通过了《中国21世纪议程——中国21世纪人口、环境与发展白皮书》[①]，就中国"近期（1994—2000）""中期（2000—2010）""远期（2010年以后）"的发展目标进行规划，强调人

---

① 国家计划委员会等：《中国21世纪议程——中国21世纪人口、环境与发展白皮书》，中国环境科学出版社1994年版。

口、生态及社会"持续发展"。1997年9月,党的十五次全国代表大会上正式提出"可持续性发展战略"。

(一) 生态状况与金海浆纸业风波

1998年12月,国务院总理朱镕基考察时指出,环境是海南最大优势,应立足农业、旅游业和高科技产业,"工业应主要集中在洋浦经济开发区,不能遍地开花。不能搞夕阳工业、污染环境的工业"①。此时,距建省已有10年,产业发展战略不时变动,就环境方面而言,成就不小、问题突出,现状堪忧。

1. 建省10年的生态实况

建省以来,生态保护与建设所取得如下成就②:工业污染治理。新增城市污水集中处理能力,每日3万吨;工业废水,每日21.7万吨;工业废气,每小时365.7万标立方米。取缔、关闭不达标小企业,责令排放超标的老企业限期整改。

林业治理。1984年实行封山护林、育林;1994年,全面停止采伐天然林,其面积从40.5万公顷至61.3万公顷;建省以来人工造林28万公顷,森林覆盖率从建省之初38.3%上升到51.5%,比全国高出37.6个百分点。

水土流失治理。防治土地退化和沙漠化;治理水土流失面积2.4万公顷。

自然与珍稀动物保护。建立自然保护区72个,面积268.5万公顷;建立珍稀濒危物种繁育基地46处。生态环境总体良好,为全国环境质量最好省份之一。

但是,因认识不足、管理不到位等,问题也极为明显,主要表现在:

污染程度增加。1998年与1990年比较,工业废气、废水排放量分别增长3.1倍、35.4%。工业废水处理率、达标率处于全国落后水平。工业固体废弃物、生活垃圾逐年上升,排放总量与污染治理不能同步,部分区域环境质量下降。

公益林破坏严重。原始森林覆盖率从1950年的35%下降至1987年的

---

① 《海南生态省建设年鉴》编辑部:《海南生态省建设年鉴》(2000—2004),海南年鉴出版社2004年版,第2页。

② 《海南年鉴》编辑委员会:《海南年鉴(2000)》,海南年鉴社2000年版,第3—4页。

7.2%，1998年仅为4%左右；50%的天然林郁闭度①从50年代的0.8下降至0.4—0.5；海防林带破坏严重，出现90公里长的缺口。公益林的防风固沙、水土保持、涵养水源、保护生物多样性等生态功能日益降低。

　　土地退化严重。省内大部分地区土壤有机质含量不足1%，70%的农田缺氮、磷、钾，土地贫瘠化现象普遍。局部地区水土流失和荒漠化现象严重，全省现有水土流失面积2.2万公顷，荒漠化面积10.6万公顷。

　　海岸带及近海资源破坏严重。近50年来，红树林面积已减少一半多，珊瑚礁分布面积和岸礁长度分别减少了55.5%和59.1%。

　　生物多样性不断减少。过去50年，有200多个物种濒临灭绝，少数物种已经绝迹。沿岸近海14种主要经济鱼类资源都不同程度出现衰减和消失，多种传统经济鱼类难以形成渔汛。

　　显然，随着经济开发建设强度的逐步加大，生态环境保护问题将更加突出。

2. 金海浆纸业风波

　　1996年始，省政府与印度尼西亚金光集团洽谈合作意向。由金光集团控股亚洲浆纸业股份有限公司（Asia Pulp & Paper Co. Ltd.，简称APP）在洋浦成立金海浆纸业有限公司，计划投资12.8亿美元，年产60万吨漂白商品木浆。

　　1998年1月，国家计委批准立项，属省年度31个"重点工程"之一。10月，合作双方就计划投资1.75亿美元、造林23.3万公顷的配套项目——金光林基地合作造林项目签约②。2005年3月，建成投产，实现年"产值31.70亿元（人民币），对全省工业增长的贡献率48.4%"③，充分发挥其引领作用。

　　然而从项目动议到投产的10年间，舆论对此多持怀疑态度。如何满足企业对木材原料巨大需求？350万亩（23.3万公顷）浆纸林，以外来速生树种、素有"土壤抽水机"的小叶桉为主，对岛内水文、土壤带来

---

　　① 按：所谓"郁闭度"，是指林冠覆盖面积与地表面积的比例，完全覆盖地面为1。据联合国粮农组织规定，0.70（含0.70）以上的郁闭林为密林，0.20—0.69为中度郁闭，0.20（不含0.20）以下为疏林。

　　② 《海南年鉴》编辑委员会：《海南年鉴（1999）》（卷3），海南年鉴社1999年版，第89—90页。

　　③ 《海南年鉴》编辑委员会：《海南年鉴（2006）》，海南年鉴社2006年版，第159页。

怎样风险？如何处理废水排放？等等，是人们关心焦点。深层次的是对海南发展模式拷问，即如何处理生态、经济发展关系。国家可持续发展战略需要，海南必须在兼顾地方经济社会快速发展与生态环境质量稳步提高前提下，探索一种全新的发展模式。

（二）"生态省"建设

生态在经济发展中的作用日益凸显，1999—2009年，海南省委省政府用了10年时间，完成"生态省""生态立省"向"国际旅游岛"国家战略转变的制度设计，环境保护和社会发展获得一定的成就。

1. "生态省"内涵

1999年，海南省人大颁布《关于建设生态省的决定》，国家环保总局批准为全国首个生态省建设试点，随后省人大通过《海南生态省建设规划纲要》①，确立生态省建设法律地位。2005年，为适应"发展生态经济和循环经济""构建资源节约型社会"形势，省人大通过《海南生态省建设规划纲要（2005年修编）》②。

发展目标。《纲要》提出用30年左右时间，建立起发达的生态经济，形成布局合理、生态景观和谐优美的人居环境，使经济综合竞争力进入全国先进行列，环境质量保持全国领先水平。《纲要（2005年修编）》设计用20年左右的时间，建立起发达的资源能源节约型生态经济体系，建成布局科学合理、设施配套完善、景观和谐优美的人居环境，形成浓厚的生态文化氛围，使海南成为具有全国一流生活质量、可持续发展能力进入全国先进行列的省份。

产业发展。《纲要》提出：改变产业结构和生产方式，从传统粗放型增长方式，转向集约型增长方式。坚持"一省两地"战略，发展热带高效农业、海岛度假旅游业和科技含量高的新兴工业；鼓励发展与生态环境相互促进的产业。坚持"三不"，即不污染环境、不破坏资源、不搞低水平重复建设原则。《纲要（2005年修编）》以"循环经济"为主要抓手，从"资源—产品—污染排放"传统方式向"资源—产品—再生资源"的模式转变，建立以循环经济为核心的经济体系。

---

① 《海南生态省建设年鉴》编辑委员会：《海南生态省建设年鉴（2000—2004）》，海南年鉴社2004年版，第145—152页。

② 《海南年鉴》编辑委员会：《海南年鉴（2006）》，海南年鉴社2006年版，第411—422页。

2. 阶段性成就与问题

《海南生态省建设规划纲要（2005年修编）》，对生态省六年建设阶段性成就与存在问题做出如下总结：

生态环境。2004年森林覆盖率达到54.9%，公益林面积稳定增长；陆地自然保护区占陆地总面积的8.1%，六年提高了3.37个百分点，增加了12.6万公顷；实施生态恢复工程，退化地区的生态得到恢复。

环境污染。提前完成了"一控双达标"任务及其成果巩固（全省环境污染物排放总量控制在国家下达的总量指标之内；全省工业污染源达标排放；海口市环境质量达到国家规定的标准）。2004年，工业化学耗氧量、粉尘排放量分别比1998年减少64%、62%；城镇污水集中处理率达到44%，比1998年提高了21个百分点；农业面源污染得到初步控制。

生态产业。发展绿色农业、生态旅游等优势产业，汽车制造、制药等低污染的清洁型产业，西部工业开发区集中发展天然气化工、浆纸业等集约化资源产业。六年来第一、二、三产业年均增长率分别为9.5%、11.8%、8.1%，生产总值年均增长9.4%，2003年人均生产总值突破1000美元，2004达到1172美元。

人居环境。创造性地在全省农村开展文明生态村建设，建设4133个文明生态村，占自然村总数的18.3%；海口市和三亚市先后获得全国卫生先进城市、国家园林城市和中国优秀旅游城市称号，海口市还被评为国家环保模范城市，三亚市获得中国人居环境奖。

问题也较为突出：近海过度捕捞，炸鱼炸礁现象时有发生，渔业资源衰减；海洋生物开发水平较低，油气开发利用率低；局部海区出现过赤潮。

制糖、橡胶加工等传统工业对周围环境造成一定影响；大部分城镇生活废水未经处理，影响城镇河段水质；农业面源污染是影响地表水质的主要原因；土地沙化有加重趋势；部分地区水土流失严重，土地地力有所下降。

过度采伐和毁林开垦使原始森林遭受破坏，森林质量降低，水源涵养、水土保持、调节气候和净化环境等生态服务功能下降，物种减少，有的甚至濒临灭绝，局部地区水土流失和土壤退化的趋势没有得到有效遏制，主要城镇工业和生活污染影响水源安全。

3. "生态立省"

2007年4月，海南省第五次代表大会提出"生态立省、开放强省、产业富省、实干兴省",确立未来五年(2007—2012)继续推进生态省的总体思路①。将"生态立省"放到经济社会发展战略首位的发展理念,与中共十七大中将"生态文明"纳入社会主义理论体系高度契合。海南的举措,得到其他省份的响应。

在"生态立省"战略下,先后出台多项环境保护地方性法规、与环保有关的政府规章制度;先后投入大量资金,用于退耕还林、水土流失和土地沙漠化治理、采空矿区生态恢复、海洋生态保护、海防林建设工程;实施生态环境补偿机制。

2010 年"国际旅游岛"战略以来,生态建设持续推进。热带高效农业不断壮大,旅游度假胜地已经形成,生态环境继续保持一流,走出了一条发展与保护同步、经济与生态双赢的可持续发展之路。

三 未来发展

"十二五"时期,海南成就辉煌。2014 年全省 GDP 达到 3500.7 亿元,比 2010 年增长 70%,三次产业结构从 26∶28∶46 持续优化至 23∶25∶52,省级财政对民生保障投入持续保持在 70%以上,城乡居民人均可支配收入分别增长 57%、88%;环岛高铁通车(2015 年 12 月 30 日,环岛高铁全线开通),中线高速稳步推进,基础设施建设全面进入加速度;生态环境持续保持全国一流。

为"十三五"布局谋篇,2015 年,省政府提出《海南省总体规划(2015—2030)纲要》②,生态、发展是海南的出发点和归属点,确立"一点两区三地"战略定位:"一点"(21 世纪海上丝绸之路的战略支点),"两区"(全国生态文明建设示范区、全国改革创新试验区),"三地"(世界一流的海岛海洋休闲度假旅游目的地、国家热带特色产业基地、南海资源开发服务及海上救援基地)。

《纲要》以"生态底线""经济布局""陆海统筹"为发展思路,到2030 年,海南岛陆域空间中,一级、二级生态功能区面积分别为 11535、15984 平方公里,占全岛陆域面积的 33.6%、46.4%;开发功能区面积

---

① 《海南年鉴》编辑委员会:《海南年鉴(2008)》,海南年鉴社 2008 年版,第 291 页。
② 海南省人民政府:《海南省总体规划(2015—2030)纲要》,《海南日报》2015 年 9 月 29日第 3—4 版。

3699 平方公里，占 10.8%。

2016 年年初，国家旅游局推进首批全域旅游示范区创建工作，海南省为首个全域旅游创建省①。2017 年 3 月，《海南省全域旅游建设发展规划（2016—2020）》②正式颁布。充分利用生态环境、经济特区、国际旅游岛三大优势，借鉴国际一流旅游目的地的成功经验，强化旅游产业主导地位，加快旅游转型升级，推动旅游供给侧结构性改革，提升旅游国际化水平，以"点、线、面"全面推进"全域旅游示范省"创建，促进海南国际旅游岛建设，提升全省旅游业核心竞争力，打造世界一流海岛休闲度假旅游目的地。

"点"，主要打造六大旅游产业园：海口观澜湖旅游度假区、三亚海棠湾国家海岸休闲度假区、三亚邮轮母港、三沙海洋旅游、清水湾旅游度假区、儋州海花岛旅游度假区。

"线"，以"田字型"高速公路为骨架、"三横六纵"国省道为主干的快速旅游交通干线体系，加快建设以"海澄文""大三亚"为极核的旅游一体化公路，建设"海口—东方—三亚—琼海—海口"环岛风景道。

"面"，加快"五网"基础设施体系建设。统筹布局全省基础设施建设，大力推进互联互通。构建无缝对接换乘的海陆空立体交通体系、全省覆盖的城乡光纤网络和高速通信网络、"安全、稳定、绿色、智能"的电力网络、连接岛内各大城镇和主要景区的环岛天然气管网、全岛连通的水系网络。

2017 年 1 月 20 日，国务院批复《北部湾城市群发展规划》③，海口、澄迈、临高、儋州、昌江及东方等西部沿海六个市县在《规划》之中。

《海南省总体规划（2015—2030）纲要》《海南省全域旅游建设发展规划（2016—2020）》《北部湾城市群发展规划》，为海南发展提供了新的历史机遇。

有理由相信，这些新规划在促进人、自然和谐及社会发展关系中，将起到积极推动作用。

---

① 中华人民共和国国家旅游局网页：http://www.cnta.gov.cn/zdgz/qyly/201603/t20160314_763855.shtml。

② 赵优：《解读〈海南省全域旅游建设发展规划（2016—2020），打造世界一流海岛休闲度假旅游目的地〉》，《海南日报》2017 年 3 月 10 日第 009 版。

③ 中华人民共和国中央人民政府网：《国务院关于北部湾城市群发展规划的批复》（国函 [2017] 6 号），http://www.gov.cn/zhengce/content/2017-02/03/content_5164843.htm。

参考文献

《马克思恩格斯选集》第3卷，人民出版社1995年版。
胡锦涛：《胡锦涛文选》（第二、三卷），人民出版社2016年版。

一　古籍类

（一）正史

（汉）司马迁：《史记》，中华书局1959年版。

（汉）班固撰、（唐）颜师古注：《汉书》，中华书局1964年版。

（晋）司马彪：《后汉书志》，中华书局1973年版。

（晋）范晔：《后汉书》，中华书局1973年版。

（唐）李延寿：《北史》，中华书局1974年版。

（唐）魏征：《隋书》，中华书局1973年版。

（后晋）刘昫等：《旧唐书》，中华书局1975年版。

（宋）范晔：《后汉书》，中华书局1965年版。

（宋）欧阳修、宋祁：《新唐书》，中华书局1975年版。

（元）脱脱：《宋史》，中华书局1977年版。

（清）张廷玉：《明史》，中华书局1974年版。

（二）实录与档案

《明太宗实录》卷32、卷48、卷111，台湾"中央研究院"历史语言研究所校印。

《明英宗实录》。

《明宪宗实录》。

《明世宗实录》。

《明神宗实录》。

《清圣祖康熙实录》，中华书局 1985 年影印版。

《高宗乾隆实录》卷 445，中华书局 1986 年版。

海南省档案馆：全宗号：2，目录号：16，卷号：830。

(三) 方志

(明) 唐胄：《正德琼台志》，上海古籍出版社 1964 年版。

(明) 欧阳璨：《万历琼州府志》，书目文献出版社 1990 年版。

(清) 樊庶：《康熙临高县志》，海南出版社 2004 年版。

(清) 宋锦：《乾隆崖州志》，广东省中山图书馆藏本。

(清) 宋席珍：《宣统定安县志》，手抄本，定安县地方志办公室存。

(清) 张岳崧：《道光琼州府志》，台北成文出版社 1967 年版。

(清) 张嶲等纂修，郭沫若点校：《光绪崖州志》，广东人民出版社 1963 年版。

(清) 聂缉庆：《光绪临高县志》，广东中山图书馆藏本。

(清) 张霈：《咸丰文昌县志》，海南出版社 2004 年版。

(清) 李有益：《光绪昌化县志》，海南出版社 2004 年版。

(清) 林燕典：《咸丰文昌县志》，海南出版社 2004 年版。

(民国) 陈铭枢：《海南岛志》，神州国光社 1933 年版。

(民国) 许崇灏：《琼崖志略》，中正书局 1945 年版。

(民国) 周文海：《感恩县志》，海南出版社 2004 年版。

(民国) 王国宪：《琼山县志》，上海书店、巴蜀书社、江苏古籍出版社 1990 年版。

(民国) 王国宪：《儋县志》，台北成文出版社 1974 年版。

(民国) 陈献荣：《琼崖》，商务印书馆 1933 年版。

(民国) 陈植：《海南岛新志》，商务印书馆 1949 年版。

(民国) 卢宗堂：《感恩县志》，台北成文出版社 1968 年版。

白沙黎族自治县地方志编纂委员会：《白沙县志》，南海出版公司 1992 年版。

保亭黎族苗族自治县地方志编纂委员会：《保亭县志》，南海出版社公司 1997 年版。

昌江黎族自治县地方志编纂委员会：《昌江县志》，新华出版社 1998 年版。

澄迈县史志编纂委员会：《澄迈县志》，海南出版社 2007 年版。

儋州市地方志编纂委员会:《儋县志》,新华出版社1996年版。

定安县地方志编纂委员会:《定安县志》,海南出版社2007年版。

广东省海南行政区人口普查办公室:《海南行政区第三次人口普查手工汇总资料汇编》,广东省立中山图书馆藏,1982年。

国家计划委员会等:《中国21世纪议程——中国21世纪人口、环境与发展白皮书》,中国环境科学出版社1994年版。

国家统计局:《中国2010年人口普查资料》(上),中国统计出版社2012年版。

《海南年鉴》编辑委员会:《海南年鉴(1996)》,海南年鉴社1996年版。

《海南年鉴》编辑委员会:《海南年鉴(1999)》,海南年鉴社1999年版。

《海南年鉴》编辑委员会:《海南年鉴(2000)》,海南年鉴社2000年版。

《海南年鉴》编辑委员会:《海南年鉴(2001)》,海南年鉴社2001年版。

《海南年鉴》编辑委员会:《海南年鉴(2005)》,海南年鉴社2005年版。

《海南年鉴》编辑委员会:《海南年鉴(2006)》,海南年鉴社2006年版。

《海南年鉴》编辑委员会:《海南年鉴(2008)》,海南年鉴社2008年版。

《海南年鉴》编辑委员会:《海南年鉴(2011)》,海南年鉴社2011年版。

《海南年鉴》编辑委员会:《海南年鉴》,新华出版社1991年版。

《海南生态省建设年鉴》编辑部:《海南生态省建设年鉴》(2000—2004),海南年鉴社2004年版。

《海南特区经济年鉴》编辑委员会:《海南特区经济年鉴》(创刊号),新华出版社1989年版。

海口市地方史志编纂委员会:《海口市志》,方志出版社2004年版。

海南省地方史志办公室:《海南省志·农垦志》,海南摄影美术出版社1996年版。

海南省地方史志办公室：《海南省志·人口志》，南海出版公司1994年版。

海南省地方志办公室：《海南省志·财政志（1991—2010）》，方志出版社2014年版。

海南省地方志办公室：《海南省志·土地志》，南海出版公司2007年版。

海南省第五次人口普查办公室：《海南省2000年人口普查资料》，中国统计出版社2002年版。

海南省农垦总局：《海南农垦四十年·海南农垦年记》（非公开出版物），1991年版。

海南省人大常务委员会法制工作委员会：《海南省地方性法规汇编1988—2007》，海南出版社2008年版。

海南省人口普查办公室：《海南省第四次人口普查手工汇总资料》，海南大学图书馆藏1991年版。

海南省史志工作办公室：《海南省·地震志》，海南出版社2004年版。

海南省松涛水利工程管理局：《松涛水利工程志》，广东科技出版社1996年版。

海南省统计局 国家统计局海南调查总队：《海南省统计年鉴》，中国统计出版社2016年版。

海南省统计局：《海南统计年鉴》，中国统计出版社2002年版。

海南省统计局等：《海南省2010年人口普查资料》，中国统计出版社2012年版。

海南史志办公室：《海南文史》（第11辑），海南出版社1995年版。

乐东黎族自治县地方志编纂委员会：《乐东县志》，新华出版社2002年版。

廉江县地方志编纂委员会：《廉江县志》，广东人民出版社1995年版。

琼海市地方志编纂委员会：《琼海县志》，广东科技出版社1995年版。

琼中黎族苗族自治县地方志办公室：《琼中县志》，海南摄影美术出版社1995年版。

屯昌县地方志编纂委员会：《屯昌县志》，方志出版社2007年版。
万宁县地方志编纂委员会：《万宁县志》，南海出版公司1994年版。
王家槐：《海南近志》，台湾《知止斋丛书之六》，1993年。
文昌市地方志编纂委员会：《文昌县志》，方志出版社2000年版。
五指山市地方志编纂委员会：《通什市志》，方志出版社2009年版。
中国社会科学院人口与劳动经济研究所：《中国人口年鉴2001》，《中国人口年鉴》杂志社2001年版。

（四）文人笔记

（汉）郑玄：《礼记注疏》，《四库全书》第115册，台湾商务印书馆1983年版。

（汉）杨孚：《异物志》，《丛书集成初编》本，商务印书馆1936年版。

（晋）葛洪：《西京杂记》，中华书局1985年版。

（晋）郭璞注：《山海经》，《四库全书》第1042册。

（晋）皇甫谧：《帝王世纪》，（清）宋翔凤集校，《续修四库全书》第301册，上海古籍出版社2004年版。

（唐）刘恂：《岭表录异》，《四库全书》第589册。

（唐）长孙无忌：《唐律疏议》，《丛书集成新编》本，台湾新文丰出版公司影印，1984年版，第27册。

（唐）杜佑：《通典》；《四库全书》第603、605册。

（宋）李焘：《续资治通鉴长编》，《四库全书》第314、318、319册。

（宋）李心传：《建炎以来系年要录》，《四库全书》第326、327册。

（宋）祝穆：《古今事文类聚·前集》，《四库全书》第925册。

（宋）周去非：《岭外代答》，《四库全书》第589册。

（宋）司马光：《资治通鉴》，《四库全书》，第304册。

（宋）李昉：《太平御览》，中华书局影印本，1960年版。

（宋）王溥：《唐会要》，《四库全书》第607册。

（宋）范成大：《桂海虞衡志辑佚校注》，胡起望、覃光广校注，四川民族出版社1986年版。

（宋）乐史：《太平寰宇记》，《四库全书》第470册。

（宋）王象之：《舆地纪胜》，《续修四库全书》，第585册。

（宋）李焘：《续资治通鉴长编》，《四库全书》第316册。

（宋）李昉：《太平广记》，《丛书集成三编》本，台湾新文丰出版公司 1996 年版。

（宋）真德秀：《西山先生真文忠公文集》，《四部丛刊初编》第 1285 册，商务印书馆 1919 年版。

（宋）苏轼：《苏文忠公海外集》，海南书局 1934 年版。

（宋）赵汝适：《诸蕃志校释》，杨博文校释，中华书局 2000 年版。

（明）丘濬：《琼台诗文会稿》，《丛书集成三编》第 39 册，台湾新文丰出版公司 1996 年版。

（明）顾岕：《海槎余录》，中华书局 1991 年版。

（明）海瑞著，陈义钟编校：《海瑞集》，中华书局 1962 年版。

（明）罗曰褧：《咸宾录》，明万历刻本，国家图书馆藏。

（清）钮琇：《觚剩续编》，《续修四库全书》，子部，第 1177 册。

（清）屈大均：《广东新语》，中华书局 1985 年版。

（清）王锡祺：《小方壶斋舆地丛钞说蛮》，上海著易堂印行，南清河王氏铸版。

（清）顾公燮：《消夏闲记摘抄》，《涵芬楼秘笈》第二集第五种，商务印书馆。

（清）徐松：《宋会要辑稿·方域七》，上海大东书局 1936 年版。

（清）张庆长：《黎岐纪闻》，《丛书集成续编》本，第 236 册，新文丰出版公司 1988 年版。

（清）周日华校本：《博物志》，博展源图书出版公司 2002 年版。

（清）佚名：《边蛮风俗杂抄·琼黎一览图》，广东省中山图书馆藏。

（清）毕沅：《续资治通鉴》，《续修四库全书》，第 346 册。

（清）徐松：《宋会要辑稿》，上海大东书局 1936 年版。

《正堂禁碑》（乾隆十八年（1753）十二月十七日，崖州州府发布）拓片，海南省历史文化研究基地存。

《告示》（光绪五年十二月十九日，琼山县发布）拓片，海南省历史文化研究基地存。

（民国）廖逊我：《海南心影》，广东文化事业公司 1947 年版。

（民国）陈植：《海南岛资源之开发》，中正书局 1948 年版。

（民国）田曙岚：《海南岛旅行记》，中华书局 1936 年版。

（民国）林缵春：《海南岛之产业》，琼崖农业研究会，1946 年。

（民国）陈天赐：《东西沙岛成案汇编》，商务印书馆 1928 年版。

（民国）黄培坤等：《琼崖各县农业概况调查报告》，国立中山大学出版社1937年重刊。

二 专著类

蔡慎坤：《海南：十年反思》，三联书店（香港）有限公司2000年版。
陈春声、刘志伟：《遗大投艰集：纪念梁方仲教授诞辰一百周年》（上），广东人民出版社2012年版。
陈光良：《海南经济史研究》，中山大学出版社2004年版。
陈翰笙：《华工出国史料汇编》第1辑、第5辑，中华书局1984年版。
陈虹：《海南家谱提要》，海南出版社、三环出版社2008年版。
陈江：《一个族群曾经拥有的千年辉煌——临高学研究初集》，海南出版社2012年版。
陈序经：《疍民的研究》，商务印书馆1946年版。
陈永阶、林飞鸾：《琼崖华侨联合总会回乡服务团研究史料》，琼岛星火编辑部（内部出版），1993年。
迟福林：《中国改革开放全记录（1978—2012）》，五洲传播出版社2013年版。
邓根云：《气候变化对中国农业的影响》，北京科学技术出版社1993年版。
地质部南海地质调查指挥部综合大队：《南海北部沿岸第四纪地质地貌调查报告》（内部资料），1981年版。
丁国勇标点：《南海甘蕉蒲氏家谱》，天津古籍出版社1987年版。
董为：《第十三届中国古脊椎动物学学术年会论文集》，海洋出版社2012年版。
樊洪业：《竺可桢全集》（第4卷），上海科技教育出版社2004年版。
樊清华：《海南湿地生态立法保护研究》，中山大学出版社2013年版。
符国基：《海南省生态足迹研究》，化学工业出版社2008年版。
高素华等：《海南岛气候》，气象出版社1988年版。
高振生：《中国蓝色国土备忘录》，中州古籍出版社2010年版。
葛剑雄：《西汉人口地理》，商务印书馆2014年版。
龚子同等：《海南岛土系概论》，科学出版社2004年版。

古小彬：《海南客家》，广西师范大学出版社 2008 年版。

广东省通什农垦农工商联合企业公司设计室等：《通什垦区热作区划学术讨论会论文集》，1985 年版。

广东省研究学会：《广东省民族研究译丛》，广东人民出版社 1996 年版。

广东省植物研究所：《广东植被》，科学出版社 1976 年版。

广东炎黄文化研究会：《冼太夫人史料文物辑要》，中华书局 2001 年版。

广州地理研究所编：《海南岛热带农业自然资源与区划》，科学出版社 1985 年版。

郭锋：《杜佑评传》，南京大学出版社 2004 年版。

郭克辉：《琼山县文物志》，中山大学出版社 1990 年版。

郭小东等：《失落的文明——史图博〈海南岛民族志研究〉》，武汉大学出版社 2013 年版。

国家测绘局海南测绘资料信息中心：《海南省地图集》，广东省地图出版社 2006 年版。

国家测绘局海南测绘资料信息中心编制：《海南省地图集》，广东省地图出版社 2006 年版。

过宝兴：《土地科学与区域开发》，上海科学技术文献出版社 1992 年版。

海南抗战卅年纪念会：《海南抗战纪要》，台北文海出版社 1975 年版。

海南迁琼先民研究会：《琼崖先民研究》（创刊号，内部出版），2006 年版。

海南人口普查办公室：《世纪之交的中国人口·海南卷》，中国统计出版社 2004 年版。

海南省博物馆：《海南省博物馆研究文集》，科学出版社 2011 年版。

海南省国土环境资源厅：《海南岛海岸带（典型区）生态环境现状调查报告》，内部刊行，2002 年版。

海南省国土环境资源厅：《海南省生态功能区划》（内部出版物），2005 年版。

海南省农业厅土肥站：《海南土种志》，海南出版社、三环出版社

1994年版。

海南省统计局:《海南人口与社会发展研究》,海南省统计局2007年版。

海南省统计局:《海南统计年鉴》,中国统计出版社2001年版。

海南省文化历史研究会:《韩槐準文存》,长征出版社2008年版。

韩宝新:《北部湾经济区沿海重点产业发展战略环境评价研究》,中国环境科学出版社2013年版。

韩渊丰、吴郁文等:《海南岛》,广东人民出版社1976年版。

韩振华:《我国南海诸岛史料汇编》,东方出版社1988年版。

郝思德、黄万波:《三亚落笔洞遗址》,南方出版社、海南出版社2008年版。

贺喜:《亦神亦祖:粤西南信仰构建的社会史》,三联书店2011年版。

侯杨方:《中国人口史(第六卷)》,复旦大学出版社2001年版。

胡平:《中国经济特区开放地区年鉴(1994)》,改革出版社1994年版。

黄友贤、黄仁昌:《海南苗族研究》,海南出版社、南方出版社2008年版。

姜涛:《人口与历史——中国传统人口结构研究》,人民出版社1998年版。

姜樾、董小俊:《海南伊斯兰文化》,中山大学出版社1992年版。

蒋菊生、王如松:《海南橡胶产业生态》,中国科学技术出版社2004年版。

蒋有绪、王伯荪等:《海南岛热带林生物多样性及其形成机制》,科学出版社2002年版。

《跨世纪的中国人口》编委会:《跨世纪的中国人口·海南卷》,中国统计出版社1997年版。

李勃:《海南岛历代建置沿革考》,海南出版社2005年版。

李国强:《南中国海研究:历史与现状》,黑龙江教育出版社2003年版。

李露露:《热带雨林的开拓者——海南黎寨调查纪实》,云南人民出版社2003年版。

李仁君:《海南区域经济发展研究》,中国文史出版社2004年版。

《历史地理》编委会：《历史地理》（第9辑），《庆贺谭其骧先生八十寿辰专辑》，上海人民出版社1990年版。

梁方仲：《中国经济史讲稿》，中华书局2008年版。

梁方仲：《中国历代户口、田地田赋统计》，上海人民出版社1985年版。

梁统兴：《琼台胜迹记》，南海出版公司2000年版。

林乘东：《中国:走出贫困》，云南教育出版社1999年版。

林鸿民：《海南特区人口、资源与环境研究》，南方出版社2008年版。

林惠祥：《中国民族史》，商务印书馆1998年版。

林日举：《海南史》，吉林人民出版社2002年版。

林业部调查规划局、海南行署林业局等编：《海南岛林业资料汇编》，广东林业勘测设计院印刷厂，1981年。

刘建生：《面向新未来——后化石能源时代》，经济日报出版社2005年版。

刘耀荃：《海南岛黎族的住宅建筑》，广东民族研究所，1984年。

刘耀荃：《黎族历史纪年辑要》，广东民族研究所，1982年。

刘昭蜀、赵焕庭等：《南海地质》，科学出版社2002年版。

马蓉、陈抗等点校：《〈永乐大典〉方志辑佚》，中华书局2004年版。

马寅初：《新人口论》，广东经济出版社1998年版。

M7专项工作组：《中国大陆大地震中长期危险性研究》，地震出版社2012年版。

宁可：《试论中国封建社会的人口问题》，《宁可史学论文集》，中国社会科学出版社1999年版。

欧阳觉亚：《大家小书:少数民族语言与粤语》，暨南大学出版社2011年版。

丘刚：《海南古遗址》，南方出版社、海南出版社2008年版。

丘刚：《海南省博物馆研究文集》，科学出版社2011年版。

尚新丽：《西汉人口问题研究》，线装书局2008年版。

施正一：《中国西部民族地区经济开发研究》，民族出版社1988年版。

史云峰：《海南生态系统》，海南出版社2012年版。

司徒尚纪：《广东文化地理》，广东人民出版社1993年版。

司徒尚纪：《海南岛历史上土地开发研究》，海南出版社1991年版。

苏云峰：《海南历史论文集》，海南出版社2002年版。

孙飞：《中国经济热点问题》，首都师范大学出版社2015年版。

孙广来：《世纪百年风云纪实》第2辑"1983"，内蒙古人民出版社2006年版。

田雪原：《后人口转变迎来新改革机遇》，社会科学文献出版社2014年版。

王和：《岭南建筑学派》，中国城市出版社2012年版。

王力军：《南海动物》，广西师范大学出版社2011年版。

王琼文：《海南地情要览》，中共海南省委党史研究室、海南省地方志办公室2007年版。

王薇：《黎族》，新疆美术摄影出版社2010年版。

王文祥：《台湾手册》，展望出版社1990年版。

王献军：《海南回族的历史与文化》，海南出版社2008年版。

王献军等：《黎族的历史与文化》，暨南大学出版社2012年版。

王兴瑞：《海南岛之苗人》，珠海大学边疆丛书，1948年。

王学萍：《中国黎族》，民族出版社2004年版。

王亚南：《马克思主义的人口理论与中国人口问题》，科学出版社1956年版。

王俞春：《海南移民史志》，中国文联出版社2003年版。

王育民：《中国人口史》，江苏人民出版社1995年版。

王运才：《中南海情系海南岛:新华社海南建省办经济特区20周年报道精选》，新华出版社2008年版。

文物编辑委员会：《文物考古工作十年（1979—1989）》，文物出版社1991年版。

吴慧：《中国经济史若干问题的计量研究》，福建人民出版社2009年版。

吴永章：《黎族史》，广东人民出版社1997年版。

夏明方：《民国时期自然灾害与乡村社会》，中华书局2000年版。

夏小明：《海南省海洋资源环境状况》，海洋出版社2015年版。

谢东莉：《传统与现代之间:美孚黎祖先崇拜文化研究》，广西师范大学出版社2014年版。

谢越华等：《海南文化概论》，中央广播电视大学出版社2014年版。
邢益儒：《海南省邢氏家谱》，2001年续修。
邢益森等：《琼侨沧桑》，南海出版公司1991年版。
徐松石：《粤江流域人民史》，东南亚研究所，1936年。
许志坚、冯永勤等：《海南岛贝类原色动物图鉴》，科学普及出版社1993年版。
许智范、肖明华：《南方文化与百越滇越文化》，江苏教育出版社2005年版。
闫广林：《海南历史文化》（第二卷），社会科学文献出版社2012年版。
颜家安：《海南岛生态环境变迁研究》，科学出版社2008年版。
扬天宏：《川大史学:中国近现代史卷》，四川大学出版社2006年版。
杨思涛：《走向生态现代化》，博士学位论文，复旦大学，2007年。
杨子慧：《中国历代人口统计资料研究》，改革出版社1996年版。
于学军、解振明：《中国人口发展评论 回顾与展望》，人民出版社2000年版。
曾昭璇、曾宪中：《海南岛自然地理》，科学出版社1989年版。
詹长智：《海南当代社会问题研究》，海南出版社、南方出版社2008年版。
詹长智：《中国人口·海南分册》，中国财政经济出版社1993年版。
詹长智、李书光：《海南人口研究》，海南出版社1993年版。
张德铜：《海南农业问题研究》，海南出版社2007年版。
张帆：《用英语聊低碳生活》，石油工业出版社2013年版。
张朔人：《明代海南文化研究》，社会科学文献出版社2013年版。
张朔人、于苏光：《华侨与海南社会发展》，南方出版社2008年版。
张兴吉：《日本侵占海南岛罪行研究》，海南出版社2004年版。
赵康太、曹锡仁：《海南国际旅游岛建设报告(2014)》，社会科学文献出版社2014年版。
《中国南海诸岛文献汇编之九：海军游弋南沙海疆经过》，台湾学生书局1984年版。
《中华民国台湾区地图集》，幼狮文化出版公司1981年版。
中共广东省委员会宣传部等：《广东省农业学大寨经验选编》（第1

辑),广东人民出版社 1973 年版。

中共海南区党委党史办公室:《冯白驹研究史料》,广东人民出版社 1988 年版。

中共海南省委党史研究室:《琼崖大革命史料选编》,内部发行。

中国第二历史档案馆、海南省档案局:《海南民国档案资料选辑》(第一辑),海南出版社 2013 年影印本。

中国第四纪研究委员会、中国海洋学会:《中国第四纪海岸线学会讨论会论文集》,海洋出版社 1985 年版。

中国考古学会:《中国考古学年鉴(1995)》,文物出版社 1997 年版。

中国考古学会:《中国考古学年鉴(1997)》,文物出版社 1999 年版。

中国考古学会:《中国考古学年鉴(2002)》,文物出版社 2003 年版。

中国考古学会:《中国考古学年鉴(2003)》,文物出版社 2004 年版。

中国考古学会:《中国考古学年鉴(2004)》,文物出版社 2005 年版。

中国考古学会:《中国考古学年鉴(2006)》,文物出版社 2007 年版。

中国考古学会:《中国考古学年鉴(2007)》,文物出版社 2008 年版。

中国考古学会:《中国考古学年鉴·儋州市洋浦神头港烽堠遗址》,文物出版社 2011 年版。

中国科协学会学术部:《三沙设施渔业模式》,中国科学技术出版社 2013 年版。

中国科学报社编:《国情与决策》,北京出版社 1990 年版。

中国科学院南海海洋研究所:《华南沿海第四纪地质》,科学出版社 1978 年版。

中国科学院南海海洋研究所:《华南沿海第四纪地质调查研究报告》,中国科学院南海海洋研究所海洋地质研究室,1977 年。

中国人民政治协商会议三亚市委员会:《三亚史》,人民出版社 2015 年版。

中国自然资源丛书编撰委员会:《中国自然资源丛书·海南卷》,中国环境科学出版社 1996 年版。

中华人民共和国财政部:《中国财政年鉴》(总第 20 卷),中国财政杂志社 2010 年版。

中南民族大学:《海南岛苗族社会调查》,民族出版社 2010 年版。

中南民族学院本书编辑组:《海南岛黎族社会调查》,广西民族出版社1992年版。

中南民族学院少数民族文物陈列馆编印：《海南苗族情况调查》，1957年版。

周宝成：《新人口礼赞·人口和计划生育工作回顾与展望·海南卷》，中国人口出版社2007年版。

周公卒：《海南人口发展战略研究报告》，海南出版社2010年版。

周伟民、唐玲玲：《海南史要览》，海南出版社2008年版。

三　期刊报纸类

（一）期刊类

蔡家麒：《当代"刀耕火种"试析》，《民族研究》1986年第5期。

陈达生、［法］克洛蒂娜·苏尔梦：《海南岛穆斯林墓地考》，《回族研究》1993年第2期。

陈恩民、黄詠茵：《1605年海南岛琼州大地震的灾害特征和发震构造研究》，《地震学报》1989年第3期。

陈国华、黄良民等：《珊瑚礁生态系统初级生产力研究进展》，《生态学报》2004年第12期。

陈焕雄、陈二英：《海南岛红树林分布和现状》，《热带海洋》1985年第3期。

陈卫、孟向京：《中国人口容量与适度人口问题》，《市场与人口分析》2000年第1期。

陈献荣：《琼崖之居民》，《新亚细亚》1937年第6期。

杜云空等：《海南岛晚古生代—中生代古地磁新结果及其对南海北缘大地构造的意义》，《海洋地质与第四纪地质》2013年第6期。

符大榜：《关于海南人口发展的若干问题》，《海南人口研究》1993年。

高荣：《初元三年汉弃珠崖郡刍议——兼论汉代边疆政策》，《中国边疆史地研究》1999年第4期。

广东少数民族社会历史情况调查组：《海南黎族苗族自治州毛道乡发现新石器》，《考古通讯》，1957年7月。

广东省博物馆：《广东海南岛原始文化遗址》，《考古学报》1960年第2期。

广东省档案馆：《崖县沿海情况调查》，档案号：204-1-22-105。

《海南岛凤鸣村新石器时代遗迹调查》，广东省人民政府民族事务委员会编印，1951 年。

海南黎苗自治州：《自治州地方志通讯》1985 年第 2 期。

海南省委宣传部：《中共海南省委二届四次全体（扩大）会议确定海南"九五"建设的大政方针》，《特区展望》1996 年第 2 期。

海南省文物考古研究所：《海南省东方荣村遗址试掘简报》，《考古》2003 年第 4 期。

海南省文物考古研究所：《旧州城城址考古调查报告》2012 年（未发表）。

海南省文物考古研究所等：《海南省琼山市珠崖岭古城址1999 年发掘简报》，《考古》2003 年第 4 期。

郝思德、王大新：《海南考古的回顾与展望》，《考古》2003 年第 4 期。

郝思德、王大新：《海南考古的回顾与展望》，《考古》2003 年第 4 期。

郝思德、王大新等：《海南"三亚人"遗址 1992 年发掘报告》，《人类学学报》1994 年第 2 期。

郝思德、王明忠：《海南史前文化遗存经济生活初探》，《南方文物》2004 年第 4 期。

（清）胡传：《游历琼州黎峒行程日记》，《禹贡》1934 年第 1 期。

胡吟胜等：《琼枝野生群体与养殖群体的 EST-SSR 分析》，《水产学报》2013 年第 9 期。

华辛芝：《海南黎族人口发展情况调查》，《人口研究》1982 年第 3 期。

李勃：《西汉时期珠崖编户族别考》，《中国社会经济史研究》2014 年第 4 期。

李超荣、李浩等：《海南探宝》，《化石》2013 年第 4 期。

李超荣、李钊等：《海南省昌江发现旧石器》，《人类学学报》2008 年第 1 期。

李东屿：《贾捐之弃珠崖》，《新东方》2000 年第 9 期。

李冬娜、区彩莹等：《中国海南岛黎族起源的 Y-DNA 遗传学证据》，《国际遗传学杂志》2009 年第 4 期。

李金云：《建设具有热带风光的海滨城市》，《市长谈城市》，中国环境科学出版社1989年版。

李居礼、王克荣：《从陵水、三亚发现的穆斯林墓葬中看古代穆斯林在海南岛的活动》，《海南黎苗自治州民族博物馆馆刊》1987（创刊号）。

李琳：《海南西汉珠崖郡罢郡历史研究》，《文博》2002年第1期。

李琳：《汉代珠崖郡治城址考》，《考古与文物》1999年第1期。

李露露：《海南黎族的"砍山栏"——古老的火耕方式》，《古今农业》1988年第1期。

梁敏：《"临高人"——百粤子孙的一支》，《民族研究》1981年第5期。

梁明燊：《广东临高出土汉代青铜釜》，《考古》1964年第9期。

林漫宙：《汉珠崖郡史话》，《海南大学学报》（社会科学版）1997年第3期。

林日举：《关于对西汉王朝在海南建立的统治及后期放弃的反思》，《琼州大学学报》2003年第6期。

林尤河：《保护、恢复和发展我区的红树林资源》，《海南大学学报》（自然科学版）1987年第8期。

刘剑三：《地名：海南民族活动史的"化石"》，《海南师范学院学报》1992年第1期。

刘咸：《海南黎族起源之初步探讨》，《西南研究》1940年第1期。

吕遵谔：《从巩义和洛南之行浅谈砾石石器工业》，《考古与文物》1999年第1期。

罗香林：《海南岛黎族人源出越族考》，《青年中国》1939年，创刊号。

马建钊：《海南回族的历史来源与社会变迁》，《回族研究》2004年第4期。

穆朝庆：《两宋户籍制度问题》，《历史研究》1981年第1期。

农辉锋：《壮族二次葬的仪式与功能：以大新昌明为例》，《广西民族学院学报》（哲学社会科学版）2003年第5期。

欧阳志云等：《海南岛生态系统生态调节功能及其生态经济价值研究》，《应用生态学报》2004年第8期。

《琼州乡音》编辑室：《琼侨史略》，《琼州乡音》1987年第1期。

司徒尚纪:《海南开发与人口、资源、环境的矛盾及其对策》,《热带地理》1989年第4期。

陶忠良:《海南岛80年代气温变化及其对热带作物的影响》,《热带作物学》1997年第1期。

汪汇海等:《滇南热带雨林的开发利用与水土保持的相互关系》,《林业科学》1982年第3期。

王家忠:《明代海南人口论》,《中国边疆史地研究》1998年第2期。

王圣俊:《海南环境资源与人口的剪刀差及人口生态对策》,《农业现代化研究》1991年第12期。

王献军:《黎族历史上的"生黎"与"熟黎"》,《海南大学学报》2010年第2期。

吴永章:《黎族土官纵说》,《中南民族学院学报》(哲学社会科学版)1989年第5期。

新华通讯社:《半月谈》2008年第7期。

邢关英:《"三亚人"与黎族人》,《海南档案》1998年第2期。

邢民:《海南橡胶面临农业现代化的挑战》,《世界热带农业信息》2015年第1期。

许再富等:《热带雨林退化生态系统生物多样性消失与修复探讨》,《云南植物研究》1996年第4期。

阎杰:《扎根海南》,《特区展望》1991年第6期。

杨立刚:《海南岛历史人口变迁与统计分析》,《新东方》2001年第4期。

杨式挺:《建国以来广东新石器时代考古述略》,《学术研究》1985年第5期。

杨耀林:《海南岛临高县发现汉代铜釜》,《考古》1979年第4期。

姚光虞:《海南岛之胶树》,《琼农月刊》,中山大学琼崖农业研究会出版部编,1937年。

曾广亿:《海南岛东汉瓮棺墓发掘考略》,《文博通讯》1997年第10期。

张静芬:《战后东南亚华人问题的成因及对策》,《史学月刊》2000年第2期。

张乔民、隋淑珍:《中国红树林湿地资源及其保护》,《自然资源学报》2001年第1期。

张朔人：《海南疍民问题研究》，《安庆师范学院学报》（社会科学版）2007年第2期。

张朔人：《民国初期海南基层社会治理述论》，《安庆师范学院学报》（社会科学版）2000年第11期。

张朔人：《民国时期海南人口问题研究》，《新东方》2007年第3期。

张朔人：《明清时代南海疍民的分层流动与身份重构》，《古代文明》2014年第3期。

张朔人：《试论隋唐王朝海南治理政策变迁》，《海南大学学报》（人文社会科学版）2011年第1期。

张朔人：《宋代海南王化治理的实践路径》，《琼州学院学报》2013年第3期。

张朔人：《西汉海南置罢郡历史研究》，《海南大学学报》（人文社会科学版）2011年第5期。

张朔人等：《元代海南王朝治理政策述评》，《海南大学学报》（人文社会科学版）2015年第6期。

赵焕庭等：《琼州海峡成因与时代》，《海洋地质与第四纪地质》2007年第2期。

赵全鹏：《中国古代社会对珊瑚的消费及南海珊瑚开采》，《南海学刊》2016年第1期。

赵希涛、彭贵：《海南岛沿岸全新世纪地层与海面变化的初步研究》，《地质科学》1979年第4期。

赵希涛、沙安庆等：《海南岛全新世海滩岩》，《地质科学》1978年第2期。

郑瑶新：《海南岛东方县发现两处古文化遗址》，《东南文化》1988年第Z1期。

周瑾：《古代海南黎族人口迁移及其对社会发展的影响》，《南方人口》1992年第1期。

周瑾：《海南黎族人口发展与分布的状况、趋势及对策》，《南方人口》1993年第3期。

周伟民、唐玲玲：《汉代珠崖郡治在何处？》，《今日海南》2007年第3期。

周祖光:《海南岛生态系统健康评价》,《水土保持》2007年第4期。

周祖光:《海南珊瑚礁的现状与保护对策》,《海洋开发与管理》2004年第6期。

(二) 报纸类

孙慧:《从海洋到内陆:海南早期人类活动足迹》,《海南日报》2013年4月8日第C04版。

陈耿:《身在天涯原是"客"》,《海南日报》2008年11月3日第8版。

陈耿等:《镇州:鲜为人知的海南古代州府》,《海南日报》2008年10月27日第15版。

邓建华:《神奇热作海外来》,《海南日报》2004年3月30日第17—20版。

海南省人民政府:《海南省总体规划(2015—2030)纲要》,《海南日报》2015年9月29日第3—4版。

海南省人民政府:《海南省总体规划(2015—2030)纲要》,《海南日报》2015年9月29日第3—4版。

况昌勋:《牙胡梯田:黎族耕作的生态奇观》,《海南日报》2015年6月1日第B04版。

赖志凯、张赛红:《海南"光棍村"全景透视》,《工人日报》2005年7月3日第001版。

石祖波:《渔民痛诉外来大中型渔船电拖网密网捕鱼》,《南国都市报》2016年4月8日。

孙慧:《海南9项重大水利工程全面启动》,《海南日报》2017年1月28日第1版。

赵优:《解读〈海南省全域旅游建设发展规划(2016—2020)〉,打造世界一流海岛休闲度假旅游目的地》,《海南日报》2017年3月10日第009版。

钟一:《宋耀如:祖籍山西还是河南?》《宋耀如祖辈是不是客家人》,《海南日报》2011年9月5日第B5—B6版。

四 外文资料

[泰国]陈颖杜:《三元港币闯天下》,中国华侨出版社2001年版。

[日] 东京农工大学农学部林学科编：《林业工作者必读》，刘玉厚等译，中国林业出版社1985年版。

　　[美] 德内拉·梅多斯、乔根·兰德斯、丹尼斯·梅多斯：《增长的极限》，机械工业出版社2013年版。

　　[美] F. 皮尔逊、F. 哈珀：《世界的饥饿》，商务印书馆1981年版。

　　[日] 海南海军特务部：《日军侵琼内幕揭秘——海南岛三省联络会议决议事项抄录》，金山等译，线装书局2013年版。

　　Houghton, J.T., Jenkins, G.J., and Ephraums, J.T. (eds). *Climate Chang*.Cambridge University Press, The IPCC Scientific Assessment, 1990.

　　[美] Jole Cohen：《地球能养活多少人?》，陈卫译，《人口研究》1998年第5期。

　　[日] 吉野正敏：《海南岛的农业气候》（日文版），《地理》第29卷第8号。

　　[日] 加藤繁：《中国经济史考证》（第二卷），商务印书馆1963年版。

　　[英] 马尔萨斯：《人口原理》，朱泱、胡企林译，商务印书馆1992年版。

　　[日] 桥本万太郎：《贝语—临高方言分类词汇》，东京亚非语言文化研究所，1980年。

　　[日] 日本防卫厅防卫研究所战史室：《中国方面海军作战》，朝云新闻社1976年版。

　　[法] 萨维纳：《海南岛志》，辛世彪译，漓江出版社2012年版。

　　[法] 萨维纳著、奥德里古尔整理：《萨维纳的贝语词汇》，法国远东学院，1965年。

　　[德] 史图博：《海南岛民族志》，中国科学院广东民族研究所编印，1964年。

　　[美] 斯特林·西格雷夫：《宋家王朝》，中国文联出版公司1986年版。

　　[美] 威廉·福格特：《生存之路》，商务印书馆1981年版。

　　[日] 小叶田淳：《海南岛史》，张迅斋译，台湾学海出版社1979年版。

　　[英] 约翰·梅纳德·凯恩斯：《就业、利息和货币通论》，高鸿业译，

商务印书馆 1999 年版。

［日］真人元开：《唐大和上东征传》，中华书局 2000 年版。

五 网页

中华人民共和国中央人民政府网：http：//www.gov.cn/gongbao/content/2010/content_1505921.htm。

中华人民共和国中央人民政府网：《国务院关于平潭国际旅游岛建设方案的批复》，http：//www.gov.cn/zhengce/content/2016-08/23/content_5101550.htm。

中华人民共和国中央人民政府网：《国务院关于北部湾城市群发展规划的批复》（国函［2017］6 号），http：//www.gov.cn/zhengce/content/2017-02/03/content_5164843.htm。

中华人民共和国国家旅游局网：http：//www.cnta.gov.cn/zdgz/qyly/201603/t20160314_763855.shtml。

中华人民共和国水利部网：2011—2015 年《中国水资源公报》，http：//szy.mwr.gov.cn/xxfb/gb/。

参考消息网：《法媒探访中国海南"光棍村"：没有女孩愿嫁到这里》：http：//news.cri.cn/20160615/3a844fe9-1c37-3f9e-91a7-51421e6e3d9f.html。

海南省人民政府网：http：//www.hainan.gov.cn/hn/zjhn/hngl/dlwz/201106/t20110627_442342.html。

海南省人民政府网：http：//www.hainan.gov.cn/data/news/2008/04/50295/。

海南省人民政府网：http：//www.hainan.gov.cn/hn/zwgk/zfwj/201609/t20160926_2124885.html。

海南省人民政府网：http：//www.hainan.gov.cn/hn/zjhn/lsrw/qyww/201511/t20151129_1719694.html。

海南省人民政府网：《海南省人口与计划生育条例》，http：//www.hainan.gov.cn/data/law/2016/04/2421/。

海南省人民代表大会常务委员会网：http：//www.hainanpc.net/eap/446.news.detail?news_id=38416。

南海网 海洋频道：http：//www.hinews.cn/ocean/system/2006/08/04/010010323.shtml。

海口网：http：//www.hkwb.net/news/content/2011-05/06/content_301387.htm？node=106。

人民网海南视窗：http：//news.0898.net/n/2014/0123/c231190-20456809.html。

东方市人民政府网：http：//dongfang.hainan.gov.cn/zjdf/201007/W020100830560397050080.jpg。

海口市人民政府网：http：//www.haikou.gov.cn/rshk/zrhk/lsyg/201103/t20110306_224004.html。

海南省水务厅：http：//swt.hainan.gov.cn/zdgkxx/745.htm。

海南新闻中心：http：//news.hainan.net/gundong/2016/05/04/2959925.shtml。

海南省生态文明网：http：//www.hnstwm.com/jishi/2013-10-23/47.html。

中国非物质文化遗产网：http：//www.ihchina.cn/54/54_1.html。

海南省水务厅网页：http：//swt.hainan.gov.cn/szygb/index.jhtml；http：//swt.hainan.gov.cn/szygb/index_2.jhtml。

台湾"行政院原住民委员会"网址：http：//www.apc.gov.tw/portal/docList.html？CID=6726ESB80C8822F9。

后　记

　　2005年5月，本人自南京师范大学硕士毕业后，来到海南大学工作。2006年，主持省社科项目"海南历代人口考"，开始海南相关研究。

　　2007年1月，转至海南历史文化研究基地，从事地方史研究。因工作关系，结识时为省社科规划办詹兴文部长，环境与生态问题是其关注的内容。彼时国内"生态学""环境学"等相关研究兴起，于是，以海南为中心的人口、生态变迁，便成为见面的主要话题。2011年，詹兴文副研究员主持的"海南人口发展与生态演变"，获得国家社科基金立项。

　　随后，项目主持人挂职白沙黎族自治县副县长。2013年5月17日，省内生态学、人口学、历史学，如颜家安、詹长智、李书光等8位学者，进行课题论证。受海南省社会科学界联合会詹兴文专职副主席委托，本人自2015年元月至2017年12月，进行论文写作；2018年8月，《海南人口与生态问题历史研究》文稿通过国家社科规划办结题评审。

　　写作期间，中山大学司徒尚纪教授对课题架构等给予指导；海南大学图书馆杜玲老师，为所需资料提供诸多便捷。詹长智教授，为课题组成员，其学术背景为人口学博士、社会学博士后，对本人来海南工作、研究方向等方面，起到至关重要的作用；对本课题，也予以悉心指导。

　　2016年5月25日，受清华大学生态文明研究中心执行主任卢风教授邀请，在该中心做了"海南岛及其周边水域生态变迁"学术报告；海南大学国际文化交流学院院长杨云升教授，为本书目录提供英语翻译；海南大学马克思主义学院，为本书出版提供了经费保障；中国社会科学出版社责编任明先生，为本书顺利出版提供帮助。在此，一并致谢！

　　海南大学马克思主义学院，为本书出版提供了经费保障；中国社会科学出版社责编任明先生，为本文顺利出版提供帮助。在此，一并致谢！

因个人学术所限,一部跨生态、环境、气候、人口、历史、政治等诸学科的《海南人口与生态问题历史研究》呈现于读者面前,实在是诚惶诚恐!就文中存在的问题,恳请专家学者不吝赐教!

张朔人

2018 年 12 月 4 日